财会人员
实务操作丛书

从入门到精通
增值税计算与申报

王玉娟／著

中国人民大学出版社
· 北京 ·

前　言

2016年5月1日，我国全面开展“营改增”试点，将建筑业、房地产业、金融业和生活服务业纳入试点，实现增值税对货物、服务的全覆盖，营业税逐渐退出历史舞台，增值税成为我国第一大税种。2017年11月，为了将增值税改革主要成果法定化，国务院对《中华人民共和国增值税暂行条例》进行了修订，自2018年1月1日起执行。2017年7月，增值税税率四档并三档，取消13%税率；自2018年5月起，将17%税率下降到16%，11%税率下降到10%；自2019年4月起，将制造业等行业适用的16%税率大幅降到13%，将交通运输业、建筑业等行业适用的10%税率进一步下降到9%。2019年3月，国家税务总局调整了《增值税纳税申报表（一般纳税人适用）》及其附列资料。后续，国家税务总局又陆续公布了多个增值税改革配套文件，对原有征收办法进行了大幅度修订。

现行增值税政策和新版增值税纳税申报表对企业增值税纳税申报产生了重大影响。纳税人需要及时了解现行增值税政策和新版增值税纳税申报表的变化，掌握申报表的填写技巧，做到依法纳税，防范和化解涉税风险。

本书编者长期从事税务人员和财税人员知识培训和咨询工作，具有扎实的理论功底和丰富的实践经验。在深入学习、企业调研的基础上，及时总结了增值税政策的变化和新版增值税纳税申报表的特点，结合企业案例，详细解读现行增值税政策，并深入剖析新版增值税纳税申报表的填写技巧。本书的特色及创新之处主要体现在：

（1）时效性强。本书根据截至2019年12月31日的增值税税收政策编写而成，因此本书时效性较强。

（2）贴近实务。本书着眼于税法知识与典型案例相结合，在实务中讲解税法。本书设计了四个增值税纳税申报案例，即一般纳税人纳税申报、小规模纳税人纳税申报、进口业务增值税纳税申报和出口业务增值税纳税申报。这四个案例具有增值税纳税申报实务的典型性，基本涵盖了增值税纳税申报工作领域。

（3）结构新颖。本书打破传统税收教材按照税收要素讲解增值税税收政策的结构，创新性地按照增值税纳税申报表的填列顺序安排章节，可以使读者更好地将税收政策与实际工作相结合，准确掌握填写增值税纳税申报表的技巧，有助于读者学以致用，快速上手，不断提高纳税实践能力。

（4）针对性强。由于作者长期从事涉税培训，深知企业纳税申报较为困难的领域，比如增值税一般纳税人的纳税申报、增值税出口退税等。本书针对各难点，通过典型案例讲解增值税税收政策，使得抽象的知识具体化，便于纳税人理解，满足涉税人员需求。

（5）涵盖热点。税收筹划是近年来财税领域研究的热点。增值税改革过程中出台了很多税收政策，为纳税人开辟了新的增值税税收筹划空间。实践中，依据现行增值税政策进行税收筹划具有很大需求，但是，市场上依据现行增值税政策进行税收筹划的书籍很少，因此，本书增加税收筹划案例，对如何开展增值税的税收筹划进行阐述。

（6）读者广泛。本书从增值税计算和账务处理等基础知识开始介绍，逐步过渡到增值税纳税申报，最终阐述增值税税收筹划方法，全面提升财税人员的涉税处理能力，对企业税务会计、岗位财务经理、注册会计师、税务师以及广大高校财税专业教师和学生均有帮助。

在撰写本书的过程中，编者参考了许多专家、学者的研究成果，在此谨表示衷心感谢。由于时间及水平所限，书中难免有错误和疏漏，恳请广大读者和学界专家批评指正。

王玉娟

目 录

第一章
增值税概述

【学习目标】

1. 会分析增值税的基本原理。
2. 会判定一般纳税人和小规模纳税人。
3. 会填写《增值税一般纳税人资格登记表》。
4. 会选择增值税适用税率。
5. 会使用和鉴别增值税发票。
6. 会确定增值税纳税义务发生时间、纳税期限和纳税地点。

【工作任务 1】

北京爱之味食品加工有限责任公司（以下简称爱之味公司）成立于 2016 年 2 月 8 日，注册资本 1 000 万元。企业法人营业执照标明主要经营范围为：生产碳酸饮料、果汁、果肉饮料、蔬菜饮料、植物油、农产品、罐头、糕点、保健食品、包装容器。其他业务有：买卖外汇；出租写字楼，该写字楼于 2016 年 3 月购买。其他相关信息如下：

企业法定代表人：高睿

企业地址：北京昌平区沙河地区 66 号

企业电话：010-65181818

开户银行及账号：工商银行通州支行 6212263202018189182

社会统一信用代码：110108220507710

要求：

1. 请根据公司信息确定其适用的增值税税率。
2. 请根据公司相关信息填报《增值税一般纳税人资格登记表》。

第一节 增值税的概念

一、增值税的含义

增值税（Value Added Tax）是以商品（含应税劳务、服务）在流转过程中产生的增值额作为计税依据而征收的一种流转税。从计税原理上说，增值税是对商品生产、流通及劳务和服务中多个环节的新增价值或商品的附加值征收的一种流转税。增值税实行价外税，由消费者负担。

从理论上讲，增值额是企业在生产经营过程中新创造的那部分价值，即货物或劳务、服务价值中的 $V+M$ 部分，在我国相当于净产值或国民收入。现实经济生活中，对增值额这一概念可以从以下两个方面理解：

第一，从一个生产经营单位来看，增值额是指该单位销售货物或提供劳务、服务的收入额扣除为生产经营这种货物（包括劳务、服务，下同）而外购的那部分货物价款后的余额，即：

增值额＝销售（营业）收入额－外购货物及劳务、服务支出额

增值税＝增值额×增值税税率

但在征税实践中并不计算出增值税的数额，进而计算应纳的增值税，而是以“扣税法”体现出对增值税的征收，即对企业取得销售额征税的同时扣减购进时对方已经缴纳的税款。由于扣减时要以标明税款的发票为依据，所以也称为“发票扣税法”。

【例 1-1】2019 年，A 手机生产企业将价值 5 000 000 元的一批手机销售给 B 手机批发商，A 手机生产企业从原料供应商处购进处理器、电池等原材料，支付 3 000 000 元。假设手机、处理器、电池适用的增值税税率为 13%。请计算 A 手机生产企业应缴纳的增值税。

分析：

（1）理论上增值税的计算。

增值额＝5 000 000－3 000 000＝2 000 000（元）

应缴纳增值税额＝2 000 000×13%＝260 000（元）

（2）实践中增值税的计算。

实践中是以销售货物应纳税额扣减所购进货物在上一环节已缴纳税额后的余额作为应纳税额。

应缴纳增值税额＝5 000 000×13%－3 000 000×13%
＝650 000－390 000
＝260 000（元）

650 000 元为 A 手机生产企业销售手机时向对方收取的税额——销项税额，390 000 元为 A 手机生产企业购进处理器、电池等原材料时向原材料供应商支付的税额——进项税额。通过“销项税额”减去“进项税额”，体现出对增值额 2 000 000 元的课征。

第二，从一件货物来看，增值额是该货物经历的生产和流通的各个环节所创造的增值额之和，也就是该件货物的最终销售价值。

【例 1-2】承例 1-1，2019 年，B 手机批发商将这批手机以 6 000 000 元的价格销售给 C 手机零售商。C 手机零售商将这批手机以 8 000 000 元的价格销售给最终消费者。请计算各个环节应缴纳的增值税。

分析：

A手机生产企业、B手机批发商和C手机零售商应缴纳的增值税如表1-1所示。

表1-1　各环节应缴纳的增值税

金额单位：元

单位	环节	销售金额	购进金额	增值额	销项税额	进项税额	应纳税额
原材料供应商	生产	3 000 000	0	3 000 000	390 000	0	390 000
A手机生产企业	生产	5 000 000	3 000 000	2 000 000	650 000	390 000	260 000
B手机批发商	批发	6 000 000	5 000 000	1 000 000	780 000	650 000	130 000
C手机零售商	零售	8 000 000	6 000 000	2 000 000	1 040 000	780 000	260 000
合计				8 000 000			1 040 000

从表1-1可以看出：(1) 这批手机在上述四个环节创造的增值额之和为8 000 000（3 000 000+2 000 000+1 000 000+2 000 000）元，该批手机的最终售价也是8 000 000元；(2) 对各个环节征收的增值税额之和1 040 000（390 000+260 000+130 000+260 000）元实际上就是对货物最终销售额征收的增值税额1 040 000（8 000 000×13%）元。

二、增值税的类型

增值税按对外购固定资产处理方式的不同，可划分为生产型增值税、收入型增值税和消费型增值税。

（一）生产型增值税

生产型增值税是指在征收增值税时，只能扣除属于非固定资产项目的那部分生产资料的税款，不允许扣除固定资产价值中所含有的税款。该类型增值税的征税对象大体上相当于国民生产总值，因此称为生产型增值税。

（二）收入型增值税

收入型增值税是指在征收增值税时，只允许扣除固定资产折旧部分所含的税款，未计提折旧部分不得计入扣除项目金额。该类型增值税的征税对象大体上相当于国民收入，因此称为收入型增值税。

（三）消费型增值税

消费型增值税是指在征收增值税时，允许将固定资产价值中所含的税款全部一次性扣除。这样，就整个社会而言，生产资料都排除在征税范围之外。该类型增值税的征税对象仅相当于社会消费资料的价值，因此称为消费型增值税。我国从2009年1月1日起，在全国所有地区实施消费型增值税。

三、增值税的计算方法

增值税的计算方法分为直接计算法和间接计算法两种。

（一）直接计算法

1. 加法

加法是把企业在计算期内实现的各项增值项目一一相加，求出全部增值额，然后依率计算增值税的方法。增值项目包括工资、奖金、利润、利息、租金以及其他增值项目。该方法只是一种理论意义上的方法，实际应用的可能性很小，甚至不可能。这是因为：

（1）由于各企业实行的财务会计制度不同，导致确定增值项目与非增值项目的标准也不尽相同，在实际工作中容易造成争执，难以执行。

（2）增值额本身就是一个比较模糊的概念，很难准确计算。如企业支付的各种罚款、没收的财物或接受的捐赠等是否属于增值额有时难以确定。

2. *减法*

减法是以企业在计算期内实现的应税货物或劳务、服务的全部销售额减去规定的外购项目金额后的余额作为增值额，然后依率计算增值税的方法，这种方法又叫扣额法。当采取购进扣额法时，其同扣税法没有什么区别，但必须有一个前提条件，即只有在采用一档税率的情况下，这种计算方法才具有实际意义，如要实行多档税率的增值税制度，则不能采用这种方法计税。

（二）间接计算法

间接计算法是不直接根据增值额计算增值税，而是首先计算出应税货物的整体税负，然后从整体税负中扣除法定的外购项目已纳税款。由于这种方法是以外购项目的实际已纳税额为依据，所以又叫购进扣税法或发票扣税法。这种方法简便易行，计算准确，既适用于单一税率，又适用于多档税率。因此，间接计算法是实行增值税的国家广泛采用的计税方法。

四、增值税的优点

（一）能够较好地体现公平税负的原则

只有税负公平、负担合理，才能有利于企业在同等条件下开展竞争。增值税税负公平、负担合理，主要体现在：一是同一种产品的税收负担是平等的，即不论企业是全能型还是非全能型（专业化程度高），不论其生产经营的客观条件如何，它们的税收负担应是一致的；二是税收负担同其负担能力相适应，由于增值税是以增值额作为计税依据，而商品的盈利是构成增值额的主要因素之一，因此，增值税的税收负担同纳税人的负担能力是基本相适应的。

（二）有利于促进企业生产经营结构的合理化

由于增值税将多环节征税的普遍性与按增值额征税的合理性有机地结合起来，有效地克服了传统流转税按全额计税致使全能型企业税负轻而协作企业和专业化程度高的企业税负重的缺点，有利于生产向专业化、协作化方向发展。

（三）有利于国家普遍、及时、稳定地取得财政收入

凡是从事生产经营的单位和个人，只要其经营中产生增值额，就应缴纳增值税。一种商品，不论其在生产、经营中经过多少环节，每个环节都应根据其增值额计税。因此，不论从横向看还是从纵向看，增值税在保证国家财政收入上都具有普遍性。

（四）有利于制定合理的价格政策

商品价格一般是由成本、利润、税金三部分构成。在阶梯式的流转税下（传统流转

税），商品的税负是一个不确定因素，从而也使商品价格难以确定；实行增值税后，商品的整体税负成为可确定的因素，它只与税率有关。因此，增值税为正确制定价格提供了有利条件。

（五）有利于扩大国际贸易往来

增值税有利于扩大出口。在国际贸易中，各国都以不含税价格出口商品。为此，要将出口商品从第一环节到最后环节所累计缴纳的税款全部退给出口企业。

五、我国增值税制度的建立和发展

我国从 1979 年开始在部分城市试行生产型增值税。1994 年，在生产和流通领域全面实施生产型增值税。2008 年，国务院决定全面实施增值税改革，即将生产型增值税转为消费型增值税。2011 年年底，国家决定在上海市试点营业税改征增值税工作，并逐步将试点地区扩展到全国。2016 年 3 月 23 日，经国务院批准，财政部和国家税务总局发布通知，决定自 2016 年 5 月 1 日起，在全国范围内全面推开营业税改征增值税。2017 年 11 月 19 日，国务院发布了《关于废止〈中华人民共和国营业税暂行条例〉和修改〈中华人民共和国增值税暂行条例〉的决定》（国务院令 691 号），正式结束了营业税的历史使命。2019 年 3 月 20 日，财政部、税务总局和海关总署联合发布了《关于深化增值税改革有关政策的公告》（财政部 税务总局 海关总署公告 2019 年第 39 号），进一步降低了增值税税率，扩大了进项税抵扣范围并试行增值税期末留抵税额退税制度。

第二节　增值税的税制要素

一、纳税人和扣缴义务人

（一）纳税人和扣缴义务人的基本规定

1. 纳税人

在中华人民共和国境内销售货物或者加工、修理修配劳务，销售服务、无形资产、不动产以及进口货物的单位和个人，为增值税的纳税人（以下简称纳税人）。

单位是指一切从事销售或进口货物，提供劳务，销售服务、无形资产、不动产的单位，包括企业、行政单位、事业单位、军事单位、社会团体及其他单位。

个人是指从事销售或进口货物，提供应税劳务，销售应税服务、无形资产、不动产的个人，包括个体工商户和其他个人。

单位租赁或承包给其他单位或者个人经营的，以承租人或承包人为纳税人。

对报关进口的货物，以进口货物的收货人或办理报关手续的单位和个人为进口货物的纳税人。对代理进口货物，以海关开具的完税凭证上的纳税人为增值税纳税人。即对报关进口货物，凡是海关的完税凭证开具给委托方的，对代理方不征收增值税；凡是海关的完税凭证开具给代理方的，对代理方应按规定征收增值税。

资管产品运营过程中发生的增值税应税行为，以资管产品管理人为纳税人。

资管产品管理人，包括银行、信托公司、公募基金管理公司及其子公司、证券公司及其子公司、期货公司及其子公司、私募基金管理人、保险资产管理公司、专业保险资产管理机构、养老保险公司。

建筑企业与发包方签订建筑合同后，以内部授权或者三方协议等方式，授权集团内其他纳税人（以下简称第三方）为发包方提供建筑服务，并由第三方直接与发包方结算工程款的，由第三方缴纳增值税，与发包方签订建筑合同的建筑企业不缴纳增值税。

2. 扣缴义务人

境外单位或个人在境内销售服务、无形资产、不动产，在境内未设有经营机构的，以购买方为增值税扣缴义务人。财政部和国家税务总局另有规定的除外。

（二） 增值税纳税人的分类

增值税实行凭专用发票抵扣税款的制度，客观上要求纳税人具备健全的会计核算制度和能力。在实际经济生活中，我国增值税纳税人众多，会计核算水平参差不齐，大量的小企业和个人还不具备使用专用发票抵扣税款的条件，为了既简化增值税的计算和征收，也有利于减少征收管理漏洞，增值税相关法规将增值税纳税人按会计核算水平和经营规模分为一般纳税人和小规模纳税人两类，分别采取不同的登记管理办法。2017 年 11 月 30 日，国家税务总局审议通过了《增值税一般纳税人登记管理办法》，自 2018 年 2 月 1 日起施行。

1. 增值税一般纳税人

（1）一般纳税人登记条件。

纳税人年应税销售额超过 500 万元的，除另有规定外，应当向主管税务机关办理一般纳税人登记。

年应税销售额，是指纳税人在连续不超过 12 个月或 4 个季度的经营期内累计应征增值税销售额，包括纳税申报销售额、稽查查补销售额、纳税评估调整销售额。

纳税人偶然发生的销售无形资产、转让不动产的销售额，不计入应税行为年应税销售额。

应税行为有扣除项目的纳税人，其应税行为年应税销售额按未扣除之前的销售额计算。

【例 1－3】甲公司是一家餐饮公司，2019 年纳税申报销售额为 360 万元，税务机关稽查查补的销售额为 50 万元，纳税评估调整销售额为 70 万元，偶然发生的销售无形资产销售额为 80 万元。请问：甲公司是否符合一般纳税人确定标准？

分析：

纳税人偶然发生的销售无形资产、转让不动产的销售额，不计入应税行为年应税销售额。计入增值税一般纳税人确定标准的“年应税销售额”为 480（360＋50＋70）万元，小于 500 万元，因此不符合增值税一般纳税人确定标准。

年应税销售额未超过规定标准的纳税人，会计核算健全，能够提供准确税务资料的，可以向主管税务机关申请办理一般纳税人登记。

会计核算健全，是指能够按照国家统一的会计制度规定设置账簿，根据合法、有效的凭证进行核算。

纳税人应当向其机构所在地主管税务机关办理一般纳税人登记手续。

纳税人登记为一般纳税人后，不得转为小规模纳税人，国家税务总局另有规定的除外。

（2）不办理一般纳税人登记的情况。

1）按照政策规定，选择按照小规模纳税人纳税的；

2）年应税销售额超过规定标准的其他个人。

（3）纳税人办理一般纳税人登记的程序。

1）纳税人向主管税务机关填报《增值税一般纳税人资格登记表》，如实填写固定生产经营场所等信息，并提供税务登记证件；

2）纳税人填报内容与税务登记信息一致的，主管税务机关当场登记；

3）纳税人填报内容与税务登记信息不一致，或者不符合填列要求的，税务机关应当场告知纳税人需要补正的内容。

（4）登记的时限。

纳税人在年应税销售额超过规定标准的月份（或季度）的所属申报期结束后 15 日内按照规定办理相关手续；未按规定时限办理的，主管税务机关应当在规定时限结束后 5 日内制作《税务事项通知书》，告知纳税人应当在 5 日内向主管税务机关办理相关手续；逾期仍不办理的，次月起按销售额依照增值税税率计算应纳税额，不得抵扣进项税额，直至纳税人办理相关手续为止。

纳税人自一般纳税人确定生效之日起，按照增值税一般计税方法计算应纳税额，并可以按照规定领用增值税专用发票，财政部、国家税务总局另有规定的除外。

生效之日，是指纳税人办理登记的当月 1 日或者次月 1 日，由纳税人在办理登记手续时自行选择。

【工作任务 1】分析 1：

根据爱之味公司相关信息填报《增值税一般纳税人资格登记表》，如表 1－2 所示。

表 1－2 增值税一般纳税人资格登记表

<table>
<tr><td>纳税人名称</td><td colspan="2">北京爱之味食品加工有限责任公司</td><td>社会统一信用代码
（纳税人识别号）</td><td colspan="2">110108220507710</td></tr>
<tr><td>法定代表人
（负责人、业主）</td><td>高睿</td><td>证件名称及号码</td><td>身份证
110108197106161420</td><td>联系电话</td><td>65181818</td></tr>
<tr><td>财务负责人</td><td>刘刚</td><td>证件名称及号码</td><td>身份证
110108198107161620</td><td>联系电话</td><td>65181819</td></tr>
<tr><td>办税人员</td><td>李超</td><td>证件名称及号码</td><td>身份证
110108198205211312</td><td>联系电话</td><td>65181826</td></tr>
<tr><td>税务登记日期</td><td colspan="5">2016 年 2 月 8 日</td></tr>
<tr><td>生产经营地址</td><td colspan="5">北京昌平区沙河地区 66 号</td></tr>
<tr><td>注册地址</td><td colspan="5">北京昌平区沙河地区 66 号</td></tr>
<tr><td colspan="6">纳税人类别：企业☑非企业性单位□个体工商户□其他□</td></tr>
</table>

续表

<table>
<tr><td colspan="2">主营业务类别：工业☑ 商业□ 服务业□ 其他□</td></tr>
<tr><td colspan="2">会计核算是否健全：是☑</td></tr>
<tr><td colspan="2">一般纳税人生效之日：当月1日□ 次月1日☑</td></tr>
<tr><td colspan="2">纳税人（代理人）承诺：
会计核算健全，能够提供准确税务资料，上述各项内容真实、可靠、完整。如有虚假，愿意承担相关法律责任。

经办人：李超 法定代表人：高睿 代理人：（签章）
2016年2月8日</td></tr>
<tr><td colspan="2">以下由税务机关填写</td></tr>
<tr><td>税务机关受理情况</td><td>受理人： 受理税务机关（章）
年 月 日</td></tr>
</table>

填表说明：

1. 本表由纳税人如实填写。
2. 表中“证件名称及号码”相关栏次，根据纳税人的法定代表人、财务负责人、办税人员的居民身份证、护照等有效身份证件及号码填写。
3. 表中“一般纳税人生效之日”由纳税人自行勾选。
4. 本表一式两份，主管税务机关和纳税人各留存一份。

2. 增值税小规模纳税人

增值税小规模纳税人是指年销售额在500万元以下，并且会计核算不健全，不能按规定报送有关税务资料的增值税纳税人。

小规模纳税人实行简易办法征收增值税，一律不得使用增值税专用发票。

二、征税范围

增值税征税范围包括在境内发生应税销售行为以及进口货物等。下面分别介绍增值税征税范围的一般规定和特殊规定。

（一）征税范围的一般规定

1. 销售或者进口货物

货物是指有形动产，包括电力、热力、气体在内。销售货物是指有偿转让货物的所有权。

2. 销售劳务

劳务是指纳税人提供的加工、修理修配劳务。加工是指受托加工货物，即委托方提供原料及主要材料，受托方按照委托方的要求制造货物并收取加工费的业务；修理修配是指受托对损伤和丧失功能的货物进行修复，使其恢复原状和功能的业务。

提供应税劳务，是指有偿提供劳务。单位或者个体工商户聘用的员工为本单位或者雇主提供劳务，不包括在内。

3. 销售服务

销售服务是指提供交通运输服务、邮政服务、电信服务、建筑服务、金融服务、现代服务和生活服务等。

(1) 交通运输服务。

交通运输服务，是指使用运输工具将货物或者旅客送至目的地，使其空间位置得到转移的业务活动。包括陆路运输服务、水路运输服务、航空运输服务和管道运输服务。

1) 陆路运输服务。

陆路运输服务，是指通过陆路（地上或者地下）运送货物或者旅客的运输业务活动，包括铁路运输和其他陆路运输。

铁路运输服务，是指通过铁路运送货物或者旅客的运输业务活动。

其他陆路运输服务，是指除铁路运输以外的陆路运输业务活动。包括公路运输、缆车运输、索道运输、地铁运输、城市轻轨运输等。

出租车公司向使用本公司自有出租车的出租车司机收取的管理费用，按陆路运输服务征收增值税。

2) 水路运输服务。

水路运输服务，是指通过江、河、湖、川等天然、人工水道或者海洋航道运送货物或者旅客的运输业务活动。

远洋运输的程租、期租业务，属于水路运输服务。

程租业务，是指远洋运输企业为租船人完成某一特定航次的运输任务并收取租赁费的业务。

期租业务，是指远洋运输企业将配备操作人员的船舶租赁给他人使用一定期限，租赁期内听候承租方调遣，不论是否经营，均按天向承租方收取租赁费，发生的固定费用均由远洋运输企业负担的业务。

3) 航空运输服务。

航空运输服务，是指通过空中航线运送货物或者旅客的运输业务活动。

航空运输的湿租业务，属于航空运输服务。

湿租业务，是指航空运输企业将配备机组人员的飞机租赁给他人使用一定期限，租赁期内听候承租方调遣，不论是否经营，均按一定标准向承租方收取租赁费，发生的固定费用均由承租方承担的业务。

航天运输服务，按照航空运输服务征收增值税。航天运输服务，是指利用火箭等载体将卫星、空间探测器等空间飞行器发射到空间轨道的业务活动。

4) 管道运输服务。

管道运输服务，是指通过管道设施输送气体、液体、固体物质的运输业务活动。

无运输工具承运业务，按照交通运输服务缴纳增值税。无运输工具承运业务，是指经营者以承运人身份与托运人签订运输服务合同，收取运费并承担承运人责任，然后委托实际承运人完成运输服务的经营活动。

(2) 邮政服务。

邮政服务，是指中国邮政集团公司及其所属邮政企业提供邮件寄递、邮政汇兑、机要通信和邮政代理等邮政基本服务的业务活动。包括邮政普遍服务、邮政特殊服务和其他邮政服务。

1）邮政普遍服务。

邮政普遍服务，是指函件、包裹等邮件寄递，以及邮票发行、报刊发行和邮政汇兑等业务活动。

2）邮政特殊服务。

邮政特殊服务，是指义务兵平常信函、机要通信、盲人读物和革命烈士遗物的寄递等业务活动。

3）其他邮政服务。

其他邮政服务，是指邮册等邮品销售、邮政代理等业务活动。

（3）电信服务。

电信服务，是指利用有线、无线的电磁系统或者光电系统等各种通信网络资源，提供语音通话服务，传送、发射、接收或者应用图像、短信等电子数据和信息的业务活动。包括基础电信服务和增值电信服务。

1）基础电信服务。

基础电信服务，是指利用固网、移动网、卫星、互联网提供语音通话服务的业务活动，以及出租或者出售带宽、波长等网络元素的业务活动。

2）增值电信服务。

增值电信服务，是指利用固网、移动网、卫星、互联网、有线电视网络提供短信和彩信服务、电子数据和信息的传输及应用服务、互联网接入服务等业务活动。

卫星电视信号落地转接服务，按照增值电信服务缴纳增值税。

（4）建筑服务。

建筑服务，是指各类建筑物、构筑物及其附属设施的建造、修缮、装饰，线路、管道、设备、设施等的安装以及其他工程作业的业务活动。包括工程服务、安装服务、修缮服务、装饰服务和其他建筑服务。

1）工程服务。

工程服务，是指新建、改建各种建筑物、构筑物的工程作业，包括与建筑物相连的各种设备或者支柱、操作平台的安装或者装设工程作业，以及各种窑炉和金属结构工程作业。

2）安装服务。

安装服务，是指生产设备、动力设备、起重设备、运输设备、传动设备、医疗实验设备以及其他各种设备、设施的装配、安置工程作业，包括与被安装设备相连的工作台、梯子、栏杆的装设工程作业，以及被安装设备的绝缘、防腐、保温、油漆等工程作业。

固定电话、有线电视、宽带、水、电、燃气、暖气等经营者向用户收取的安装费、初装费、开户费、扩容费以及类似收费，按照安装服务缴纳增值税。

3）修缮服务。

修缮服务，是指对建筑物、构筑物进行修补、加固、养护、改善，使之恢复原来的使用价值或者延长其使用期限的工程作业。

4）装饰服务。

装饰服务，是指对建筑物、构筑物进行修饰、装修，使之美观或者具有特定用途的工程作业。

5）其他建筑服务。

其他建筑服务，是指上列工程作业之外的各种工程作业服务，如钻井（打井）、拆除建筑物或者构筑物、平整土地、园林绿化、疏浚（不包括航道疏浚）、建筑物平移、搭脚手架、爆破、矿山穿孔、表面附着物（包括岩层、土层、沙层等）剥离和清理等工程作业。

（5）金融服务。

金融服务，是指经营金融保险的业务活动。包括贷款服务、直接收费金融服务、保险服务和金融商品转让。

1）贷款服务。

贷款，是指将资金贷与他人使用而取得利息收入的业务活动。

各种占用、拆借资金取得的收入，包括金融商品持有期间（含到期）利息（保本收益、报酬、资金占用费、补偿金等）收入、信用卡透支利息收入、买入返售金融商品利息收入、融资融券收取的利息收入，以及融资性售后回租、押汇、罚息、票据贴现、转贷等业务取得的利息及利息性质的收入，按照贷款服务缴纳增值税。

融资性售后回租，是指承租方以融资为目的，将资产出售给从事融资性售后回租业务的企业后，从事融资性售后回租业务的企业将该资产出租给承租方的业务活动。

以货币资金投资收取的固定利润或者保底利润，按照贷款服务缴纳增值税。

2）直接收费金融服务。

直接收费金融服务，是指为货币资金融通及其他金融业务提供相关服务并且收取费用的业务活动。包括提供货币兑换、账户管理、电子银行、信用卡、信用证、财务担保、资产管理、信托管理、基金管理、金融交易场所（平台）管理、资金结算、资金清算、金融支付等服务。

3）保险服务。

保险服务，是指投保人根据合同约定，向保险人支付保险费，保险人对于合同约定的可能发生的事故因其发生所造成的财产损失承担赔偿保险金责任，或者当被保险人死亡、伤残、疾病或者达到合同约定的年龄、期限等条件时承担给付保险金责任的商业保险行为。包括人身保险服务和财产保险服务。

人身保险服务，是指以人的寿命和身体为保险标的的保险业务活动。

财产保险服务，是指以财产及其有关利益为保险标的的保险业务活动。

4）金融商品转让。

金融商品转让，是指转让外汇、有价证券、非货物期货和其他金融商品所有权的业务活动。

其他金融商品转让包括基金、信托、理财产品等各类资产管理产品和各种金融衍生品的转让。

【例 1－4】A 商业银行 2019 年第 1 季度有关经营业务的收入如下：

（1）提供贷款服务，取得利息收入 2 345 万元。

（2）提供票据贴现服务，取得利息收入 456 万元。

（3）提供货币兑换服务，取得服务费收入 36 万元。

（4）提供资金结算服务，取得服务费收入 56 万元。

（5）提供融资性售后回租服务，取得服务费收入 450 万元。

（6）转让债券，取得转让收入 200 万元。

（7）销售金条，取得销售收入 120 万元。

（8）用卡透支，取得利息收入 190 万元。

请分析 A 商业银行上述业务按照哪个项目缴纳增值税。

分析：

A 商业银行提供贷款服务、票据贴现服务、信用卡透支业务、融资性售后回租服务都属于贷款服务，按金融服务缴纳增值税。如果提供融资租赁服务，按现代服务缴纳增值税；货币兑换和资金结算服务属于直接收费，按金融服务缴纳增值税；销售金条属于销售货物（有形动产），按照销售货物缴纳增值税。

（6）现代服务。

现代服务，是指围绕制造业、文化产业、现代物流产业等提供技术性、知识性服务的业务活动。包括研发和技术服务、信息技术服务、文化创意服务、物流辅助服务、租赁服务、鉴证咨询服务、广播影视服务、商务辅助服务和其他现代服务。

1）研发和技术服务。

研发和技术服务，包括研发服务、合同能源管理服务、工程勘察勘探服务。

2）信息技术服务。

信息技术服务，是指利用计算机、通信网络等技术对信息进行生产、收集、处理、加工、存储、运输、检索和利用，并提供信息服务的业务活动。包括软件服务、电路设计及测试服务、信息系统服务和业务流程管理服务以及信息系统增值服务。

3）文化创意服务。

文化创意服务，包括设计服务、商标和著作权转让服务、知识产权服务、广告服务和会议展览服务。

4）物流辅助服务。

物流辅助服务，包括航空服务、港口码头服务、货运客运场站服务、打捞救助服务、装卸搬运服务、仓储服务和收派服务。

5）租赁服务。

租赁服务，包括融资租赁服务和经营租赁服务。

融资租赁服务，是指具有融资性质和所有权转移特点的租赁活动。即出租人根据承租人所要求的规格、型号、性能等条件购入有形动产或者不动产租赁给承租人，合同期内租赁物所有权属于出租人，承租人只拥有使用权，合同期满付清租金后，承租人有权按照残值购入租赁物，以拥有其所有权。不论出租人是否将租赁物销售给承租人，均属于融资租赁。按照标的物的不同，融资租赁服务可分为有形动产融资租赁服务和不动产融资租赁服务。

融资性售后回租属于贷款服务，按金融服务缴纳增值税。

经营租赁服务，是指在约定时间内将有形动产或者不动产转让他人使用且租赁物所有权不变更的业务活动。按照标的物的不同，经营租赁服务可分为有形动产经营租赁服务和不动产经营租赁服务。

将建筑物、构筑物等不动产或者飞机、车辆等有形动产的广告位出租给其他单位或者个人用于发布广告，按照经营租赁服务缴纳增值税。

车辆停放服务、道路通行服务（包括过路费、过桥费、过闸费等）等按照不动产经营租赁服务缴纳增值税。

水路运输的光租业务、航空运输的干租业务，属于经营租赁。

光租业务，是指运输企业将船舶在约定的时间内出租给他人使用，不配备操作人员，不承担运输过程中发生的各项费用，只收取固定租赁费的业务活动。

干租业务，是指航空运输企业将飞机在约定的时间内出租给他人使用，不配备机组人员，不承担运输过程中发生的各项费用，只收取固定租赁费的业务活动。

6）鉴证咨询服务。

鉴证咨询服务，包括认证服务、鉴证服务和咨询服务。

7）广播影视服务。

广播影视服务，包括广播影视节目（作品）的制作服务、发行服务和播映（含放映，下同）服务。

8）商务辅助服务。

商务辅助服务，包括企业管理服务、经纪代理服务、人力资源服务、安全保护服务。

9）其他现代服务。

其他现代服务，是指除研发和技术服务、信息技术服务、文化创意服务、物流辅助服务、租赁服务、鉴证咨询服务、广播影视服务和商务辅助服务以外的现代服务。

【例 1－5】甲公司 2019 年 1 月取得如下收入：

（1）提供德文翻译服务，取得劳务收入 10 万元。

（2）配有操作人员的施工设备租赁费收入 50 万元。

（3）快递服务收入 13 万元。

（4）互联网接入收入 30 万元。

（5）网络教育服务收入 40 万元。

请分析甲公司上述收入按照哪个项目缴纳增值税。

分析：

提供德文翻译服务和快递服务收入都按照现代服务缴纳增值税；配有操作人员的施工设备租赁费收入按照建筑业缴纳增值税，如果只出租施工设备不配有操作人员，则按照现代服务缴纳增值税；互联网接入收入按照电信业务缴纳增值税；网络教育服务收入按照生活服务缴纳增值税。

（7）生活服务。

生活服务，是指为满足城乡居民日常生活需求提供的各类服务活动。包括文化体育服务、教育医疗服务、旅游娱乐服务、餐饮住宿服务、居民日常服务和其他生活服务。

1）文化体育服务，包括文化服务和体育服务。

2）教育医疗服务，包括教育服务和医疗服务。

3）旅游娱乐服务，包括旅游服务和娱乐服务。

4）餐饮住宿服务，包括餐饮服务和住宿服务。

5）居民日常服务，是指主要为满足居民个人及其家庭日常生活需求提供的服务，包括市容市政管理、家政、婚庆、养老、殡葬、照料和护理、救助救济、美容美发、按摩、桑拿、氧吧、足疗、沐浴、洗染、摄影扩印等服务。

6）其他生活服务，是指除文化体育服务、教育医疗服务、旅游娱乐服务、餐饮住宿服务和居民日常服务之外的生活服务。

【例 1-6】某酒店为外资企业，确定为增值税一般纳税人，2019 年 7 月，取得客房住宿费收入 1 060 万元，酒店餐饮收入 954 万元，内部附属商场商品销售收入 105.3 万元，酒吧、KTV 收入 106 万元。请分析该酒店上述业务按照哪个项目缴纳增值税。

分析：

酒店提供客房住宿费收入和酒店餐饮收入属于餐饮住宿服务，按生活服务缴纳增值税；内部附属商场商品销售收入属于销售货物（有形动产），按销售货物缴纳增值税；酒吧、KTV 收入属于旅游娱乐服务，按生活服务缴纳增值税。

4. 销售无形资产

销售无形资产，是指转让无形资产所有权或者使用权的业务活动。无形资产，是指不具有实物形态，但能带来经济利益的资产，包括技术、商标、著作权、商誉、自然资源使用权和其他权益性无形资产。

技术，包括专利技术和非专利技术。

自然资源使用权，包括土地使用权、海域使用权、探矿权、采矿权、取水权和其他自然资源使用权。

其他权益性无形资产，包括基础设施资产经营权、公共事业特许权、配额、经营权（包括特许经营权、连锁经营权、其他经营权）、经销权、分销权、代理权、会员权、席位权、网络游戏虚拟道具、域名、名称权、肖像权、冠名权、转会费等。

【例 1-7】某机械制造有限责任公司主要从事复印机的生产和销售。2019 年 8 月，公司将某项尚未经科技主管部门认定的非专利技术对外出售，开具的增值税专用发票上注明转让金额为 500 000 元，增值税为 30 000 元。请分析该机械制造有限责任公司上述业务按照哪个项目缴纳增值税。

分析：

该公司将非专利技术对外出售属于转让非专利技术，按照销售无形资产缴纳增值税。

5. 销售不动产

销售不动产，是指转让不动产所有权的业务活动。不动产，是指不能移动或者移动后会引起其性质、形状改变的财产，包括建筑物、构筑物等。

建筑物，包括住宅、商业营业用房、办公楼等可供居住、工作或者进行其他活动的建造物。

构筑物，包括道路、桥梁、隧道、水坝等建造物。

转让建筑物有限产权或者永久使用权的，转让在建的建筑物或者构筑物所有权的，以及在转让建筑物或者构筑物时一并转让其所占土地的使用权的，按照销售不动产缴纳增值税。

【例 1-8】甲公司在北京市门头沟区注册成立，拥有北京市区多处不动产所有权，并取得产权证书。2019 年 9 月 30 日，甲公司转让其 2017 年 1 月购买的位于西城区的写字楼一层，取得转让收入 9 000 万元。请分析甲公司上述业务按照哪个项目缴纳增值税。

分析：

甲公司转让写字楼取得的收入按照销售不动产缴纳增值税。

【工作任务1】分析2：

北京爱之味食品加工有限责任公司生产和销售碳酸饮料、果汁、果肉饮料、蔬菜饮料、植物油、农产品、罐头、糕点、保健食品及包装容器，属于在我国境内销售货物（有形动产）的行为，均应缴纳增值税；出租写字楼属于租赁服务，按现代服务缴纳增值税；买卖外汇属于金融商品转让，按金融服务缴纳增值税。

6. 非经营活动的确认

销售服务、无形资产或者不动产，是指有偿提供服务、有偿转让无形资产或者不动产，但属于下列非经营活动的情形除外：

（1）行政单位收取的、同时满足以下条件的政府性基金或者行政事业性收费：

1）由国务院或者财政部批准设立的政府性基金，由国务院或者省级人民政府及其财政、价格主管部门批准设立的行政事业性收费。

2）收取时开具省级（含）以上财政部门监（印）制的财政票据。

3）所收款项全额上缴财政。

（2）单位或者个体工商户聘用的员工为本单位或者雇主提供取得工资的服务。

（3）单位或者个体工商户为聘用的员工提供服务。

（4）财政部和国家税务总局规定的其他情形。

7. 境内销售服务、无形资产或者不动产

（1）在境内销售服务、无形资产或者不动产，是指服务（租赁不动产除外）或者无形资产（自然资源使用权除外）的销售方或者购买方在境内，包括：

1）所销售或者租赁的不动产在境内。

2）所销售自然资源使用权的自然资源在境内。

3）财政部和国家税务总局规定的其他情形。

（2）下列情形不属于在境内销售服务或者无形资产：

1）境外单位或者个人向境内单位或者个人销售完全在境外发生的服务。

2）境外单位或者个人向境内单位或者个人销售完全在境外使用的无形资产。

3）境外单位或者个人向境内单位或者个人出租完全在境外使用的有形动产。

4）财政部和国家税务总局规定的其他情形，包括：为出境的函件、包裹在境外提供的邮政服务、收派服务；向境内单位或者个人提供的工程施工地点在境外的建筑服务、工程监理服务；向境内单位或者个人提供的工程、矿产资源在境外的工程勘察勘探服务；向境内单位或者个人提供的会议展览地点在境外的会议展览服务。

【例1-9】美国W公司2019年9月发生如下业务：

（1）向中国境内甲公司提供完全发生在美国的会展服务。

（2）向中国境内乙公司销售完全在境外使用的专利技术。

（3）向中国境内丙公司出租完全在境外使用的小汽车。

请问：美国W公司是否需要在中国缴纳增值税？

分析：

美国W公司向中国境内甲公司提供完全发生在美国的会展服务，不属于在境内销售服务，不需要在中国缴纳增值税。

美国 W 公司向中国境内乙公司销售完全在境外使用的专利技术，不属于在境内销售无形资产，不需要在中国缴纳增值税。

美国 W 公司向中国境内丙公司出租完全在境外使用的小汽车，不属于在境内销售服务，不需要在中国缴纳增值税。

(3) 境外单位或者个人销售的服务（不含租赁不动产）在以下两种情况下属于在我国境内销售服务，应照章缴纳增值税：

1) 境外单位或者个人向境内单位或者个人销售完全在境内发生的服务，属于在境内销售服务。

2) 境外单位或者个人向境内单位或者个人销售未完全在境外发生的服务，属于在境内销售服务。

【例 1-10】美国 V 公司 2019 年发生如下业务：

(1) 7 月派翻译人员到中国境内，向甲公司提供翻译服务。

(2) 8 月派培训师到中国境内，对乙公司普通员工进行语言培训，同时组织乙公司高级管理人员在美国进行语言培训。

请问：美国 V 公司是否需要在中国缴纳增值税？

分析：

美国 V 公司在中国境内提供翻译服务，属于在境内销售服务，需要在中国缴纳增值税。

美国 V 公司提供的培训服务同时在境内和境外发生，属于在境内销售服务，需要在中国缴纳增值税。

(4) 在以下两种情况下，境外单位或者个人销售的无形资产属于在我国境内销售无形资产，应照章缴纳增值税：

1) 境外单位或者个人向境内单位或者个人销售完全在境内使用的无形资产，属于在境内销售无形资产。

2) 境外单位或者个人向境内单位或者个人销售未完全在境外使用的无形资产，属于在境内销售无形资产。

上述一般规定中所说的有偿，是指从购买方取得货币、货物或者其他经济利益。其他经济利益是指非货币、货物形式的收益，具体包括固定资产（不含货物）、生物资产（不含货物）、无形资产（包括特许权）、股权投资、存货、不准备持有至到期的债券投资、服务以及有关权益等。

【例 1-11】美国 A 公司 2019 年 9 月发生如下业务：

(1) 向中国境内甲公司转让 A 公司在境内的连锁经营权。

(2) 向中国境内乙公司转让一项专利技术，该技术同时用于乙公司在中国和美国的生产线。

请问：美国 A 公司是否需要在中国缴纳增值税？

分析：

美国 A 公司向中国境内甲公司转让 A 公司在境内的连锁经营权，属于在境内销售无形资产，需要在中国缴纳增值税。

美国 A 公司向中国境内乙公司转让一项专利技术，该专利技术未完全在境外使用，属于在境内销售无形资产，需要在中国缴纳增值税。

（二）征税范围的特殊规定

1. 不征收增值税的项目

（1）罚没物品是否征收增值税的处理。

1）执罚部门和单位查处的属于一般商业部门经营的商品，具备拍卖条件的，由执罚部门或单位商同级财政部门同意后，公开拍卖。其拍卖收入作为罚没收入由执罚部门和单位如数上缴财政，不予征税。经营单位购入拍卖物品再销售的，应照章征收增值税。

2）执罚部门和单位查处的属于一般商业部门经营的商品，不具备拍卖条件的，由执罚部门、财政部门、国家指定销售单位会同有关部门按质论价，交由国家指定销售单位纳入正常销售渠道变价处理。执罚部门按商定价格所取得的变价收入作为罚没收入如数上缴财政，不予征税。国家指定销售单位将罚没物品纳入正常销售渠道销售的，应照章征收增值税。

3）执罚部门和单位查处的属于专管机关管理或专管企业经营的财物，如金银（不包括金银首饰）、外币、有价证券、非禁止出口文物，应交由专管机关或专营企业收兑或收购。执罚部门和单位按收兑或收购价所取得的收入作为罚没收入如数上缴财政，不予征税。专管机关或专营企业经营的上述物品属于应征增值税的货物，应照章征收增值税。

（2）纳税人取得的中央财政补贴，不属于增值税应税收入，不征收增值税。

（3）融资性售后回租业务中，承租方出售资产的行为不属于增值税的征税范围，不征收增值税。

（4）药品生产企业销售自产创新药的销售额，为向购买方收取的全部价款和价外费用，其提供给患者后续免费使用的相同创新药，不属于增值税视同销售范围。

（5）根据国家指令无偿提供的铁路运输服务、航空运输服务，属于用于公益事业的服务。

（6）存款利息。

（7）被保险人获得的保险赔付。

（8）房地产主管部门或者其指定机构、公积金管理中心、开发企业以及物业管理单位代收的住宅专项维修资金。

（9）在资产重组过程中，通过合并、分立、出售、置换等方式，将全部或者部分实物资产以及与其相关联的债权、负债和劳动力一并转让给其他单位和个人，其中涉及的不动产、土地使用权转让行为。

2. 特殊销售行为

特殊销售行为包括视同发生应税销售行为和混合销售行为。

视同发生应税销售行为和混合销售行为将在第二章“一般纳税人纳税申报”详细介绍。

三、税率与征收率

（一）税率

增值税税率是指增值税应税产品的总体税额与销售收入额的比例。增值税税率包括一档基本税率、两档低税率和零税率。

1. 13%的税率

纳税人销售或者进口除9%税率外的货物、劳务以及有形动产租赁服务，适用13%的税率。

2. 9%的税率

纳税人销售交通运输服务、邮政服务、基础电信服务、建筑服务、不动产租赁服务，销售不动产，转让土地使用权，销售或进口下列货物适用9%的税率：

(1) 粮食、食用植物油、食用盐。

(2) 自来水、暖气、冷气、热水、煤气、石油液化气、天然气、沼气、居民用煤炭制品。

(3) 图书、报纸、杂志。

(4) 饲料、化肥、农药、农机、农膜。

(5) 农产品（指各种动物、植物初级产品）、二甲醚、音像制品和电子出版物。

(6) 国务院规定的其他货物。

纳税人兼营销售货物、劳务、服务、无形资产或者不动产，适用不同税率或者征收率的，应当分别核算适用不同税率或者征收率的销售额；未分别核算的，从高适用税率。

3. 6%的税率

纳税人提供现代服务业务（租赁服务除外）、增值电信服务、金融服务、生活服务，销售无形资产（转让土地使用权除外），适用6%的税率。

4. 零税率

纳税人出口货物，提供的国际运输服务、航天运输服务，向境外单位提供完全在境外消费的相关服务［包括研发服务、合同能源管理服务、设计服务、广播影视节目（作品）的制作和发行服务、软件服务、电路设计及测试服务、信息系统服务、业务流程管理服务、离岸服务外包业务、转让技术］及财政部和国家税务总局规定的其他服务，适用零税率。

【例1-12】甲公司（一般纳税人）2019年9月发生如下业务：

(1) 销售农机配件，取得收入10万元。

(2) 销售农机整机，取得收入200万元。

(3) 销售工业用煤炭制品，取得收入200万元。

(4) 销售居民用煤炭制品，取得收入300万元。

(5) 提供国际运输服务，取得收入600万元。

请分析甲公司上述业务适用的增值税税率。

分析：

(1) 销售农机配件适用13%的税率。

(2) 销售农机整机适用9%的税率。

(3) 销售工业用煤炭制品适用13%的税率。

(4) 销售居民用煤炭制品适用9%的税率。

(5) 提供国际运输服务适用增值税零税率。

（二）征收率

1. 3%征收率的适用范围

(1) 小规模纳税人在中华人民共和国境内销售货物、服务、无形资产或不动产，适用简易计税方法计税，增值税征收率为3%（适用5%征收率的除外）。征收率的调整由国务院决定。

（2）小规模纳税人销售旧固定资产和旧货适用征收率的具体内容在第三章“小规模纳税人纳税申报”详细介绍。

（3）对于一般纳税人生产销售的特定货物和应税服务，可以选择适用简易计税方法计税，增值税征收率为3%。具体内容在第二章“一般纳税人纳税申报”详细介绍。

2.5%征收率的适用范围

（1）一般纳税人销售不动产，选择适用简易计税方法的，征收率为5%。

（2）房地产开发企业的一般纳税人销售自行开发的房地产老项目，选择适用简易计税方法的，征收率为5%。

（3）小规模纳税人销售不动产，适用5%征收率。

（4）一般纳税人出租其2016年4月30日前取得的不动产，选择适用简易计税方法计税的，征收率为5%。

（5）小规模纳税人出租不动产，适用5%征收率。

（6）纳税人提供劳务派遣服务，选择差额纳税的，征收率为5%。

（7）纳税人提供安全保护服务，选择差额纳税的，征收率为5%。

（8）一般纳税人提供人力资源外包服务，选择适用简易计税方法计税的，征收率为5%。

3. 个人出租住房的征收率

个人出租住房，按照5%征收率减按1.5%计算纳税。

【工作任务1】分析3：

北京爱之味食品加工有限责任公司是增值税一般纳税人。该公司生产和销售碳酸饮料、果汁、果肉饮料、蔬菜饮料、罐头、糕点、保健食品及包装容器等，适用税率为13%；生产和销售植物油、农产品等，适用税率为9%；出租2016年3月购买的写字楼，采用简易计税方法计税，适用税率为5%；买卖外汇，属于金融服务业，适用税率为6%。该公司兼营销售货物、服务或不动产，适用不同税率或征收率，应单独核算不同税率销售额。如果兼营业务未单独核算，应适用最高税率13%。

四、纳税义务发生时间

纳税义务发生时间，是纳税人发生应税销售行为应当承担纳税义务的起始时间。纳税义务发生时间的作用在于：一是可正式确认纳税人和扣缴义务人已经发生属于税法规定的应税销售行为时，应承担的纳税和扣缴义务；二是有利于税务机关实施税务管理，合理规定申报期限和纳税期限，监督纳税人切实履行纳税义务。增值税纳税义务发生时间的具体内容将在第二章“一般纳税人纳税申报”详细介绍。

五、纳税地点

（1）固定业户应当向其机构所在地主管税务机关申报纳税。总机构和分支机构不在同一县（市）的，应当分别向各自所在地主管税务机关申报纳税；经国家税务总局或其授权的税务机关批准，也可以由总机构汇总向总机构所在地主管税务机关申报纳税。

（2）固定业户到外县（市）销售货物的，应当向其机构所在地主管税务机关报告外出经营事项，向其机构所在地主管税务机关申报纳税。未向销售地主管税务机关申报纳税的，由其机构所在地主管税务机关补征税款。

（3）非固定业户应当向应税行为发生地主管税务机关申报纳税；未申报纳税的，由其机构所在地或者居住地主管税务机关补征税款。

（4）其他个人提供建筑服务，销售或者租赁不动产，转让自然资源使用权，应向建筑服务发生地、不动产所在地、自然资源所在地专管税务机关申报纳税。

（5）扣缴义务人应当向其机构所在地或者居住地主管税务机关申报缴纳扣缴的税款。

六、税收优惠

纳税人销售额未达到国务院财政、税务主管部门规定的增值税起征点的，免征增值税；达到起征点的，依照《中华人民共和国增值税暂行条例》（以下简称《增值税暂行条例》）的规定全额计算缴纳增值税。增值税起征点的适用范围限于个人，包括个体工商户和其他纳税人，但不适用于登记认定为一般纳税人的个体工商户，即增值税起征点仅适用于按照小规模纳税人纳税的个体工商户和其他纳税人。

增值税起征点幅度的规定如下：

（1）按期纳税的，为月应税销售额 5 000～20 000 元（含本数）。

（2）按次纳税的，为每次（日）销售额 300～500 元（含本数）。

销售额，是指小规模纳税人的销售额。

起征点的调整由财政部和国家税务总局规定。省、自治区、直辖市财政厅（局）和国家税务局应在规定的幅度内，根据实际情况确定本地区适用的起征点，并报财政部、国家税务总局备案。

小规模纳税人发生增值税应税销售行为，合计月销售额未超过 10 万元（以 1 个季度为 1 个纳税期的，季度销售额未超过 30 万元，下同）的，免征增值税。

增值税具体优惠政策将在第二章“一般纳税人纳税申报”和第三章“小规模纳税人纳税申报”详细介绍。

【税收筹划】甲咨询公司是小规模纳税人，按季申报增值税，该咨询公司 2019 年第一季度含税销售额为 315 000 元，当地规定的增值税起征点为 300 000 元。请对甲咨询公司进行税收筹划。

分析：

方案一：季度含税销售额定为 315 000 元。

不含税销售额＝315 000÷1.03＝305 825.24（元），超过 300 000 元。

甲咨询公司应缴纳增值税＝305 825.24×3％＝9 174.76（元）

净收入＝315 000－9 174.76＝305 825.24（元）

方案二：季度含税销售额降为 309 000 元。

不含税销售额＝309 000÷1.03＝300 000（元）

因为没有超过当地规定的增值税起征点 300 000 元，所以免征增值税。

净收入＝309 000（元）

结论：

方案二比方案一少缴纳增值税 9 174.76 元，净收入增加 3 174.76（309 000－305 825.24）

元，所以选择方案二，季度含税销售额降为 309 000 元。

第三节 增值税计税方法

纳税人在确定了企业销售产品和提供应税劳务或服务适用的增值税税率以后，就要计算企业应当缴纳多少增值税了。根据《增值税暂行条例》的相关规定，我国增值税应纳税额的计算方法可以分为一般计税方法、简易计税方法和扣缴计税方法。

一、一般计税方法

一般纳税人发生应税销售行为适用一般计税方法计税。其计算公式是：

当期应纳税额＝当期销项税额－当期进项税额

二、简易计税方法

小规模纳税人一般采用简易计税方法计税，一般纳税人提供特定应税服务，可以选择适用简易计税方法。

简易计税方法的应纳税额，是指按照不含增值税销售额和征收率计算的增值税额，不得抵扣进项税额。应纳税额的计算公式为：

应纳税额＝不含增值税销售额×征收率

三、扣缴计税方法

境外的单位或者个人在境内销售劳务，在境内未设有经营机构的，以其境内代理人为扣缴义务人；在境内没有代理人的，以购买方为扣缴义务人。扣缴义务人按照下列公式计算应扣缴税额：

应扣缴税额＝接受方支付的价款÷（1＋税率）×税率

【例 1－13】美国 A 公司为我国境内甲公司提供咨询服务，合同价款为 2 120 000 元，A 公司没有在我国境内设立经营机构。请问：A 公司如何在中国境内缴纳增值税？

分析：

A 公司提供的应税服务，以购买方甲公司为增值税扣缴义务人。

甲公司应扣缴增值税＝2 120 000÷（1＋6%）×6%＝120 000（元）

第四节 增值税发票的管理

为了更好地管理增值税发票，纳税人应了解增值税发票的种类、使用和鉴别方法。

一、增值税发票的种类

目前，增值税发票主要包括增值税专用发票、增值税普通发票（含增值税电子普通发票、卷式发票、通行费发票）、机动车销售统一发票、定额发票和二手车销售统一发票五个票种。

（一）增值税专用发票

增值税专用发票（如图 1－1 所示）是增值税一般纳税人销售货物或者提供应税劳务、服务开具的发票，是购买方支付增值税额并按照增值税有关规定抵扣增值税进项税额的凭证。专用发票的基本联次为三联：发票联、抵扣联和记账联。发票联，作为购买方核算采购成本和增值税进项税额的记账凭证；抵扣联，作为购买方报送主管税务机关认证和留存备查的凭证；记账联，作为销售方核算销售收入和增值税销项税额的记账凭证。该发票规格为 240mm×140mm。

北京增值税专用发票

（国家税务总局 北京市税务局）

抵　扣　联

开票日期：

购买方	名　　称： 纳税人识别码： 地 址、电 话： 开户行及账号：				密码区		
货物或应税劳务、服务名称	规格型号	单位	数量	单价	金额	税率	税额
合计							
价税合计（大写）	（小写）						
销售方	名　　称： 纳税人识别码： 地 址、电 话： 开户行及账号：				备注		

第二联　抵扣联　购买方扣税凭证

收款人：　　复核：　　开票人：　　销货单位（章）：

图 1－1　增值税专用发票

（二）增值税普通发票

增值税普通发票（含增值税电子普通发票、卷式发票、通行费发票）是增值税纳税人销售货物或者提供应税劳务、服务时，通过增值税税控系统开具的普通发票。

1. 增值税普通发票

增值税普通发票（如图 1－2 所示）分为二联票和五联票，第一联：记账联，作为销售方记账凭证；第二联：发票联，作为购货方扣税凭证；第三联至第五联由发票使用单位自行安排使用。该发票规格为 240mm×140mm。

北京增值税普通发票

国家税务总局 北京市税务局

开票日期：

购买方	名　　称： 纳税人识别码： 地 址、电 话： 开户行及账号：					密码区		
货物或应税劳务、服务名称 合计	规格型号	单位	数量	单价		金额	税率	税额
价税合计（大写）	（小写）							
销售方	名　　称： 纳税人识别码： 地 址、电 话： 开户行及账号：					备注		

第一联 记账联 销售方记账凭证

收款人：　　复核：　　开票人：　　销货单位（章）：

图 1－2　增值税普通发票

2. 增值税电子普通发票

依据《中华人民共和国发票管理办法》和《网络发票管理办法》的有关规定，自2013年6月27日起，在北京市开展增值税电子普通发票（如图1－3所示）应用试点。推行通过增值税电子普通发票系统开具的增值税电子普通发票，对降低纳税人经营成本，节约社会资源，方便消费者保存和使用发票，营造健康公平的税收环境起着重要作用。

北京增值税电子普通发票

国家税务总局 北京市税务局

机器编号：

发票代码：
发票号码：
开票日期：
校 验 码：

购买方	名　　称： 纳税人识别码： 地 址、电 话： 开户行及账号：					密码区		
货物或应税劳务、服务名称 合计	规格型号	单位	数量	单价		金额	税率	税额
价税合计（大写）	（小写）							
销售方	名　　称： 纳税人识别码： 地 址、电 话： 开户行及账号：					备注		

收款人：　　复核：　　开票人：　　销货单位（章）：

图 1－3　增值税电子普通发票

3. 增值税普通发票（卷式发票）

增值税普通发票（卷式发票）（如图 1－4 所示）的基本联次为一联，即发票联。发票上印制的基本内容包括发票名称、发票监制章、发票联、发票代码、发票号码、黑标定位符和二维码等。发票印制二维码中包含发票代码和发票号码信息，用于发票查验时的快速扫描录入。该发票为定长发票，宽度有 76mm、57mm 两种，长度固定为 177.8mm。

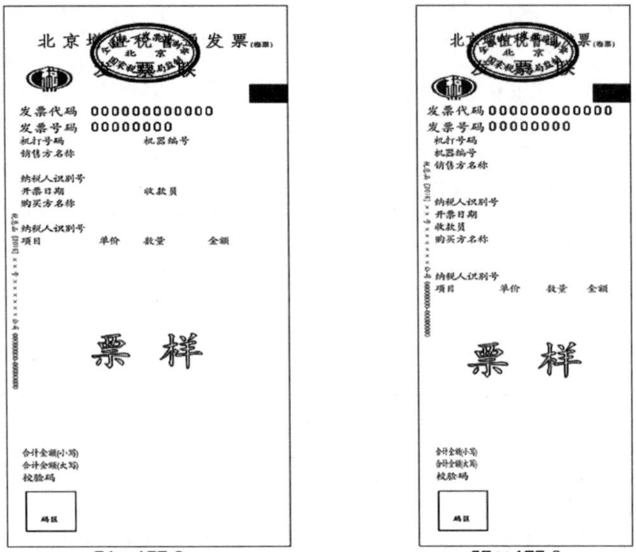

图 1－4　增值税普通发票（卷式发票）

4. 增值税电子普通发票（通行费）

增值税电子普通发票（通行费）如图 1－5 所示。

通行费　　北京增值税电子普通发票

机器编号：

发票代码：
发票号码：
开票日期：
校 验 码：

购买方	名　　称： 纳税人识别码： 地 址、电 话： 开户行及账号：					密码区		
项目名称 合计		车牌号	类型	通行日期起	通行日期止	金额	税率	税额
价税合计（大写）		（小写）						
销售方	名　　称： 纳税人识别码： 地 址、电 话： 开户行及账号：					备注		

收款人：　　复核：　　开票人：　　销货单位（章）：

图 1－5　增值税电子普通发票（通行费）

（三）机动车销售统一发票

机动车销售统一发票（如图 1－6 所示）是指从事机动车零售业务的单位和个人，从 2006 年 8 月 1 日起，在销售机动车（不包括销售旧机动车）收取款项时开具的发票。机动车销售统一发票为电脑六联式发票，即第一联为发票联（购货单位付款凭证），第二联为抵扣联（购货单位扣税凭证），第三联为报税联（车购税征收单位留存），第四联为注册登记联（车辆登记单位留存），第五联为记账联（销货单位记账凭证），第六联为存根联（销货单位留存）。第一联印色为棕色，第二联印色为绿色，第三联印色为紫色，第四联印色为蓝色，第五联印色为红色，第六联印色为黑色。发票代码、发票号码印色为黑色。该发票规格为 241mm×177mm。

机动车销售统一发票

全国统一发票监制章
国家税务总局
北京市税务局

发票联

发票代码

开票日期　　发票号码

机打代码 机打号码 机器编号		税控码					
购买方名称及 身份证号码 组织机构代码			纳税人识别号				
车辆类型		厂牌型号		产地			
合格证号		进口证明书号		商检单号			
发动机号码		车辆识别代号/车架号码					
价税合计			小写				
销售单位名称		电话					
纳税人识别号		账号					
地址		开户银行					
增值税税率 或征收率		增值税 税　额		主管税务 机关及代码			
不含税价	小写	完税凭证号码		吨位		限乘人数	

销货单位盖章　　开票人　　备注：一车一票

图 1－6　机动车销售统一发票

（四）定额发票

定额发票是经营单位凭借税务登记证向税务部门购买的，并在规定时间内交纳税金的发票。定额发票如图 1－7 所示。

（五）二手车销售统一发票

二手车销售统一发票（如图 1－8 所示）是二手车经销企业、经纪机构和拍卖企业，在销售、提供中介服务和拍卖二手车收取款项时，通过开票软件开具的发票。

北京市税务局通用定额发票

国家税务总局
北京市税务局

发 票 联

发票代码 111001977012

发票号码 45005512

密 码

壹 拾 元 整

安通科技开发公司
9110000700221058P
发票专用章
1234587621495

小写金额：￥10.00

（盖章有效）

中印 2019 年 6 月印 124000 本（50 份）

图 1-7 定额发票

二 手 车 销 售 统 一 发 票

发 票 联

发票代码

开票日期　　　　　　　　　　　　发票号码

<table>
<tr><td>机打代码
机打号码
机器编号</td><td colspan="2"></td><td>税
控
码</td><td colspan="4"></td></tr>
<tr><td>买方单位/个人</td><td colspan="2"></td><td colspan="2">单位代码/身份证号码</td><td colspan="3"></td></tr>
<tr><td>买方单位/个人住址</td><td colspan="4"></td><td>电话</td><td colspan="2"></td></tr>
<tr><td>卖方单位/个人</td><td colspan="2"></td><td colspan="2">单位代码/身份证号码</td><td colspan="3"></td></tr>
<tr><td>卖方单位/个人住址</td><td colspan="4"></td><td>电话</td><td colspan="2"></td></tr>
<tr><td>车牌照号</td><td></td><td>登记证号</td><td></td><td>车辆类型</td><td colspan="3"></td></tr>
<tr><td>车架号/车辆识别代码</td><td></td><td>厂牌型号</td><td></td><td>转入地车辆管理所名称</td><td colspan="3"></td></tr>
<tr><td>车价合计（大写）</td><td colspan="4"></td><td>小写</td><td colspan="2"></td></tr>
<tr><td>经营、拍卖单位</td><td colspan="7"></td></tr>
<tr><td>经营、拍卖单位地址</td><td colspan="2"></td><td>纳税人识别号</td><td colspan="4"></td></tr>
<tr><td>开户银行、账号</td><td colspan="4"></td><td>电话</td><td colspan="2"></td></tr>
<tr><td rowspan="2">二手车市场</td><td rowspan="2"></td><td>纳税人识别号</td><td colspan="5"></td></tr>
<tr><td>地 址</td><td colspan="5"></td></tr>
<tr><td>开户银行、账号</td><td colspan="4"></td><td>电话</td><td colspan="2"></td></tr>
<tr><td colspan="8">备注</td></tr>
</table>

销货单位（盖章）　　工商部门审核（盖章）　　开票人　　手写无效

图 1-8 二手车销售统一发票

二、增值税专用发票的使用和管理

（一）增值税专用发票的相关规定

1. 增值税专用发票的领购范围

增值税专用发票只限于增值税一般纳税人领购和使用，增值税小规模纳税人不得领购和使用。一般纳税人有下列情形之一者，不得领购和使用专用发票：

（1）会计核算不健全，即不能按会计制度和税务机关的要求准确核算增值税的销项税额、进项税额和应纳税额者。

（2）不能向税务机关准确提供增值税销项税额、进项税额和应纳税额数据及其他有关增值税税务资料者（其他有关增值税税务资料的内容由国家税务总局所属分局确定）。

（3）有下列行为，经税务机关责令限期改正而仍未改正者：

1）私自印制专用发票；

2）从个人或税务机关以外的单位购买专用发票；

3）借用他人专用发票；

4）向他人提供专用发票；

5）未按规定要求开具专用发票；

6）未按规定保管专用发票；

7）未按规定申报专用发票的购、用、存情况；

8）未按规定接受税务机关检查。

有上列情况的一般纳税人如已领购使用专用发票，税务机关应收缴其结存的专用发票。

2. 增值税专用发票的开具范围

（1）一般纳税人发生应税销售行为，应向购买方开具增值税专用发票。

（2）商业企业一般纳税人零售的烟、酒、食品、服装、鞋帽（不包括劳保专用部分）、化妆品等消费品不得开具增值税专用发票。

（3）增值税小规模纳税人需要开具增值税专用发票的，可向主管税务机关申请代开。

（4）销售免税货物不得开具增值税专用发票，法律、法规及国家税务总局另有规定的除外。

（5）纳税人发生应税销售行为，应当向索取增值税专用发票的购买方开具增值税专用发票，并在增值税专用发票上分别注明销售额和销项税额。属于下列情形之一的，不得开具增值税专用发票：

1）应税销售行为的购买方为消费者个人的；

2）发生应税销售行为适用免税规定的。

（6）小规模纳税人自行开具增值税专用发票试点范围。

为了方便纳税人使用发票，国家税务总局先后对多个行业的小规模纳税人自行开具增值税专用发票进行了试点。

小规模纳税人自行开具增值税专用发票试点范围包括：住宿业，鉴证咨询业，建筑业，工业，信息传输、软件和信息技术服务业，租赁和商务服务业，科学研究和技术服务业，居民服务、修理和其他服务业。

自行开具增值税专用发票的小规模纳税人销售其取得的不动产，需要开具增值税专用发票的，仍须向当地税务机关申请代开。

纳税人应当就开具增值税专用发票的销售额计算增值税应纳税额，并在规定的纳税申报期内向主管税务机关申报缴纳。

3. 已开具的增值税专用发票的作废

一般纳税人在开具增值税专用发票当月，发生销货退回、开票有误等情形，收到退回的发票联、抵扣联符合作废条件的，按作废处理；开具时发现有误的，可即时作废。作废专用发票，需要在防伪税控系统中将相应的数据电文按“作废”处理，在纸质专用发票（含未打印的专用发票）各联次上注明“作废”字样，全联次留存。

作废条件，是指同时具备下列条件：

（1）收到退回的发票联、抵扣联时间未超过销售方开票的当月。

（2）销售方未抄税并且未记账。

（3）购买方未认证或者认证结果为“纳税人识别号认证不符”或“专用发票代码、号码认证不符”。

4. 取得增值税专用发票后，发生退货或销售折让等情况的处理

（1）购买方取得专用发票已用于申报抵扣的，购买方可在增值税发票管理新系统（以下简称新系统）中填开并上传《开具红字增值税专用发票信息表》（以下简称《信息表》），在填开《信息表》时不填写相对应的蓝字专用发票信息，应暂依《信息表》所列增值税税额从当期进项税额中转出，待取得销售方开具的红字专用发票后，与《信息表》一并作为记账凭证。

购买方取得专用发票未用于申报抵扣，但发票联或抵扣联无法退回的，购买方填开《信息表》时应填写相应的蓝字专用发票信息。

销售方开具专用发票尚未交付购买方，以及购买方未用于申报抵扣并将发票联及抵扣联退回的，销售方可在新系统中填开并上传《信息表》。销售方填开《信息表》时应填写相对应的蓝字专用发票信息。

（2）主管税务机关通过网络接收纳税人上传的《信息表》，系统自动校验通过后，生成带有“红字发票信息表编号”的《信息表》，并将信息同步至纳税人的系统中。

（3）销售方凭税务机关系统校验通过的《信息表》开具红字专用发票，在新系统中以销项负数开具。红字专用发票应与《信息表》一一对应。

（4）纳税人也可凭《信息表》电子信息或纸质资料到税务机关对信息表内容进行系统校验。

（5）税务机关为小规模纳税人代开专用发票，需要开具红字专用发票的，按照一般纳税人开具红字专用发票的方法处理。

（6）纳税人需要开具红字增值税普通发票的，可以在所对应的蓝字发票金额范围内开具多份红字发票。红字机动车销售统一发票需与原蓝字机动车销售统一发票一一对应。

（二）增值税专用发票的管理

1. 丢失已开具的增值税专用发票的处理

从 2014 年 5 月 1 日起，购买方（一般纳税人）丢失已开具的增值税专用发票，分别按照以下办法处理：

一般纳税人丢失已开具专用发票的发票联和抵扣联，如果丢失前已认证相符，则购

买方可将销售方提供的相应专用发票记账联复印件及销售方主管税务机关出具的《丢失增值税专用发票已报税证明单》或《丢失货物运输业增值税专用发票已报税证明单》(以下统称《证明单》)作为增值税进项税额的抵扣凭证;如果丢失前未认证,则购买方凭销售方提供的相应专用发票记账联复印件进行认证,认证相符的,可将专用发票记账联复印件及销售方主管税务机关出具的《证明单》作为增值税进项税额的抵扣凭证。专用发票记账联复印件和《证明单》留存备查。

一般纳税人丢失已开具专用发票的抵扣联,如果丢失前已认证相符,则使用专用发票发票联复印件留存备查;如果丢失前未认证,则使用专用发票发票联认证,专用发票发票联复印件留存备查。

一般纳税人丢失已开具专用发票的发票联,可将专用发票抵扣联作为记账凭证,专用发票抵扣联复印件留存备查。

2. 虚开增值税专用发票的处理

虚开增值税专用发票是指违反国家税收征管和发票管理规定,为他人虚开、为自己虚开、让他人为自己虚开、介绍他人虚开增值税专用发票行为之一。

纳税人虚开增值税专用发票,未就其虚开金额申报并缴纳增值税的,应按照其虚开金额补缴增值税;已就其虚开金额申报并缴纳增值税的,不再按照其虚开金额补缴增值税。税务机关对纳税人虚开增值税专用发票的行为,应按《中华人民共和国税收征收管理法》及《中华人民共和国发票管理办法》的有关规定给予处罚。纳税人取得虚开的增值税专用发票,不得作为增值税合法有效的扣税凭证抵扣其进项税额。

三、增值税发票的鉴别

(一)发票查验平台鉴别

纳税人可登录全国增值税发票查验平台查询增值税发票的真伪。

(二)人工鉴别

下面分别从增值税专用发票和增值税普通发票两个方面介绍人工鉴别增值税发票的方法。

1. 增值税专用发票的鉴别

(1)防伪油墨颜色摩擦可变。

增值税专用发票各联次左上方的发票代码使用防伪油墨印制,油墨印记在外力摩擦作用下可以发生颜色变化,产生红色擦痕(如图 1-9 所示)。

发票代码图案原色	原色摩擦可产生红色擦痕
4600143160	4600143160

图 1-9 防伪油墨颜色摩擦可变

(2)专用异型号码。

增值税专用发票各联次右上方的发票号码(如图 1-10 所示)为专用异型号码,字体为专用异型变化字体。

9876543210

图 1-10 专用异型号码

（3）复合信息防伪。

增值税专用发票的记账联、抵扣联和发票联票面具有复合信息防伪特征。使用复合信息防伪特征检验仪检测（如图 1－11 所示），通过检测的发票，检验仪会自动发出复合信息防伪特征验证通过的语音提示。

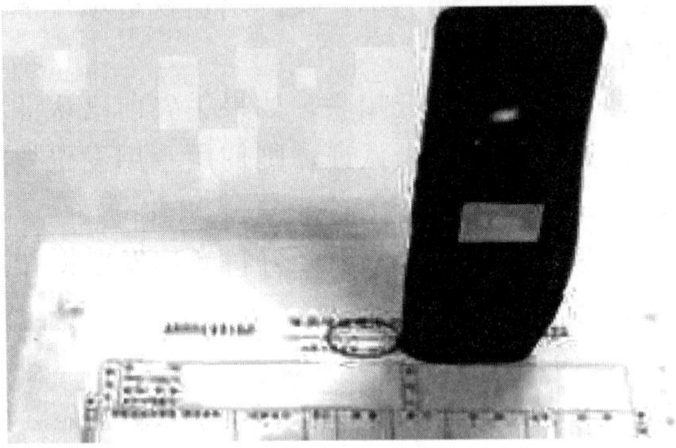

图 1－11　复合信息防伪

2. 增值税普通发票的鉴别

目前，增值税普通发票防伪措施主要为采用防伪用纸。

（1）通用机打发票（卷式）（如图 1－12 所示）、通用定额发票（如图 1－13 所示）使用复合纤维纸鉴定方法。主要为：

第一，从纤维条处撕开，查看纤维条是否夹在发票纸张中间。

第二，用清水涂抹在发票正面，观察是否会显现隐形图案。

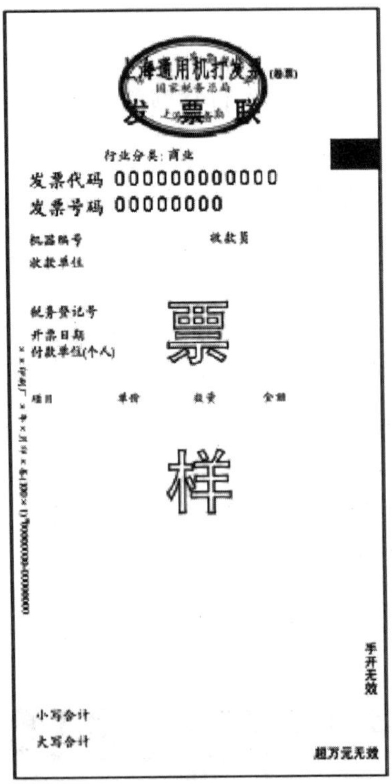
上海通用机打发票（卷票）
国家税务总局
发票联
行业分类：商业
发票代码 000000000000
发票号码 00000000
机器编号　收款员
收款单位
税务登记号
开票日期
付款单位(个人)
项目　单价　数量　金额
票样
手开无效
小写合计
大写合计
超万元无效

图 1－12　通用机打发票（卷式）

图 1-13 通用定额发票

（2）通用机打发票（平推式）（如图 1-14 所示）使用干式复写纸鉴定方法。主要为：在书写或机打发票后，观察背涂颜色是否具有一次性转移功能。

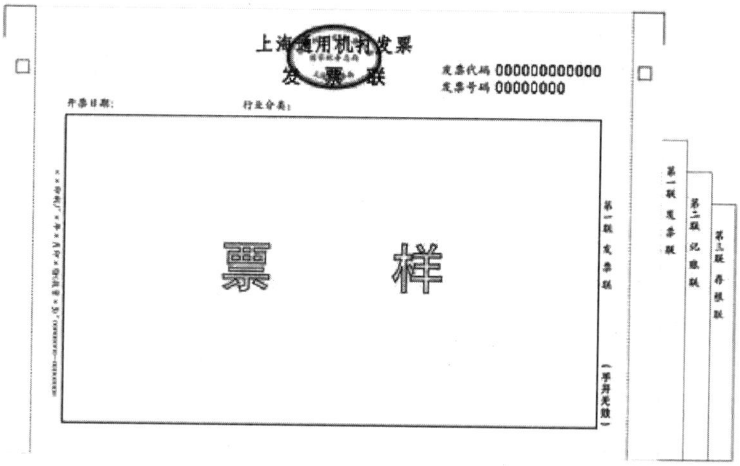

图 1-14 通用机打发票（平推式）

第五节 增值税纳税申报

一、纳税申报方式

增值税纳税申报方式分为远程申报和上门申报。远程申报是指纳税人借助网络、电话或者其他手段，将申报资料传输至税务机关进行申报的一种方式；上门申报是指纳税人带着申报资料，直接到税务机关申报征收窗口进行申报的一种方式。

二、纳税期限

增值税的纳税期限一般分为 1 日、3 日、5 日、10 日、15 日、1 个月或者 1 个季度。纳税人的具体纳税期限，由主管税务机关根据纳税人应纳税额的大小分别核定。以 1 个季度为纳税期限的规定适用于小规模纳税人、银行、财务公司、信托投资公司、信用社，以及财政部和国家税务总局规定的其他纳税人。不能按照固定期限纳税的，可按次纳税。

纳税人以 1 个月或者 1 个季度为一期纳税的，自期满之日起 15 日内申报纳税；以 1 日、3 日、5 日、10 日或者 15 日为一期纳税的，自期满之日起 5 日内预缴税款，于次月 1 日起 15 日内申报纳税并结清上月应纳税款。

注意：纳税人以 1 个月或者 1 个季度为一个纳税申报期的，纳税申报期一般为次月或季后首月 1 日起至 15 日止，遇最后 1 日为法定节假日的，顺延 1 日；在每月 1 日至 15 日内有连续 3 日以上法定休假日的，按休假日天数顺延。

三、纳税申报

（一）适用范围

中华人民共和国境内增值税纳税人均应按照规定进行增值税纳税申报。

（二）纳税申报流程

一般纳税人和小规模纳税人，在纳税期限内进行纳税申报，申报具体流程为：

（1）抄报税。纳税人登录开票软件抄税，并通过网上抄报或办税厅抄报，向税务机关上传上月开票数据。

（2）纳税申报。纳税人通过“一证通”或 CA 证书登录网上申报软件进行网上申报。网上申报成功并通过税银联网实时扣缴税款。

（3）清零解锁。申报成功后，纳税人返回开票系统对税控设备进行清零解锁。实务中，一般以当月纳税申报期限为最后截止日，如果错过清零解锁的日期，可以带上税控盘去税务办税大厅解锁。

（三）纳税申报资料

纳税申报资料包括纳税申报表及其附列资料、纳税申报其他资料。

1. 纳税申报表及其附列资料

（1）一般纳税人纳税申报表及其附列资料包括：

1）《增值税纳税申报表（一般纳税人适用）》（主表）；

2）《增值税纳税申报表附列资料（一）》（本期销售情况明细）；

3）《增值税纳税申报表附列资料（二）》（本期进项税额明细）；

4）《增值税纳税申报表附列资料（三）》（服务、不动产和无形资产扣除项目明细）；

5）《增值税减免税申报明细表》；

6）《增值税纳税申报表附列资料（四）》（税额抵减情况）。

（2）小规模纳税人纳税申报表及其附列资料包括：

1）《增值税纳税申报表（小规模纳税人适用）》；

2）《增值税纳税申报表（小规模纳税人适用）附列资料》；

3）《增值税减免税申报明细表》。

2. 纳税申报其他资料

（1）已开具的税控机动车销售统一发票和普通发票的存根联。

（2）符合抵扣条件且在本期申报抵扣的增值税专用发票（含税控机动车销售统一发票）的抵扣联。

（3）符合抵扣条件且在本期申报抵扣的海关进口增值税专用缴款书、购进农产品取得的普通发票的复印件。

（4）符合抵扣条件且在本期申报抵扣的代扣代缴增值税税收完税凭证及其清单、书面合同、付款证明和境外单位的对账单或者发票。

（5）已开具的农产品收购凭证的存根联或报查联。

（6）服务、不动产和无形资产扣除项目的合法凭证及其清单。

（7）主管税务机关规定的其他资料。

（四）纳税申报表填写步骤

1. 一般纳税人纳税申报表填写步骤

（1）销售情况的填写。

第一步：所有一般纳税人填写《增值税纳税申报表附列资料（一）》（本期销售情况明细）第1至11列。

第二步：有扣除项目的一般纳税人填写《增值税纳税申报表附列资料（三）》（服务、不动产和无形资产扣除项目明细）。

第三步：有扣除项目的一般纳税人填写《增值税纳税申报表附列资料（一）》（本期销售情况明细）第12至14列。

（2）进项税额的填写。所有一般纳税人填写《增值税纳税申报表附列资料（二）》（本期进项税额明细）。

（3）税收优惠的填写。有减免税业务的一般纳税人填写《增值税减免税申报明细表》。

（4）预缴税款的填写。有预缴税款业务的一般纳税人填写《增值税预缴税款表》。

（5）税额抵减的填写。有税额抵减业务的一般纳税人填写《增值税纳税申报表附列资料（四）》（税额抵减情况）。

（6）主表的填写。根据上述附表数据，所有一般纳税人填写《增值税纳税申报表（一般纳税人适用）》（主表）。

本书第二章“一般纳税人纳税申报”就是按照一般纳税人纳税申报表的填写顺序介绍一般纳税人纳税申报。

2. 小规模纳税人纳税申报表填写步骤

第一步：有税额抵减业务的小规模纳税人填写《增值税纳税申报表（小规模纳税人适用）附列资料》。

第二步：有税收优惠业务的小规模纳税人填写《增值税减免税申报明细表》。

第三步：所有小规模纳税人填写《增值税纳税申报表（小规模纳税人适用）》。

本书第三章“小规模纳税人纳税申报”就是按照小规模纳税人纳税申报表的填写顺序介绍小规模纳税人纳税申报。

第二章
一般纳税人纳税申报

【学习目标】

1. 会计算销售业务的增值税额、进行相关账务处理和纳税申报。
2. 会计算采购业务的增值税额、进行相关账务处理和纳税申报。
3. 会确认增值税减免税业务、进行相关账务处理和纳税申报。
4. 会计算预缴税款、进行相关账务处理和纳税申报。
5. 会计算一般纳税人期末应纳增值税、进行相关账务处理和纳税申报。
6. 会进行汇总增值税纳税申报。
7. 会进行一般纳税人增值税税收筹划。

【工作任务2】

2020年1月，爱之味公司发生的购销业务如下：

业务1：3日，销售给物美超市一批饮料，其中碳酸饮料500箱，开具增值税专用发票，收取不含税款1 000 000元，另外收取包装物押金5 000元；销售果汁10箱，开具增值税普通发票，收取价税合计565 000元，另外收取包装物押金1 500元。物美超市按照合同约定，于3月31日将碳酸饮料、果汁包装物退回，并支付全部押金。货款已经收到。

业务2：8日，将上个月购入的10吨食用植物油对外销售，取得不含税销售额200 000元，并开具增值税专用发票。货款已经收到。

业务3：31日，公司现场制作并直接销售食品，开具增值税普通发票，价税合计848 000元。货款已经收到。

业务4：31日，公司零售保健食品，实际取得零售金额78 000元；零售果肉饮料，实际取得零售金额23 000元；零售面包，零售金额19 000元；零售罐头，实际收取零售额10 000元。零售业务均没有向对方开具发票。货款已经收到。

业务5：10日，出租2016年3月在天津购买的写字楼，合同约定每月收取租金525 000元，开具1张增值税专用发票，公司选择简易计税方法，当月收到租金。

业务6：15日，销售160箱饼干给甲公司，每箱不含税销售价格为5 000元，开具1张增值税专用发票，不含税价合计800 000元。1月18日，由于甲公司提前支付价款，爱之味公司给予甲公司2%的折扣。货款已经收到。

业务7：31日，上月销售给乙公司的一批蔬菜饮料，由于包装存在问题，销售价格减让20 000元，根据税务局校验通过的《红字增值税专用发票信息表》填开红字增值税专用发票。已经将货款退给乙公司。

业务8：2019年1月31日，采取分期收款方式销售给丙公司10箱糕点，不含税价款合计100 000元，货已发出。合同约定于2020年1月31日、2021年1月31日两次等额收取货款。但本月尚未收到货款，也未开具发票，假定贴现率为8%。

业务9：25日，春节前夕公司自制一批糕点送给职工，实际生产成本为30 000元，该批产品无同类产品售价，同类糕点成本利润率为10%。

业务10：26日，公司采用预收款方式销售一批糕点，本月取得价款116 000元，糕点尚未发出。

业务11：29日，将本月购入的外汇售出，含税售价980 000元，该笔外汇系爱之味公司于2020年1月1日买入，买入价为965 000元，销售时未开具发票。

业务12：2日，购进一台设备，取得1张增值税专用发票，注明价款为800 000元，税率为13%，并取得运输公司开具的1张增值税专用发票，注明运费2 000元，税额180元。款项已经通过银行存款支付。

业务13：5日，向农民收购小麦10吨用于生产蛋糕，取得1张农产品收购发票，农产品收购发票注明价款为100 000元，款项已经通过银行存款支付，当月全部领用用于生产食品。

业务14：8日，从乙公司（为小规模纳税人）购买一批生产工具，取得1张增值税普通发票，价税合计5 000元，款项已经通过银行存款支付。

业务15：10日，支付快递费用，取得1张增值税专用发票，金额为1 000元，税额为60元。

业务16：15日，支付租车费用，取得1张增值税专用发票，金额为500元，税额为65元。

业务17：18日，委托加工一批食材，并支付加工费，取得1张增值税专用发票，金额为150 000元，税额为19 500元，加工费已经通过银行存款支付。

业务18：22日，支付增值税系统设备维护费，取得1张增值税普通发票，注明价税合计2 000元。

业务19：27日，接受境外企业提供的咨询服务，支付价款212 000元，代扣代缴税款12 000元，取得1张代扣代缴税收缴款凭证。

业务20：30日，取得电信公司开具的增值税专用发票2张，1张金额为10 000元，税额为900元；1张金额为15 000元，税额900元。款项已经通过银行存款支付。

业务21：31日，支付管理部门房屋租金，取得一份增值税专用发票，金额为20 000元，税额为1 000元。

业务22：31日，购进一个仓库，当月投入使用，取得1张增值税专用发票，专用发票上注明的金额为1 000 000元，税额为90 000元，款项全部支付。

业务23：31日，取得1张注明销售部门李明身份信息的高铁票，车票上注明金额为545元，款项全部支付。

业务 24：31 日，职工食堂领用公司上月购进的一批桌椅。购进桌椅时取得增值税专用发票，注明不含税价款为 40 000 元，进项税额为 5 200 元。

业务 25：公司所属期 2019 年 12 月增值税纳税申报表第 32 栏“期末未缴税额”的数据是 30 000 元，2020 年 1 月 8 日缴纳了 2019 年 12 月的增值税税额 30 000 元。

其他资料：2 月 10 日，爱之味公司填写增值税纳税申报表主表和附表。

要求：

1. 请计算 2020 年 1 月销项税额，进行账务处理并填报相关报表。
2. 请计算 2020 年 1 月可以抵扣的进项税额，进行账务处理并填报相关报表。
3. 请计算 2020 年 1 月减免的增值税额，进行账务处理并填报相关报表。
4. 请计算 2020 年 1 月预缴增值税额，进行账务处理并填报相关报表。
5. 请计算 2020 年 1 月增值税额抵减额，进行账务处理并填报相关报表。
6. 请计算 2020 年 1 月应缴纳的增值税，进行账务处理并填报增值税纳税申报表主表。

第一节 销售业务税额的计算、账务处理及申报

一、销项税额的计算

销项税额，是指纳税人发生应税销售行为，按照销售额和规定的税率计算收取的增值税额。销项税额的计算公式为：

销项税额＝销售额×税率

销项税额是纳税人按规定自行计算出来的，关键是确定不含增值税的销售额。

（一）一般销售方式下的销售额

销售额为纳税人发生应税销售行为收取的全部价款和价外费用，但是不包括收取的销项税额。

1. 价外费用

价外费用，包括价外向购买方收取的手续费、补贴、基金、集资费、返还利润、奖励费、违约金、滞纳金、延期付款利息、赔偿金、代收款项、代垫款项、包装费、优质费以及其他各种性质的价外收费。但下列项目不包括在内：

（1）受托加工应征消费税的消费品所代收代缴的消费税。

（2）同时符合以下条件的代垫运输费用：承运部门的运输费用发票开具给购买方的；纳税人将该项发票转交给购买方的。

（3）同时符合以下条件代为收取的政府性基金或者行政事业性收费：由国务院或者财政部批准设立的政府性基金，由国务院或者省级人民政府及其财政、价格主管部门批准设立的行政事业性收费；收取时开具省级以上财政部门印制的财政票据；所收款项全额上缴财政。

（4）销售货物的同时代办保险等而向购买方收取的保险费，以及向购买方收取的代

购买方缴纳的车辆购置税、车辆牌照费。

应当注意，一般情况下，价外费用本身都是含增值税的价外费用，在计算增值税销项税额时，需要换算成不含增值税的价外费用。其换算公式为：

不含税价外费用＝含税价外费用÷（1＋税率）

【例 2-1】 A 公司（一般纳税人）销售一批甲产品，不含税售价为 10 000 元，随同价款收取手续费 565 元，购货方以银行转账支票付款。请计算 A 公司应交增值税的销售额和销项税额。

分析：

A 公司收取的手续费 565 元是价外费用，换算成不含增值税的销售额为 500（565÷1.13）元。

A 公司应交增值税的销售额＝10 000＋500＝10 500（元）

A 公司增值税销项税额＝10 500×13%＝1 365（元）

2. 外币销售额

纳税人按人民币以外的货币结算销售额的，其销售额的人民币折合率可以选择销售额发生当天或者当月 1 日的人民币汇率中间价。纳税人应事先确定采用何种折合率，确定后 1 年内不得变更。

3. 含税销售额

普通发票上的价格和零售价格为含税销售额，需要将含税销售额换算成不含税销售额，将其作为增值税的计税依据。其换算公式为：

不含税销售额＝含税销售额÷（1＋税率）

【工作任务 2】分析 1：

业务 3：爱之味公司现场制作并直接销售食品，开具增值税普通发票，含税销售额为 848 000 元。

纳税人现场制作食品并直接销售给消费者，按照“餐饮服务”缴纳增值税。

不含税销售额＝848 000÷（1＋6%）＝800 000（元）

增值税销项税额＝800 000×6%＝48 000（元）

业务 4：爱之味公司发生零售业务，零售金额 130 000（78 000＋23 000＋19 000＋10 000）元为含税销售额。

不含税销售额＝130 000÷（1＋13%）＝115 044.25（元）

增值税销项税额＝115 044.25×13%＝14 955.75（元）

（二）特殊销售方式下的销售额

1. 采取折扣方式销售

（1）折扣销售，在会计上又称为商业折扣，是指销售方在销售货物时，因购货方购货数量较大或者与销售方有特殊关系等原因而给予对方价格上的优惠。例如，商场销售服装，购买 1 件支付 200 元，购买 2 件支付 300 元，从原来的每件 200 元降至每件 150 元，每件相差的 50 元就是商业折扣。销售额和折扣额在同一张发票上的“金额”栏分别注明的，可按折扣后的销售额征收增值税；未在同一张发票“金额”栏注明折扣额，而仅在发票的“备注”栏注明折扣额的，折扣额不得从销售额中减除。折扣销售仅限于货物价格的折扣，如果销货者将自产、委托加工或者购买的货物用于实物折扣，则该实物款项不能从货物销售额中减除，且该实物应按照“视同发生应税销售行为”中的“赠送他人”计算征收增值税。例如，商场销售西服赠送领带，赠送的领带就是实物折扣。

【例 2-2】 A公司（一般纳税人）销售甲产品，其定价策略是：不含税售价为200元/件，购买300件以上，可获得5%的折扣；购买400件以上，可获得10%的折扣。A公司对外销售甲产品410件。A公司按原价开具了增值税专用发票，销售额、折扣额在同一张发票的“金额”栏注明，甲产品适用的增值税税率为13%。请计算A公司销售甲商品的应交增值税销售额和销项税额。

分析：

A公司对外销售甲产品410件，购买方可以获得10%的商业折扣。因为销售额和折扣额在同一张发票上的“金额”栏分别注明，所以A公司可以按照折扣后的金额确认增值税的销项税额。

A公司应交增值税销售额=200×410×90%=73 800（元）

A公司销项税额=73 800×13%=9 594（元）

（2）纳税人销售服务、无形资产或者不动产，将价款和折扣额在同一张发票上分别注明的，以折扣后的价款为销售额；未在同一张发票上分别注明的，以价款为销售额，不得扣减折扣额。

（3）销售折扣，在会计上又称为现金折扣，是指销货方在采用赊销方式销售货物或提供劳务时，为了鼓励购货方及早偿还货款，按协议许诺给予购货方的一种折扣优待。现金折扣发生在销货之后，是一种融资性质的理财费用，因此计算销项税额时，现金折扣不得从销售额中减除。例如，某煤厂销售煤矿，售价为2 000元/吨，10天内付款1 960元/吨，20天内付款1 980元/吨，30天内付款2 000元/吨（一般写作2/10、1/20、N/30，意思是10天内付款优惠2%，20天内付款优惠1%，30天内付款没有优惠）。

【工作任务2】分析2：

业务6：爱之味公司销售给甲公司饼干，其不含税销售额为800 000元，由于甲公司提前支付价款，爱之味公司给予甲公司2%的折扣属于现金折扣，在计算销项税额时，不得从销售额中减除。

销售额=800 000（元）

销项税额=800 000×13%=104 000（元）

（4）纳税人销售货物并向购买方开具增值税专用发票后，由于购货方在一定时期内累计购买货物达到一定数量，或者由于市场价格下降等原因，销货方给予购货方相应的价格优惠或补偿等折扣、折让行为，销货方可按规定开具红字增值税专用发票。

（5）销售折让，是指企业因售出商品的质量不合格等原因而在售价上给予的减让。企业已经确认售出商品发生销售折让的，应当在发生时冲减当期的销售商品收入。

【工作任务2】分析3：

业务7：由于包装问题，爱之味公司将销售价格减让20 000元，这属于销售折让，可以冲减1月销售额20 000元。

（6）纳税人销售服务、无形资产或者不动产，开具增值税专用发票后，发生开票有误或者销售折让、中止、退回等情形的，应当按照国家税务总局的规定开具红字增值税专用发票；未按照规定开具红字增值税专用发票的，不得扣减销项税额或者销售额。

【例 2-3】 2019 年 12 月 20 日，A 物业管理公司（一般纳税人）收取甲公司 2020 年全年不含税物业费 120 000 元，并开具增值税专用发票。因 A 物业管理公司 2020 年提供的物业服务没有达到合同要求，2020 年 12 月，甲公司要求给予 10%的折让并支付退款，A 物业管理公司同意折让，按规定开具红字增值税专用发票。请计算 A 物业管理公司 2019 年 12 月和 2020 年 12 月的应交增值税销售额和销项税额。

分析：

A 物业管理公司 2019 年 12 月收取物业费 120 000 元时开具增值税专用发票，所以 A 物业管理公司 2019 年 12 月需要确认增值税销项税额。

2019 年 12 月销售额＝120 000（元）

2019 年 12 月销项税额＝120 000×6%＝7 200（元）

2020 年 12 月发生销售折让并按规定开具红字增值税专用发票，所以 A 物业管理公司 2020 年 12 月可以扣减增值税销项税额。

2020 年 12 月销售额＝－120 000×10%＝－12 000（元）

2020 年 12 月销项税额＝－12 000×6%＝－720（元）

2. 采取以旧换新方式销售

（1）金银首饰以外的以旧换新方式销售货物，应按新货物的同期销售价格确定销售额，不得冲减旧货物的收购价格。收取旧货物，若取得增值税专用发票，则专用发票上注明的进项税额可以抵扣。

（2）金银首饰以旧换新业务按销售方实际收到的不含增值税的全部价款征税。

【例 2-4】 A 百货公司（一般纳税人）家电部采用以旧换新销售电视机 20 台，新电视机零售价为 3 390 元/台，旧电视机作价 100 元/台；其金银首饰部采取以旧换新方式向消费者销售金项链 15 条，每条新项链的零售价格为 5 000 元，每条旧项链作价 2 000 元，每条项链取得差价款 3 000 元。请计算 A 百货公司销售电视机和金项链的应交增值税销售额和销项税额。

分析：

电视机销售额＝3 390×20÷（1＋13%）＝60 000（元）

电视机销项税额＝60 000×13%＝7 800（元）

金项链销售额＝3 000×15÷（1＋13%）＝39 823.01（元）

金项链销项税额＝39 823.01×13%＝5 176.99（元）

3. 采取还本销售方式销售

还本销售，是指销售方销售货物后，按约定的时间，一次或分次将全部或部分销货款退还给购货方，退还的货款即还本支出。采取还本销售方式销售货物，其销售额就是货物的销售价格，不得从销售额中减除还本支出。

【例 2-5】 A 公司（一般纳税人）主要生产销售甲产品，甲产品每件成本为 800 元，市场上同类商品售价为每件 1 000 元。2019 年 9 月，A 公司采用还本销售方式向甲企业销售甲产品 100 件。合同中规定该批产品的总价款是 113 000 元，其中增值税专用发票上注明的产品价款是 100 000 元，销项税额是 13 000 元，3 年后全额即按 113 000 元一次还本，甲产品适用的增值税税率为 13%。请计算 A 公司 2019 年 9 月销售甲商品的应交增值税销售额和销项税额。

分析：

A公司的销售额为100 000元，增值税销项税额为13 000元，以后每年的还本支出不得从销售额中减除该销项税额。

4. 采取以物易物方式销售

（1）双方以各自发出货物（劳务、应税行为）核算销售额并计算销项税额。

（2）双方是否能抵扣进项税额要看能否取得对方开具的专用发票、是否为换入用于不得抵扣进项税额的项目等因素。如果收到货物不能取得相应的增值税专用发票或其他合法票据，则不能抵扣进项税额。

【例2-6】 A公司和B公司均为一般纳税人，2019年9月，A公司从B公司租赁设备，双方约定不含税租金为120 000元，A公司以不含税价格为200 000元的电脑换取B公司的设备使用权，差价款80 000元由B公司以银行存款支付，双方均向对方开具增值税专用发票，假定当月取得的相关票据均符合税法的规定，并在当月抵扣进项税额。请计算A公司2019年9月应缴纳的增值税。

分析：

A公司应缴纳的增值税＝200 000×13%－120 000×13%＝10 400（元）

5. 包装物押金是否计入销售额

包装物是指为包装产品而储备的各种包装容器，如桶、箱、瓶、坛、袋等用于储存和保管产品的材料。纳税人销售货物时另外收取包装物押金，目的是促使购货方及早退回包装物以便周转使用。

（1）根据税法的规定，纳税人为销售货物而出租、出借包装物收取的押金，单独记账核算的，时间在1年以内又未过期的，不并入销售额征税。

（2）对因逾期未收回包装物不再退还的押金，应按包装物的适用税率计算销项税额。其中，“逾期”是指按合同约定实际逾期或以1年为期限，对收取1年以上的押金，无论是否退还，均应并入销售额征税。在将包装物押金并入销售额征税时，需要先将该押金换算为不含税价，再并入销售额征税。对于个别包装物周转使用期限较长的，报经税务机关确定后，可适当放宽逾期期限。包装物押金不应混同于包装物租金，包装物租金在销货时作为价外费用已并入销售额计算销项税额。

【例2-7】 2019年9月，A公司（一般纳税人）销售化工产品取得不含税销售额200 000元，为销售货物出借包装物收取押金11 600元，约定3个月内返还；当月没收逾期未退还包装物押金13 560元。请计算A公司2019年9月销售化工产品的应交增值税销售额和销项税额。

分析：

A公司2019年9月销售额＝200 000＋13 560÷（1＋13%）＝212 000（元）

A公司2019年9月销项税额＝212 000×13%＝27 560（元）

【工作任务2】分析4：

业务1：销售给物美超市一批饮料收到的包装物押金6 500（5 000＋1 500）元不并入销售额缴纳增值税。

（3）对销售除啤酒、黄酒外的其他酒类产品收取的包装物押金，无论是否返还以及会计上如何核算，均应并入当期销售额征税。

【例 2-8】 2019 年 8 月，A 酒厂（一般纳税人）销售粮食白酒和啤酒给副食品公司，其中销售白酒开具增值税专用发票，收取不含税价款 60 000 元，另外收取包装物押金 4 500元；销售啤酒开具普通发票，收取的价税合计 33 600 元，另外收取包装物押金3 800 元。副食品公司按合同约定，于 2019 年 12 月将白酒、啤酒包装物全部退还给酒厂，并取回全部押金。请计算 A 酒厂 2019 年 8 月的应交增值税销售额和销项税额。

分析：

A 酒厂收取白酒包装物押金当期需要缴纳增值税，收取啤酒包装物押金当期不需要缴纳增值税。

A 酒厂 2019 年 8 月销售额＝60 000＋（33 600＋4 500）÷（1＋13%）
＝93 716.81（元）

A 酒厂 2019 年 8 月销项税额＝93 716.81×13%＝12 183.19（元）

6. 直销的增值税处理

（1）直销企业先将货物销售给直销员，直销员再将货物销售给消费者的，直销企业的销售额为其向直销员收取的全部价款和价外费用。直销员将货物销售给消费者时，应按照现行规定缴纳增值税。

（2）直销企业通过直销员向消费者销售货物，直接向消费者收取货款的，直销企业的销售额为其向消费者收取的全部价款和价外费用。

【例 2-9】 有直销资格的 A 公司（一般纳税人）主要生产和销售甲保健品，甲保健品成本价为 1 000 元/件，同类一级批发价为 1 500 元/件，零售不含税价格为 1 600 元/件。刘某是 A 公司的直销员，A 公司将甲保健品按 1 800 元/件的价格通过李某直接卖给消费者。以上价格均为不含税价。2019 年 8 月以下列方式销售货物：

方式一：刘某从 A 公司购买货物，再直接向购货方收取货款，销售数量为 100 件。

方式二：刘某从 A 公司取得货物，由 A 公司收取货款并开具发票，销售数量为 80 件。

请计算两种直销方式下 A 公司和刘某各自确认的应交增值税销售额和销项税额。

分析：

方式一：直销企业 A 公司先将货物销售给直销员刘某，直销员刘某再将货物销售给消费者，A 公司的销售额就是销售给直销员刘某的价格，即 1 500 元/件。

A 公司销售额＝1 500×100＝150 000（元）

A 公司销项税额＝150 000×13%＝19 500（元）

刘某销售额＝1 800×100＝180 000（元）

刘某销项税额＝180 000×13%＝23 400（元）

方式二：直销企业 A 公司通过直销员刘某向消费者销售货物，A 公司的销售额就是直接向消费者收取的货款，即 1 600 元/件。

A 公司销售额＝1 600×80＝128 000（元）

A 公司销项税额＝128 000×13%＝16 640（元）

7. 贷款服务的销售额

贷款服务，以提供贷款服务取得的全部利息及利息性质的收入为销售额。

银行提供贷款服务按期计收利息的，结息日当日计收的全部利息收入均应计入结息日所属期的销售额，按照现行规定计算缴纳增值税。

8. 直接收费金融服务的销售额

直接收费金融服务，以提供直接收费金融服务收取的手续费、佣金、酬金、管理费、服务费、经手费、开户费、过户费、结算费、转托管费等各类费用为销售额。

【例 2－10】 2019 年 10 月，A 财务公司（一般纳税人）发生直接收费金融服务业务，管理资金 2 120 000 元，按 3%收取管理费，并开具了增值税专用发票。请计算 A 财务公司的应交增值税销售额和销项税额。

分析：

不含税销售额＝2 120 000×3%÷（1＋6%）＝60 000（元）

销项税额＝60 000×6%＝3 600（元）

9. 销售电信服务附带赠送

纳税人销售电信服务时，附带赠送用户识别卡、电信终端等货物或者电信服务的，应将其取得的全部价款和价外费用进行分别核算，按各自适用的税率计算缴纳增值税。

【例 2－11】 2019 年 6 月，A 电信集团天津分公司（一般纳税人）利用固网、移动网、卫星、互联网、有线电视网络提供短信服务，取得价税合计收入 2 120 000 元；提供彩信服务，取得价税合计收入 3 180 000 元；提供电子数据和信息的传输及应用服务，取得价税合计收入 5 300 000 元；提供互联网接入服务，取得价税合计收入 1 060 000 元；提供卫星电视信号落地转接服务，取得价税合计收入 6 360 000 元。同时，该分公司在提供电信业服务时，附带赠送用户识别卡、电信终端等货物或者电信业服务，给客户提供增值电信服务价税合计 7 420 000 元。请计算 A 电信集团天津分公司的应交增值税销售额和销项税额。

分析：

A 电信集团天津分公司上述业务都属于增值电信服务，适用的增值税税率为 6%。

不含税销售额＝(2 120 000＋3 180 000＋5 300 000＋1 060 000＋6 360 000
＋7 420 000) ÷（1＋6%）
＝24 000 000（元）

销项税额＝24 000 000×6%＝1 440 000（元）

（三） 特殊销售行为的销售额

1. 视同发生应税销售行为

（1）将货物交付其他单位或者个人代销。

（2）销售代销货物。

【例 2－12】 2019 年 6 月 1 日，A 公司委托 B 公司代销一批商品，商品实际成本为 800 000 元，代销价格为 1 000 000 元（不含增值税）。7 月 3 日，A 公司收到 B 公司的代销清单，受托代销的商品已全部销售，B 公司按受托代销商品价格的 5%计提手续费。该批商品适用的增值税税率为 13%，A 公司于 7 月 10 日收到代销款。

分析：

A 公司将货物交付 B 公司代销，A 公司是委托代销行为中的委托方，需要缴纳增值税；B 公司销售代销货物，是委托代销行为中的受托方，需要缴纳增值税。

（3）设有两个以上机构并实行统一核算的纳税人，将货物从一个机构移送至其他机构用于销售，但相关机构设在同一县（市）的除外。

（4）将自产、委托加工的货物用于集体福利或者个人消费。

【工作任务 2】分析 5：

业务 9：将自产的糕点赠送给职工属于将自产、委托加工的货物用于集体福利，是增值税视同发生应税销售行为，需要缴纳增值税。

（5）将自产、委托加工或者购进的货物作为投资，提供给其他单位或者个体工商户。

（6）将自产、委托加工或者购进的货物分配给股东或者投资者。

（7）将自产、委托加工或者购进的货物无偿赠送其他单位或者个人。

【税收筹划】甲百货商厦（一般纳税人）决定在春节期间进行商品促销，商场经理拟定了三种促销方案：

方案一：商品八折销售；

方案二：购物满 100 元赠送价值 30 元的商品；

方案三：购物满 100 元返还 20 元现金。

假定甲百货商厦的商品毛利率为 30%，即销售额为 100 元的商品，其成本为 70 元。请问：甲百货商厦选择哪种促销方案最有利？

分析：

方案一：商品八折销售时，价值 100 元的商品售价 80 元，成本 70 元。

应纳增值税额＝80÷（1＋13%）×13%－70÷（1＋13%）×13%＝1.15（元）

方案二：赠送商品视同发生应税销售行为，计算销项税额。

应纳增值税额＝130÷（1＋13%）×13%－（70＋21）÷（1＋13%）×13%
＝4.49（元）

方案三：返还现金时，价值 100 元的商品售价 100 元，成本 70 元。

应纳增值税额＝100÷（1＋13%）×13%－70÷（1＋13%）×13%＝3.45（元）

结论：

通过分析可以看出，甲百货商厦采用方案一即折扣方式销售，其缴纳的增值税最少，对百货商厦最有利。因此，应当选择方案一。

（8）单位和个体工商户向其他单位或者个人无偿销售应税服务、无偿转让无形资产或者不动产，但以公益活动为目的或者以社会公众为对象的除外。

（9）财政部、国家税务总局规定的其他情形。

【例 2－13】A 运输公司 2019 年 9 月发生如下业务：

业务 1：与 B 汽车修理公司商订，A 运输公司为 B 汽车修理公司免费提供运输服务，B 汽车修理公司为其免费提供汽车维修作为回报。

业务 2：无偿为地震地区提供救灾物资的运输服务。

请问：A 运输公司提供上述运输服务是否需要缴纳增值税？

分析：

业务 1：A 运输公司为 B 汽车修理公司免费提供运输服务，不是以公益活动为目的，也不是以社会公众为对象，因此，A 运输公司提供运输服务属于视同发生应税销售行为，应征收增值税。

业务 2：A 运输公司无偿为地震地区提供救灾物资的运输服务属于以公益活动为目的，不需要缴纳增值税。

2. 视同发生应税销售行为的销售额

纳税人销售货物的价格明显偏低且无正当理由、发生应税行为的价格明显偏低或偏高且不具有合理商业目的，或者有视同发生应税销售行为而无销售额的，在计算增值税时，销售额要按照如下规定的顺序来确定：

（1）按照纳税人最近时期同类应税货物、应税行为的平均销售价格确定。

【例 2-14】 A 服装厂（一般纳税人）将自制的服装 1 000 件用于对外投资，已知每件衣服的对外不含税售价为 1 000 元，成本为 800 元。请计算 A 服装厂的应交增值税销售额和销项税额。

分析：

A 服装厂将自制的服装对外投资属于视同发生应税销售行为，需要缴纳增值税。

因为有同类衣服对外售价 1 000 元/件，所以可以将其作为视同发生应税销售行为价格。

销售额＝1 000×1 000＝1 000 000（元）

销项税额＝1 000 000×13%＝130 000（元）

（2）按照其他纳税人最近时期同类应税货物、应税行为的平均销售价格确定。

（3）按照组成计税价格确定。相关计算公式为：

公式一：组成计税价格＝成本×（1＋成本利润率）

公式二：组成计税价格＝成本×（1＋成本利润率）＋消费税税额

【工作任务 2】分析 6：

业务 9：将自产的糕点赠送给职工属于视同发生应税销售行为，需要缴纳增值税。因为没有同类产品的售价，所以按照组成计税价格计算增值税，成本利润率为 10%。

组成计税价格＝30 000 ×（1＋10%）＝33 000（元）

销项税额＝33 000×13%＝4 290（元）

3. 兼营行为

兼营行为是指纳税人兼有销售货物，提供加工、修理修配劳务，销售服务、无形资产或者不动产适用不同税率或者征收率的行为。

兼营行为的税务处理是分别核算适用不同税率或者征收率的销售额，未分别核算销售额的，从高适用税率。具体规定如下：

（1）兼有不同税率的销售货物、加工及修理修配劳务、服务、无形资产或者不动产，从高适用税率。

（2）兼有不同征收率的销售货物、加工及修理修配劳务、服务、无形资产或者不动产，从高适用征收率。

（3）兼有不同税率和征收率的销售货物、加工及修理修配劳务、服务、无形资产或者不动产，从高适用税率。

需要注意的是，纳税人兼营免税、减税项目应当分别核算免税、减税项目的销售额，未分别核算销售额的，不得免税、减税。

【税收筹划】 A 建筑公司（一般纳税人）从事设计服务、销售设备、安装服务，2019

年6月共取得含税销售额20 000 000元。请计算A建筑公司不含税销售额和销项税额。如何进行税收筹划可以使A建筑公司少缴纳增值税？

分析：

方案一：

A建筑公司兼有设计服务、销售设备、安装服务，属于兼营行为。设计服务属于现代服务中的文化创意，适用的增值税税率为6%；销售设备属于销售货物，适用的增值税税率为13%；安装服务属于建筑服务，适用的增值税税率为9%。因为没有分别核算销售额，从高适用13%税率。

不含税销售额＝20 000 000÷（1＋13%）＝17 699 115.04（元）

销项税额＝17 699 115.04×13%＝2 300 884.96（元）

方案二：

A建筑公司提供设计服务、销售设备、安装服务分别核算销售收入，假设设计服务含税收入为3 000 000元，销售设备含税收入为15 000 000元，安装服务含税收入为2 000 000元，可以按各自适用的税率缴纳增值税。

销项税额＝3 000 000÷（1＋6%）×6%＋15 000 000÷（1＋13%）×13%
＋2 000 000÷（1＋9%）×9%
＝2 060 612.65（元）

结论：

方案二可以使A建筑公司少缴纳增值税240 272.31（2 300 884.96－2 060 612.65）元。因此，应当选择方案二。

4. 混合销售行为

混合销售行为是指一项销售行为既涉及货物又涉及服务。混合销售行为中的二者之间有从属关系。混合销售行为税务处理的基本规定是按企业主营项目的性质划分适用的项目来缴纳增值税。即销售货物为主的企业的混合销售按照销售货物缴纳增值税，销售服务为主的企业的混合销售按照销售服务缴纳增值税。

混合销售行为是“业务从属关系、款项来源一家”。混合销售行为的判断标准是一项销售行为既有服务也有货物，货物和服务之间具有主次从属关系，相互关联，互相依赖，款项来自同一客户。混合销售行为税务处理采用选择法：从事货物的生产、批发或者零售的单位和个体工商户，按照销售货物缴纳增值税；其他单位和个体工商户，按照提供服务缴纳增值税。

兼营是“业务平行关系、分别核算销售、款项来源多家”。兼营行为中的货物、劳务、服务、无形资产和不动产没有主次、从属关系，即“业务平行关系”；兼营行为是多项销售行为引起的，款项来自不同客户，货币资金从不同客户流入，即“款项来源多家”。兼营行为的税务处理是：纳税人兼营销售货物、劳务、服务、无形资产或者不动产，适用不同税率或者征收率的，应当分别核算适用不同税率或者征收率的销售额；未分别核算的，从高适用税率。

【例2-15】2019年7月，A超市销售一批空调，取得含税收入22 600元；同时，对销售的空调提供上门安装服务，取得含税收入6 780元。请计算A超市的不含税销售额和销项税额。

分析：

A超市因为销售空调才提供安装空调的服务，业务有从属关系，空调销售收入和安装服务收入来自同一客户，因此A超市的行为属于混合销售行为。A超市主营项目是零售，因此该混合销售行为一并按照销售货物缴纳增值税。

不含税销售额＝（22 600＋6 780）÷（1＋13％）＝26 000（元）

销项税额＝26 000×13％＝3 380（元）

二、简易计税方法应纳税额的确定

（一）可选择按照简易计税方法计税的应税行为

纳税人适用简易计税方法，按征收率计税，除国家税务总局规定不得开具增值税专用发票的情形外，均可开具增值税专用发票。一般纳税人发生财政部和国家税务总局规定的特定应税行为，可以选择适用简易计税方法计税，但一经选择，36个月内不得变更。

1. 按征收率5％计税的应税行为

（1）销售不动产。

1）一般纳税人销售其2016年4月30日前取得（不含自建）的不动产，以取得的全部价款和价外费用减去该项不动产购置原价或者取得不动产时的作价后的余额为销售额，按照简易计税方法计算应纳税额。

2）一般纳税人销售其2016年4月30日前自建的不动产，以取得的全部价款和价外费用为销售额，按照简易计税方法计算应纳税额。

3）房地产开发企业中的一般纳税人，销售自行开发的房地产老项目。

建筑工程老项目，是指《建筑工程施工许可证》注明的合同开工日期在2016年4月30日前的房地产项目；《建筑工程施工许可证》未注明合同开工日期或者未取得《建筑工程施工许可证》但建筑工程承包合同注明的开工日期在2016年4月30日前的建筑工程项目。

（2）不动产经营租赁服务。

1）一般纳税人出租其2016年4月30日前取得的不动产。纳税人以经营租赁方式将土地出租给他人使用，按照不动产经营租赁服务缴纳增值税。

2）房地产开发企业中的一般纳税人，出租自行开发的房地产老项目。

【工作任务2】分析7：

业务5：出租2016年3月购买的不动产，可以选择简易计税方法。

不含税销售额＝525 000÷（1＋5％）＝500 000（元）

应纳增值税＝500 000×5％＝25 000（元）

（3）转让土地使用权。

一般纳税人转让2016年4月30日前取得的土地使用权按征收率5％计税。

（4）不动产融资租赁。

继续履行2016年4月30日前签订的不动产融资租赁合同，或以2016年4月30日前取得的不动产提供的融资租赁服务按征收率5％计税。

（5）劳务派遣服务。

提供劳务派遣服务，以取得的全部价款和价外费用，扣除代用工单位支付给劳务派遣员工的工资、福利和为其办理社会保险及住房公积金后的余额为销售额，按照简易计税方法计算缴纳增值税。

（6）提供安全保护服务。

纳税人提供安全保护服务，比照劳务派遣服务政策执行。纳税人提供武装守护押运服务，按照“安全保护服务”项目缴纳增值税。

（7）人力资源外包服务。

一般纳税人提供人力资源外包服务，可以选择适用简易计税方法，按照5%的征收率计算缴纳增值税。

（8）公路收费。

一般纳税人收取试点前开工（施工许可证注明的合同开工日期在2016年4月30日前）的一级公路、二级公路、桥、闸通行费，可以选择适用简易计税方法，按照5%的征收率计算缴纳增值税。

2. 按征收率3%计税的应税行为

（1）公路收费。

公路经营企业中的一般纳税人收取试点前开工（相关施工许可证明上注明的合同开工日期在2016年4月30日前）的高速公路的车辆通行费。

（2）建筑服务。

以清包工方式提供的建筑服务、为甲供工程提供的建筑服务和为建筑工程老项目提供的建筑服务，按照简易计税方法依3%征收率计算缴纳增值税。

【例2-16】2019年7月，A建筑公司（一般纳税人）以清包工方式提供建筑服务，开具增值税专用发票，实现建筑服务收入1 000 000元，选择按简易计税办法计税。请计算A建筑公司需要缴纳的增值税。

分析：

A建筑公司选择按简易计税方法计算缴纳增值税，征收率为3%。

应纳税额＝1 000 000×3%＝30 000（元）

【例2-17】2019年8月，A建筑公司（一般纳税人）主要发生以下业务：承接建筑工程项目（《建筑工程施工许可证》上注明的合同开工日期为2016年4月20日），8月30日建筑工程项目完工，发包方按合同支付给A建筑公司工程价款4 120 000元。A建筑公司选择简易计税方法计税。请计算A建筑公司需要缴纳的增值税。

分析：

应纳税额＝4 120 000÷（1＋3%）×3%＝120 000（元）

（3）物业管理服务。

提供物业管理服务的纳税人，向服务接受方收取的自来水水费，以扣除其对外支付的自来水水费后的余额为销售额，按照简易计税方法依3%征收率计算缴纳增值税。

（4）非学历教育服务。

一般纳税人提供非学历教育服务，可以选择适用简易计税方法按照3%征收率计算应纳税额。

（5）公共交通运输服务。

公共交通运输服务，包括轮客渡、公交客运、地铁、城市轻轨、出租车、长途客运、班车。其中，班车是指按固定路线、固定时间运营并在固定站点停靠的运送旅客的陆路运输服务。

（6）动漫设计服务。

经认定的动漫企业为开发动漫产品提供的动漫脚本编撰、形象设计、背景设计、动画设计、分镜、动画制作、摄制、描线、上色、画面合成、配音、配乐、音效合成、剪辑、字幕制作、压缩转码（面向网络动漫、手机动漫格式适配）服务，以及在境内转让动漫版权（包括动漫品牌、形象或者内容的授权及再授权），可以选择适用简易计税方法依3%征收率计算缴纳增值税。

（7）电影放映服务。

（8）仓储服务。

（9）装卸搬运服务。

（10）收派服务。

（11）文化体育服务。

（12）以纳入“营改增”试点之日前取得的有形动产为标的物提供的经营租赁服务。

【例2-18】2019年1月，A公司（一般纳税人）出租了一辆2015年购入的小轿车，租金为5 150元/月，取得1月含税租金收入5 150元。请计算A公司2019年1月应纳增值税。

分析：

不含税销售额＝5 150÷（1＋3%）＝5 000（元）

应纳增值税＝5 000×3%＝150（元）

【税收筹划】A公交客运公司为一般纳税人，预计2020年实现不含税销售收入900万元，购进办公耗材，取得增值税专用发票，可以抵扣的进项税额为13万元。请对上述业务进行税收筹划。

分析：

方案一：2020年选择一般计税方法。

应纳税额＝900×9%－13＝68（万元）

方案二：2020年选择简易计税方法。

应纳税额＝900×3%＝27（万元）

结论：

2019年A公交客运公司选择方案二即简易计税方法，少缴纳增值税41（68－27）万元。因此，应当选择方案二。

（13）非企业性单位。

1）非企业性单位中的一般纳税人提供的研发和技术服务、信息技术服务、鉴证咨询服务，以及销售技术、著作权等无形资产。

2）提供技术转让、技术开发和与之相关的技术咨询、技术服务。其中，技术咨询是指就特定技术项目提供可行性论证、技术预测、专题技术调查、分析评价报告等业务活动。与技术转让、技术开发相关的技术咨询、技术服务，是指转让方（或者受托方）根据技术转让或者开发合同的规定，为帮助受让方（或者委托方）掌握所转让（或者委托开发）的技术，而提供的技术咨询、技术服务业务，且这部分技术咨询、技术服务的价款与技术转让或者技术开发的价款应当在同一张发票上开具。

（14）教育辅助服务。

（15）金融服务。

1）中国农业发展银行总行及其各分支机构提供涉农贷款取得的利息收入。

2）农村信用社、村镇银行、农村资金互助社、由银行业机构全资发起设立的贷款公司、法人机构在县（县级市、区、旗）及县以下地区的农村合作银行和农村商业银行提供金融服务取得的收入。

3）对中国农业银行纳入“三农金融事业部”改革试点的各省、自治区、直辖市、计划单列市分行下辖的县域支行和新疆生产建设兵团分行下辖的县域支行（也称县事业部）提供农户贷款、农村企业和农村各类组织贷款取得的利息收入。

（16）销售生物制品。

属于增值税一般纳税人的药品经营企业销售生物制品。

（17）销售兽用生物制品。

属于增值税一般纳税人的兽用药品经营企业销售兽用生物制品。

（18）销售光伏发电产品。

光伏发电项目发电户销售电力产品，按照税法规定应缴纳增值税的，可由国家电网公司所属企业按照增值税简易计税办法计算并代征增值税税款，同时开具普通发票；按照税法规定可享受免征增值税政策的，可由国家电网公司所属企业直接开具普通发票。

（19）县级及县级以下小型水力发电单位生产的电力。

小型水力发电单位，是指各类投资主体建设的装机容量为5万千瓦以下（含5万千瓦）的小型水力发电单位。

（20）自产建筑用和生产建筑材料所用的砂、土、石料。

（21）以自己采掘的砂、土、石料或其他矿物连续生产的砖、瓦、石灰（不含黏土实心砖、瓦）。

（22）用微生物、微生物代谢产物、动物毒素、人或动物的血液或组织制成的生物制品。

（23）自产自来水。

（24）自产商品混凝土（仅限于以水泥为原料生产的水泥混凝土）。

（25）销售非临床用人体血液。

（26）自2018年5月1日起，增值税一般纳税人生产销售和批发、零售抗癌药品。

【例2-19】2019年8月，A自来水公司（一般纳税人）销售自来水实现收入50 000元，开具增值税专用发票。A自来水公司选择按简易计税方法计算缴纳增值税。请计算A自来水公司2019年8月应纳增值税。

分析：

A自来水公司选择按简易计税方法计算缴纳增值税，征收率为3%。

应纳增值税＝50 000×3%＝1 500（元）

（二）暂按简易计税方法依3%征收率计算缴纳增值税

（1）寄售商店代销寄售物品（含居民个人寄售的物品）。

（2）典当业销售死当物品。

（3）自2018年5月1日起，进口抗癌药品。

（三）销售使用过的固定资产

1. 基本规定

（1）销售自己使用过的且未抵扣进项税额的固定资产（指 2009 年 1 月 1 日之后购进的机器设备），按照适用税率征收增值税。

（2）销售自己使用过的属于《增值税暂行条例》规定的不得抵扣且未抵扣进项税额的固定资产（指 2008 年 12 月 31 日之前购进的机器设备），按照简易计税方法依 3%征收率减按 2%征收增值税。

已使用过的固定资产是指纳税人根据财务会计制度已经计提折旧的固定资产。

【例 2-20】2019 年 9 月 1 日，A 公司（一般纳税人）销售 2008 年 8 月购买的设备，取得收入 59 000 元；销售 2015 年 5 月购买的设备，取得收入 49 000 元。请计算 A 公司销售两台设备应纳增值税。

分析：

销售 2008 年 8 月购买的设备应纳增值税＝59 000÷（1＋3%）×2%
＝1 145.63（元）

销售 2015 年 5 月购买的设备应纳增值税＝49 000÷（1＋13%）×13%
＝5 637.17（元）

（3）销售旧货，按照简易计税方法依 3%征收率减按 2%征收增值税。

旧货是指进入二次流通领域的具有部分使用价值的货物（含旧汽车、旧摩托车、旧游艇），但不包括自己使用过的物品。

【例 2-21】A 公司（一般纳税人）主营二手车交易，2019 年 1 月销售二手车取得含税销售额 103 000 元。请计算 A 公司 2019 年 1 月应纳增值税。

分析：

应纳增值税＝103 000÷（1＋3%）×2%＝2 000（元）

（4）一般纳税人（原营业税纳税人）销售自己使用过的、纳入“营改增”试点之日（2016 年 4 月 30 日）前取得的固定资产，按照现行旧货相关增值税政策执行。

【例 2-22】2019 年 10 月，A 餐饮公司（一般纳税人）出售使用过的 W 型和 V 型两辆汽车，其中 W 型汽车于 2012 年 8 月购入，出售时价税合计 20 600 元；V 型汽车于 2016 年 6 月购入，进项税额已经抵扣，出售时价税合计 56 500 元。请计算 A 餐饮公司出售两辆汽车应纳增值税。

分析：

自 2016 年 5 月 1 日起，全面推开“营改增”试点，将建筑业、房地产业、金融业、生活服务业全部纳入“营改增”试点。A 餐饮公司由营业税纳税人改为增值税纳税人。

W 型汽车在 2016 年 4 月 30 日前购入，按照简易计税方法依 3%征收率减按 2%征收增值税。

W 型汽车应纳增值税＝20 600÷（1＋3%）×2%＝400（元）

V 型汽车在 2016 年 5 月 1 日后购入，按照 13%税率征收增值税。

V 型汽车应纳增值税＝56 500÷（1＋13%）×13%＝6 500（元）

2. 开票规则

（1）一般纳税人销售自己使用过的已抵扣进项税额的固定资产时，应按照适用税率征收增值税，并可开具增值税专用发票。

（2）一般纳税人销售自己使用过的固定资产，适用简易计税方法依 3%征收率减按 2%征收增值税政策的，应开具普通发票，不得开具增值税专用发票。

（3）纳税人销售自己使用过的固定资产，适用简易计税方法依 3%征收率减按 2%征收增值税政策的，可以放弃减税，按照简易计税方法依 3%征收率缴纳增值税，并可以开具增值税专用发票。

三、差额计税

（一）金融商品转让

纳税人转让金融商品，按照卖出价扣除买入价后的余额为销售额。负差可以结转至下一纳税期，但是不能结转至下一纳税年度。金融商品的买入价，可以选择按照加权平均法或者移动加权平均法进行核算，选择后 36 个月内不得变更。金融商品转让，不得开具增值税专用发票。

【例 2-23】 A 金融公司（一般纳税人）于 2019 年第四季度转让债券，卖出价为 100 000 元（含增值税，下同），该债券是 2018 年 8 月购入的，买入价为 70 000 元。该公司 2019 年第四季度之前转让金融商品亏损 20 000 元。请计算 A 金融公司 2019 年第四季度转让债券应纳增值税。

分析：

不含税销售额＝（100 000－70 000－20 000）÷（1＋6%）＝9 433.96（元）

应纳增值税＝9 433.96×6%＝566.04（元）

【工作任务 2】分析 8：

业务 11：

不含税销售额＝（980 000－965 000）÷（1＋6%）＝14 150.94（元）

应纳增值税＝14 150.94×6%＝849.06（元）

（二）经纪代理服务

经纪代理服务，以取得的全部价款和价外费用，扣除向委托方收取并代为支付的政府性基金或者行政事业性收费后的余额为销售额。

（三）旅游服务

纳税人提供旅游服务，以取得的全部价款和价外费用，扣除向旅游服务购买方收取并支付给其他单位或者个人的住宿费、餐饮费、交通费、签证费、门票费和支付给其他接团旅游企业的旅游费用后的余额为销售额。

【例 2-24】 2019 年 5 月，A 旅游公司（一般纳税人）承接了一项旅游业务，合同含税总价为 1 091 800 元，约定游览湖北、湖南省际沿路景点，并同意由 B 旅游公司分包湖南景点游览服务，分包金额为 436 720 元。A 旅游公司安排客人游览湖北境内若干景区，旅途中发生住宿费 235 500 元、餐饮费 184 210 元、交通费 65 370 元、门票费 60 820 元、游客人身意外险保费 21 850 元、购物费 37 040 元，均取得普通发票。请计算 A 旅游公司的应交增值税销售额和销项税额。

分析：

销售额可扣除费用不含游客人身意外险保费、购物费。

可扣除的销售额＝235 500＋184 210＋65 370＋60 820＋436 720
＝982 620（元）

扣除后的销售额＝1 091 800－982 620＝109 180（元）

销项税额＝109 180÷（1＋6%）×6%＝6 180（元）

（四）适用简易计税方法的建筑服务

（1）以清包工方式提供的建筑服务，以取得的全部价款和价外费用扣除支付的分包款后的余额为销售额，按照简易计税方法计算应纳税额。

（2）为甲供工程提供的建筑服务，以取得的全部价款和价外费用扣除支付的分包款后的余额为销售额，按照简易计税方法计算应纳税额。

（3）为建筑工程老项目提供的建筑服务，以取得的全部价款和价外费用扣除支付的分包款后的余额为销售额，按照简易计税方法计算应纳税额。

【例2-25】A建筑公司（一般纳税人）提供老项目建筑服务，采用简易计税方法。2019年8月，取得含税工程款1 000 000元，支付给B公司含税分包款300 000元，取得分包商开具的增值税发票。请计算A建筑公司2019年8月应纳增值税。

分析：

不含税销售额＝（1 000 000－300 000）÷（1＋3%）＝679 611.65（元）

应纳增值税＝679 611.65×3%＝20 388.35（元）

（五）房地产开发企业中的一般纳税人销售其开发的房地产项目（选择简易计税方法的房地产老项目除外）

房地产开发企业中的一般纳税人销售其开发的房地产项目（选择简易计税方法的房地产老项目除外），以取得的全部价款和价外费用扣除受让土地时向政府部门支付的土地价款后的余额为销售额。

【例2-26】2019年8月，A房地产开发公司（一般纳税人）预售2016年3月开工尚未开发完毕的房地产项目，取得预收款15 130 000元。当期允许扣除的土地价款为4 230 000元，该公司按照一般计税方法计税。请计算A房地产开发公司的应交增值税销售额和销项税额。

分析：

不含税销售额＝（15 130 000－4 230 000）÷（1＋9%）＝10 000 000（元）

销项税额＝10 000 000×9%＝900 000（元）

（六）适用简易计税方法的不动产（不含自建）转让

一般纳税人销售2016年4月30日前取得的不动产，可以选择适用简易计税方法计税。对于转让非自建的不动产，纳税人以取得的全部价款和价外费用扣除不动产购置原价或者取得不动产时的作价后的余额为销售额，按照5%的征收率计算应纳税额并据此预缴税款。

【税收筹划】2019年8月，A公司（一般纳税人）转让其2015年12月购买的一幢办公楼，取得含税收入60 000 000元。A公司2015年购买时的价格为35 000 000元，购买时取得了合法有效的营业税发票。A公司转让该办公楼应选择一般计税方法还是简易计税方法？

分析：

方案一：A公司选择一般计税方法。

一般纳税人销售2016年4月30日前取得的不动产，可以选择适用一般计税方法计税，纳税人以取得的全部价款和价外费用为销售额计算应纳税额。

不含税销售额=60 000 000÷（1+9%）=55 045 871.56（元）

应纳增值税=55 045 871.56×9%=4 954 128.44（元）

方案二：A公司选择简易计税方法。

不含税销售额=（60 000 000−35 000 000）÷（1+5%）=23 809 523.81（元）

应纳增值税=23 809 523.81×5%=1 190 476.19（元）

结论：

A公司转让2016年4月30日前取得非自建的不动产，选择适用简易计税方法可以少纳增值税3 763 652.25（4 954 128.44−1 190 476.19）元。因此，应当选择方案二。

（七）中国证券登记结算公司允许扣除的资金项目

该类项目的销售额不包括按规定提取的证券结算风险基金。

（八）劳务派遣服务

劳务派遣服务，是指劳务派遣公司为了满足用工单位对于各类灵活用工的需求，将员工派遣至用工单位，接受用工单位管理并为其工作的服务。

一般纳税人提供劳务派遣服务，以取得的全部价款和价外费用为销售额，按照一般计税方法计算缴纳增值税；也可以选择差额计税，以取得的全部价款和价外费用，扣除代用工单位支付给劳务派遣员工的工资、福利和为其办理社会保险及住房公积金后的余额为销售额，按照简易计税方法依5%的征收率计算缴纳增值税。选择差额计税的纳税人，向用工单位收取用于支付给劳务派遣员工工资、福利和为其办理社会保险及住房公积金的费用，不得开具增值税专用发票，可以开具普通发票。

【例2-27】2019年8月，A公司（一般纳税人）提供劳务派遣服务，采用简易计税方式。取得含税销售额100 000元，向用工单位收取用于支付给劳务派遣员工工资、福利和为其办理社会保险及住房公积金的费用80 000元。请计算A公司提供劳务派遣服务应纳增值税。

分析：

不含税销售额=（100 000−80 000）÷（1+5%）=19 047.62（元）

应纳增值税=19 047.62×5%=952.38（元）

（九）人力资源外包服务

纳税人提供人力资源外包服务，按照“经纪代理服务”项目缴纳增值税，其销售额不包括受客户单位委托代其向客户单位员工发放的工资和代理缴纳的社会保险、住房公积金。

向委托方收取并代为发放的工资和代理缴纳的社会保险、住房公积金，不得开具增值税专用发票，可以开具普通发票。

【例2-28】甲公司将本公司人事管理事务全部外包给A人力资源公司（一般纳税人），由A人力资源公司为其处理员工的招聘、培训及工资发放和保险缴纳事宜。A人力资源公司2019年9月从甲公司共收取费用1 263 500元，并全额开具了增值税普通发票，其中包含代甲公司向其员工发放的工资和代理缴纳的社会保险、住房公积金共计1 253 000元。请计算A人力资源公司提供人力资源外包服务应纳增值税。

分析：

不含税销售额＝（1 263 500－1 253 000）÷（1＋5％）＝10 000（元）

应纳增值税＝10 000×5％＝500（元）

（十）安全保护服务

纳税人提供安全保护服务，比照劳务派遣服务政策执行。

（十一）纳税人转让2016年4月30日前取得的土地使用权

纳税人转让2016年4月30日前取得的土地使用权，以收取的全部价款和价外费用，扣除该项土地使用权购置原价或者取得时的作价后的余额为销售额。

【例2－29】2016年3月，A公司（一般纳税人）取得土地使用权，价款为10 000 000元，2018年5月转让该土地使用权取得含税收入22 200 000元。请计算A公司转让土地使用权应纳增值税。

分析：

不含税销售额＝（22 200 000－10 000 000）÷（1＋5％）＝11 619 047.62（元）

应纳增值税＝11 619 047.62×5％＝580 952.38（元）

（十二）融资租赁和融资性售后回租

（1）经人民银行、中国银行保险监督管理委员会或者商务部批准从事融资租赁业务的纳税人，提供融资租赁服务，以取得的全部价款和价外费用，扣除支付的借款利息（包括外汇借款和人民币借款利息）、发行债券利息和车辆购置税后的余额为销售额。

【例2－30】A公司是经批准从事融资租赁业务的一般纳税人，2019年7月，A公司与B公司签订了一份不动产融资租赁合同，合同约定A公司按照B公司的要求购入价值为20 000 000元的不动产，并将其出租给B公司，租期10年，每月固定收取租金200 000元，其中本金160 000元，利息及价外费用40 000元。A公司用于购买不动产的12 000 000元是向银行借款取得的，借款期限为8年，每月需向银行支付借款利息10 000元。请计算A公司融资租赁服务应纳增值税。

分析：

不含税销售额＝（200 000－10 000）÷（1＋9％）＝174 311.93（元）

应纳增值税＝174 311.93×9％＝15 688.07（元）

（2）经人民银行、中国银行保险监督管理委员会或者商务部批准从事融资租赁业务的纳税人，提供融资性售后回租服务，以取得的全部价款和价外费用（不含本金），扣除对外支付的借款利息（包括外汇借款和人民币借款利息）、发行债券利息后的余额为销售额。

（3）纳税人根据2016年4月30日前签订的有形动产融资性售后回租合同，在合同到期前提供的有形动产融资性售后回租服务，可继续按照有形动产融资租赁服务缴纳增值税。

继续按照有形动产融资租赁服务缴纳增值税的纳税人，经人民银行、中国银行保险监督管理委员会或者商务部批准从事融资租赁业务的，根据2016年4月30日前签订的有形动产融资性售后回租合同，在合同到期前提供的有形动产融资性售后回租服务，可以选择以下方法之一计算销售额：

1）以向承租方收取的全部价款和价外费用，扣除向承租方收取的价款本金，以及对外支付的借款利息（包括外汇借款和人民币借款利息）、发行债券利息后的余额为销售额。

纳税人提供有形动产融资性售后回租服务，计算当期销售额时可以扣除的价款本金，为书面合同约定的当期应当收取的本金。无书面合同或者书面合同没有约定的，为当期实际收取的本金。

纳税人提供有形动产融资性售后回租服务，向承租方收取的有形动产价款本金，不得开具增值税专用发票，可以开具普通发票。

2）以向承租方收取的全部价款和价外费用，扣除支付的借款利息（包括外汇借款和人民币借款利息）、发行债券利息后的余额为销售额。

（4）自 2016 年 5 月 1 日起，从事融资性售后回租业务的纳税人在满足以下条件时，可以享受差额计税政策：

1）取得人民银行、中国银行保险监督管理委员会或者商务部批准从事融资租赁业务。

2）取得商务部授权的省级商务主管部门或者国家经济技术开发区批准的从事融资租赁业务的纳税人，在 2016 年 5 月 1 日—2016 年 7 月 31 日前，实收资本或者注册资本其中一项达到 1.7 亿元，仍可享受差额计税政策；自 2016 年 8 月 1 日起，实收资本必须达到 1.7 亿元才能享受差额计税政策。

（5）继续按照有形动产融资租赁服务缴纳增值税的纳税人，经人民银行、中国银行保险监督管理委员会或者商务部批准从事融资租赁业务的，根据 2016 年 4 月 30 日前签订的有形动产融资性售后回租合同，在合同到期前提供的有形动产融资性售后回租服务，可以选择以下方法之一计算销售额：

1）纳税人选择扣除本金差额计税方法计算缴纳增值税的，增值税税率为 13%，在实际操作中需注意两点：

一是当期扣除本金数额的确定，如果合同明确约定了当期应收取的本金数额，不论当期实际收到多少本金，一律以合同约定金额为准；如果合同没有明确当期应收取的本金数额，则以当期实际收取的本金作为当期可以扣除的本金数额。

二是本金开具发票的规定。从事融资性售后回租业务的纳税人对于收到的有形动产价款本金，不得开具增值税专用发票，只能开具普通发票。

2）纳税人选择上述（3）中的 2）的计税方式计算缴纳增值税的，增值税税率为 13%，纳税人可以给承租方开具含本金的增值税专用发票。

【例 2-31】 A 公司与 B 公司于 2018 年 5 月签订了一份融资性售后回租业务合同，合同约定 B 公司将价值 12 000 000 元的标的物出售给 A 公司，A 公司将该标的物回租给 B 公司，租期 5 年，每月固定收取租金 250 000 元，其中本金 200 000 元，利息及价外费用 50 000 元。A 公司购买标的物支付给 B 公司的 12 000 000 元是从银行借款取得，借款期限为 5 年，每月需向银行支付借款利息 20 000 元。A 公司为一般纳税人且符合差额计税条件。请计算 A 公司融资租赁服务应纳增值税。

分析：

因为 A 公司符合差额计税条件，因此可以扣除对外支付的银行贷款利息。

不含税销售额＝（50 000－20 000）÷（1＋6%）＝28 301.89（元）

应纳增值税＝28 301.89×6%＝1 698.11（元）

【例 2－32】A公司与B公司于2018年5月签订了一份融资性售后回租业务合同，合同约定B公司将价值12 000 000元的标的物出售给A公司，A公司将该标的物回租给B公司，租期5年，每月固定收取租金250 000元，其中本金200 000元，利息及价外费用50 000元。A公司购买标的物支付给B公司的12 000 000元是从银行借款取得，借款期限为5年，每月需向银行支付借款利息20 000元。A公司为一般纳税人且不符合差额计税条件。请计算A公司融资租赁服务应纳增值税。

分析：

因为A公司不符合差额计税条件，因此不可以扣除对外支付的银行贷款利息。

不含税销售额＝50 000÷（1＋6%）＝47 169.81（元）

应纳增值税＝47 169.81×6%＝2 830.19（元）

（十三）提供物业管理服务的纳税人，向服务方收取的自来水水费

提供物业管理服务的纳税人，向服务方收取的自来水水费，以扣除其对外支付的自来水水费后的余额为销售额，按照简易计税方法依3%征收率计算缴纳增值税。

【例 2－33】A公司（一般纳税人）提供物业管理服务，采用简易计税方式。2019年9月取得自来水含税收入3 132 000元，对外支付含税自来水费2 102 000元。请计算A公司提供物业管理服务应纳增值税。

分析：

不含税销售额＝（3 132 000－2 102 000）÷（1＋3%）＝1 000 000（元）

应纳增值税＝1 000 000×3%＝30 000（元）

（十四）教育部考试中心及其直属单位为境外单位在境内开展考试项目

教育部考试中心及其直属单位应以取得的考试费收入扣除支付给境外单位考试费后的余额为销售额，按提供“教育辅助服务”项目缴纳增值税。

（十五）纳税人提供签证代理服务

纳税人提供签证代理服务，以取得的全部价款和价外费用，扣除向服务接受方收取并代为支付给外交部和外国驻华使（领）馆的签证费、认证费后的余额为销售额。向服务接受方收取并代为支付的签证费、认证费，不得开具增值税专用发票，可以开具增值税普通发票。

（十六）纳税人代理进口按规定免征进口增值税的货物

纳税人代理进口按规定免征进口增值税货物的销售额不包括向委托方收取并代为支付的货款。向委托方收取并代为支付的款项，不得开具增值税专用发票，可以开具增值税普通发票。

四、增值税纳税义务发生时间

（一）应税销售行为纳税义务发生时间的一般规定

（1）纳税人发生应税销售行为，其纳税义务发生时间为收讫销售款项或者取得索取销售款项凭据的当天；先开具发票的，为开具发票的当天。

收讫销售款项，是指纳税人发生应税销售行为过程中或者完成后收到的款项。

取得索取销售款项凭据的当天，是指书面合同确定的付款日期；未签订书面合同或者书面合同未确定付款日期的，为服务、无形资产转让完成的当天或者不动产权属变更的当天。

【例 2-34】 A 公司与 B 施工企业签订工程承包合同，在没有办理任何结算手续的情况下，要求 B 施工企业开具增值税发票。B 施工企业于 2019 年 7 月 18 日开具发票 5 000 000 元。请分析 B 施工企业增值税纳税义务发生时间。

分析：

B 施工企业开具发票的时间（2019 年 7 月 18 日）是其增值税纳税义务发生时间。

(2) 进口货物，其纳税义务发生时间为报关进口的当天。

(3) 增值税扣缴义务发生时间为纳税人增值税纳税义务发生的当天。

（二）应税销售行为纳税义务发生时间的具体规定

(1) 采取直接收款方式销售货物的，不论货物是否发出，均为收到销售款或者取得索取销售款凭据的当天。

(2) 采取托收承付和委托银行收款方式销售货物的，为发出货物并办妥托收手续的当天。

(3) 采取赊销和分期收款方式销售货物的，为书面合同约定的收款日期的当天，无书面合同的或者书面合同没有约定收款日期的，为货物发出的当天。

【工作任务 2】分析 9：

业务 8：采用分期收款方式销售给丙公司糕点，按照合同约定，1 月到期收取货款 50 000 元，需要确认销项税额。

1 月应纳增值税＝50 000×13%＝6 500（元）

(4) 采取预收货款方式销售货物，为货物发出的当天，但生产销售生产工期超过 12 个月的大型机械设备、船舶、飞机等货物，为收到预收款或者书面合同约定的收款日期的当天。

【工作任务 2】分析 10：

业务 10：公司采用预收款方式销售一批糕点，1 月货物没有发出，不需要缴纳增值税。

【税收筹划】 A 公司（一般纳税人）是一家电梯生产企业，B 公司欲订购 A 公司生产的电梯一台，不含税全部价款为 20 000 000 元。双方在合同中约定 2019 年 1 月先由 B 公司支付总价款的 30%，2019 年 6 月再支付总价款的 30%，同时 A 公司发出电梯，并在电梯安装调试合格后 6 个月内（预计 2019 年 12 月），B 公司支付剩余的 40%货款。请对 A 公司的业务进行增值税税收筹划。

分析：

方案一：按照原合同执行。

该销售行为为预收货款方式销售货物，按照税法的规定，其纳税义务发生时间为发出货物的当天，即 A 公司应当在货物发出时（2019 年 6 月）确认收入实现。

2019 年 6 月应纳增值税＝20 000 000×13%＝2 600 000（元）

方案二：A 公司可以将 2019 年 1 月先行收到的 6 000 000 元约定为合同定金，并将该款项记入“其他应付款”科目。

A公司与B公司进一步约定，合同的主要条款履行后，即2019年6月A公司发出设备时由B公司支付60%的货款12 000 000（20 000 000×60%）元，同时将定金返还给B公司，该定金并非冲抵货款而是冲销“其他应付款”科目，然后在电梯安装调试合格后的六个月内，B公司再支付剩余的40%货款8 000 000（20 000 000×40%）元。这样，此销售行为属于分期收款方式的销售行为，从而避免提前产生纳税义务。

2019年6月应纳增值税＝12 000 000×13%＝1 560 000（元）

2019年12月应纳增值税＝8 000 000×13%＝1 040 000（元）

结论：

与方案一相比，方案二将1 560 000元的纳税义务延期了6个月，充分利用了货币的时间价值。因此，应当选择方案二。

（5）委托其他纳税人代销货物，为收到代销单位的代销清单或者收到全部或者部分货款的当天。未收到代销清单及货款的，为发出代销货物满180天的当天。

【例2-35】承例2-12，A公司委托B公司代销一批商品，7月3日，A公司收到B公司的代销清单，7月3日需要确认销项税额。

应纳增值税＝1 000 000×13%＝130 000（元）

（6）销售劳务，为提供劳务同时收讫销售款或者取得索取销售款凭据的当天。

（7）纳税人发生除将货物交付其他单位或者个人代销和销售代销货物以外的视同销售货物行为，为移送货物的当天。

（8）纳税人提供租赁服务采取预收款方式的，其纳税义务发生时间为收到预收款的当天。

【例2-36】2018年12月，A公司（一般纳税人）将公司暂时不用的一处房产出租（经营租赁）给B公司。按照约定，租期为一年（2019年1月1日—12月31日）且承租方B公司于租赁初期一次性支付全部租金（含税）11 00 000元，B公司于2019年1月1日当天通过转账方式向A公司一次性支付完毕。请分析A公司增值税纳税义务发生时间。

分析：

出租方A公司于2019年1月1日收到全部租金，A公司应当在2019年1月1日当天确认纳税义务发生时间。

（9）纳税人从事金融商品转让的，为金融商品所有权转移的当天。

【工作任务2】分析11：

业务11：1月29日，将金融商品外汇售出，外汇所有权已经转移，1月需要缴纳增值税。

（10）纳税人发生视同销售服务、无形资产或者不动产业务的，其纳税义务发生时间为服务、无形资产转让完成的当天或者不动产权属变更的当天。

五、销售业务的账务处理

增值税一般纳税人应当在“应交税费”科目下设置“应交增值税”“未交增值税”“预缴增值税”“待抵扣进项税额”“待认证进项税额”“待转销项税额”“增值税留抵税额”“简易计税”“转让金融商品应交增值税”“代扣代交增值税”等明细科目。“应交税费——应交增值税”科目的借、贷方需要反映很多经济业务，例如：借方既要反映进项税额又要反映预缴的增值税；贷方既要反映销项税额又要反映进项税额转出、出口退税等情况。“应交增值税”明细科目核算的内容比较多，传统的三栏式账户很难反映一般纳税人的销售、抵扣、出口退税等情况。因此，在账户设置上采用了多栏式，在“应交税费——应交增值税”账户的借方和贷方各设置了若干专栏加以反映。“应交税费——应交增值税”账户设置的专栏如表 2-1 所示。

表 2-1　“应交税费——应交增值税”账户设置的专栏

<table>
<tr><th rowspan="2">摘要</th><th colspan="7">借方</th><th colspan="5">贷方</th><th rowspan="2">借或贷</th><th rowspan="2">余额</th></tr>
<tr><th>合计</th><th>进项税额</th><th>销项税额抵减</th><th>已交税金</th><th>减免税款</th><th>出口抵减内销产品应纳税额</th><th>转出未交增值税</th><th>合计</th><th>销项税额</th><th>出口退税</th><th>进项税额转出</th><th>转出多交增值税</th></tr>
<tr><td></td><td></td><td></td><td></td><td></td><td></td><td></td><td></td><td></td><td></td><td></td><td></td><td></td><td></td><td></td></tr>
<tr><td></td><td></td><td></td><td></td><td></td><td></td><td></td><td></td><td></td><td></td><td></td><td></td><td></td><td></td><td></td></tr>
<tr><td></td><td></td><td></td><td></td><td></td><td></td><td></td><td></td><td></td><td></td><td></td><td></td><td></td><td></td><td></td></tr>
<tr><td></td><td></td><td></td><td></td><td></td><td></td><td></td><td></td><td></td><td></td><td></td><td></td><td></td><td></td><td></td></tr>
</table>

（一）销项税额的账务处理

增值税销项税额通过“应交税费——应交增值税（销项税额）”科目核算。“应交税费——应交增值税（销项税额）”科目记录一般纳税人销售货物，提供加工及修理修配劳务，销售服务、无形资产或不动产应收取的增值税额。

1. 一般销售方式

（1）销售货物。

1）缴款提货销售方式。

在缴款提货销售方式下，如货款已经收到，发票账单和提货单已经交给买方，无论商品、产品是否发出，都作为销售的实现。缴款提货销售方式下的账务处理如下：

借：银行存款

　贷：主营业务收入、其他业务收入

　　　应交税费——应交增值税（销项税额）

【例 2-37】 2019 年 6 月 1 日，A 公司（一般纳税人）向乙公司销售商品一批，不含税价值为 100 000 元，该批产品的成本为 80 000 元，适用的增值税税率为 13%，货款已经收到。请对 A 公司的该业务进行账务处理。

分析：

2019 年 6 月 1 日，A 公司的账务处理如下：

借：银行存款　　113 000

　贷：主营业务收入　　100 000

　　　应交税费——应交增值税（销项税额）　　13 000（100 000×13%）

结转主营业务成本：

借：主营业务成本　　80 000

　贷：库存商品　　80 000

2）预收货款销售方式。

采取预收货款方式销售产品（商品），于企业发出产品（商品）时确认销售实现。预收货款销售方式下的账务处理如下：

企业收到货款时：

借：银行存款

　贷：预收账款

货物发出时：

借：预收账款

　贷：主营业务收入

　　　应交税费——应交增值税（销项税额）

月底，结转相应的成本时：

借：主营业务成本

　贷：库存商品

【例2-38】2019年6月3日，A公司（一般纳税人）向B公司销售商品一批，收取B公司的预付货款22 600元，该批产品的成本为12 000元。7月20日，A公司发货，适用的增值税税率为13%。请对A公司的该业务进行账务处理。

分析：

2019年6月3日，A公司收取预付货款的账务处理如下：

借：银行存款	22 600	
贷：预收账款		22 600

2019年7月20日，A公司发货的账务处理如下：

借：预收账款	22 600	
贷：主营业务收入		20 000（22 600÷1.13）
应交税费——应交增值税（销项税额）		2 600（20 000×13%）

2019年7月31日，A公司结转成本的账务处理如下：

借：主营业务成本	12 000	
贷：库存商品		12 000

3）分期收款销售方式。

采用分期收款方式销售产品，将合同规定的收款日期作为销售收入的实现时间，也就是纳税义务的发生时间。

采用分期收款方式销售产品，会计制度确认收入早于增值税纳税义务发生时点，应将相关销项税额先记入“应交税费——待转销项税额”科目，待实际发生纳税义务时再转入“应交税费——应交增值税（销项税额）”科目。“应交税费——待转销项税额”科目，核算一般纳税人销售货物，提供加工、修理修配劳务，销售服务、无形资产或不动产，已确认相关收入（或利得）但尚未发生增值税纳税义务，需要于以后期间确认为销项税额的增值税额。分期收款销售方式下的账务处理如下：

会计确认收入时：

借：长期应收款（应收账款）

　贷：主营业务收入

　　应交税费——待转销项税额

实际发生纳税义务时：

借：应交税费——待转销项税额

　贷：应交税费——应交增值税（销项税额）

【例 2-39】 2020年1月1日，A公司（一般纳税人）采用分期收款方式销售产品，不含税价款为1 000 000元，成本为800 000元，合同规定货款分别于2021年1月1日、2022年1月1日两次等额支付。假定贴现率为5%，增值税税率为13%。请对A公司的该业务进行账务处理。

分析：

2020年1月1日，销售实现时：

$$主营业务收入=500\ 000\div(1+5\%)+500\ 000\div(1+5\%)^2=929\ 705.22（元）$$

借：长期应收款　1 130 000

　贷：主营业务收入　929 705.22

　　未实现融资收益　70 294.78（1 000 000－929 705.22）

　　应交税费——待转销项税额　130 000

借：主营业务成本　800 000

　贷：库存商品　800 000

2021年1月1日，收到部分货款：

借：银行存款　565 000

　贷：长期应收款　565 000

借：未实现融资收益　46 485.26（929 705.22×5%）

　贷：财务费用　46 485.26

借：应交税费——待转销项税额　65 000

　贷：应交税费——应交增值税（销项税额）　65 000

2022年1月1日，收到部分货款：

借：银行存款　565 000

　贷：长期应收款　565 000

借：未实现融资收益　23 809.52（70 294.78－46 485.26）

　贷：财务费用　23 809.52

借：应交税费——待转销项税额　65 000

　贷：应交税费——应交增值税（销项税额）　65 000

【工作任务2】分析12：

业务8：

2019年1月31日，销售实现：

$$主营业务收入=50\ 000\div(1+8\%)+50\ 000\div(1+8\%)^2=89\ 163.24（元）$$

借：长期应收款　113 000

　贷：主营业务收入　89 163.24

　　未实现融资收益　10 836.76（100 000－89 163.24）

　　应交税费——待转销项税额　13 000

2020年1月31日，收到部分货款：

借：银行存款　56 500
　贷：长期应收款　56 500
借：未实现融资收益　7 133.06（89 163.24×8%）
　贷：财务费用　7 133.06
借：应交税费——待转销项税额　6 500
　贷：应交税费——应交增值税（销项税额）　6 500

2021年1月31日，收到部分货款：

借：银行存款　56 500
　贷：长期应收款　56 500
借：未实现融资收益　3 703.7（10 836.76－7 133.06）
　贷：财务费用　3 703.7
借：应交税费——待转销项税额　6 500
　贷：应交税费——应交增值税（销项税额）　6 500

（2）销售服务。

纳税人销售服务的，纳税义务发生时间为纳税人销售服务并收讫销售款或者取得索取销售款凭据的当天；先开具发票的，为开具发票的当天；纳税人提供租赁服务采取预收款方式的，其纳税义务发生时间为收到预收款的当天；从事金融商品转让的，其纳税义务发生时间为金融商品所有权转移的当天。销售服务的账务处理如下：

借：银行存款（应收账款、应收票据）
　贷：主营业务收入
　　应交税费——应交增值税（销项税额）

【例2-40】 2019年8月1日，A物流公司（一般纳税人）提供交通运输服务，取得不含税收入5 000 000元，提供物流辅助服务，取得不含税收入1 000 000元（非主营业务），按照适用税率分别开具了增值税专用发票，款项均已存入银行。请对A物流公司的该业务进行账务处理。

分析：

提供交通运输服务的账务处理如下：

借：银行存款　5 450 000
　贷：主营业务收入　5 000 000
　　应交税费——应交增值税（销项税额）　450 000（5 000 000×9%）

提供物流辅助服务的账务处理如下：

借：银行存款　1 060 000
　贷：主营业务收入　1 000 000
　　应交税费——应交增值税（销项税额）　60 000（1000 000×6%）

【例2-41】 甲公司（一般纳税人）于2019年5月10日与乙公司签订经营租赁合同，合同约定甲公司向乙公司出租一台机器设备，租赁期为10个月，租赁开始日为6月1日，同时约定乙公司要在5月20日向甲公司一次性支付全额租金。5月20日，甲公司收到乙公司支付的不含税租金100 000元和相应税款。请对甲公司的该业务进行账务处理。

分析：

5 月 20 日，收到全额租金时：

借：银行存款　　113 000

　贷：预收账款　　100 000

　　　应交税费——应交增值税（销项税额）　　13 000（100 000×13%）

6 月 1 日起，在租赁期限内的每月月末分别确认收入：

借：预收账款　　10 000（100 000÷10）

　贷：其他业务收入　　10 000

2. 视同销售

（1）委托代销。

企业委托代销商品，代销双方都要视同销售，委托方销售收入的实现时间为收到代销单位销售的代销清单的当天；如果在收到代销清单前已收到全部或部分货款，其纳税义务发生时间为收到全部或部分货款的当天；对于发出代销商品超过 180 天仍未收到代销清单及货款的，视同销售实现，一律征收增值税，其纳税义务发生时间为发出代销商品满 180 天的当天。

企业委托代销商品，一般有两种方式：一是视同买断方式，销售价格由委托方制定，代销方只按销售收入的一定比例计提代销手续费；二是收取手续费方式，销售价格由代销方自定，代销合同中规定一个代销价格，实际售价高于代销价格的部分，为代销方的报酬。企业委托代销商品，通过设置“委托代销商品”科目反映企业委托代销的情况。

视同买断方式的账务处理如表 2－2 所示。

表 2－2　视同买断方式的账务处理

业务	账务处理	
	委托方	受托方
发出商品	借：委托代销商品 　贷：库存商品	借：受托代销商品 　贷：受托代销商品款
受托方实际销售商品，委托方收到代销清单	借：应收账款——受托方 　贷：主营业务收入 　　　应交税费——应交增值税（销项税额） 借：主营业务成本 　贷：委托代销商品	借：银行存款 　贷：主营业务收入 　　　应交税费——应交增值税（销项税额） 借：主营业务成本 　贷：受托代销商品 借：受托代销商品款 　　应交税费——应交增值税（进项税额） 　贷：应付账款——委托方
结算货款	借：银行存款 　贷：应收账款——受托方	借：应付账款——委托方 　贷：银行存款

收取手续费方式的账务处理如表 2－3 所示。

表 2-3 收取手续费方式的账务处理

业务	账务处理	
	委托方	受托方

发出商品	借：委托代销商品
	  贷：库存商品
		借：受托代销商品
		  贷：受托代销商品款

受托方实际销售商品，委托方收到代销清单	借：应收账款——受托方
	  贷：主营业务收入
	    应交税费——应交增值税（销项税额）
	借：主营业务成本
	  贷：委托代销商品
		借：银行存款
		  贷：应付账款——委托方
		    应交税费——应交增值税（销项税额）
		借：应交税费——应交增值税（进项税额）
		  贷：应付账款
		借：受托代销商品款
		  贷：受托代销商品

结算货款和手续费	借：销售费用
	  应交税费——应交增值税（进项税额）
	  贷：应收账款——受托方
	借：银行存款
	  贷：应收账款——受托方
		借：应付账款——委托方
		  贷：银行存款
		    主营业务收入（或其他业务收入）
		    应交税费——应交增值税（销项税额）

【例 2-42】A 公司和 B 公司都是一般纳税人，2019 年 6 月 1 日，A 公司委托 B 公司销售甲商品 200 件，协议约定价为每件 100 元，甲商品成本为每件 50 元。7 月 1 日，B 公司销售全部商品，销售时开具的增值税专用发票上注明：售价 22 000 元，增值税额 2 860 元。7 月 10 日，A 公司收到 B 公司开来的代销清单时开具增值税专用发票，发票上注明：售价 20 000 元，增值税 2 600 元。7 月 20 日，A 公司收到代销款。甲商品适用的增值税税率为 13%。请进行 A 公司和 B 公司增值税的账务处理。

分析：

1）A 公司的账务处理如下：

6 月 1 日，发出商品时：

借：委托代销商品　10 000

　贷：库存商品　10 000

7 月 10 日，收到代销清单时：

借：应收账款——B 公司　22 600

　贷：主营业务收入　20 000

　　应交税费——应交增值税（销项税额）　2 600

7 月 10 日，结转成本时：

借：主营业务成本　10 000

　贷：委托代销商品——甲商品　10 000

7 月 20 日，收到货款时：

借：银行存款 22 600
  贷：应收账款——B公司 22 600

2）B公司的账务处理如下：

6月1日，收到代销商品时：

借：受托代销商品——A公司 20 000
  贷：受托代销商品款——A公司 20 000

7月1日，实际销售时：

借：银行存款 24 860
  贷：主营业务收入 22 000
    应交税费——应交增值税（销项税额） 2 860

借：主营业务成本 20 000
  贷：受托代销商品——A公司 20 000

7月10日，收到发票时：

借：受托代销商品款——A公司 20 000
  应交税费——应交增值税（进项税额） 2 600
  贷：应付账款——A公司 22 600

7月20日，按约定将货款付给A公司时：

借：应付账款——A公司 22 600
  贷：银行存款 22 600

【例2-43】A公司和B公司都是一般纳税人，2020年1月1日，A公司委托B公司代销一批甲商品，甲商品实际成本为800 000元，代销价格为1 000 000元（不含增值税）。2月1日，B公司销售全部甲商品，2月3日，A公司收到B公司开来的代销清单时开具增值税专用发票，B公司按受托代销商品价格的5%计提手续费。A公司于2月10日收到代销款。甲商品适用的增值税税率为13%。请进行A公司和B公司增值税的账务处理。

分析：

1）A公司的账务处理如下：

1月1日，发出商品时：

借：委托代销商品 800 000
  贷：库存商品 800 000

2月3日，收到代销清单时：

借：应收账款——B公司 1 130 000
  贷：主营业务收入 1 000 000
    应交税费——应交增值税（销项税额） 130 000

2月3日，结转成本时：

借：主营业务成本 800 000
  贷：委托代销商品 800 000

2月10日，收到扣除手续费后的货款时：

A公司支付给B公司的手续费＝1 000 000×5%＝50 000（元）

A 公司支付手续费可以抵扣的增值税＝50 000×6%＝3 000（元）

借：银行存款　1 077 000
　　销售费用　50 000
　　应交税费——应交增值税（进项税额）　3 000
　贷：应收账款——B 公司　1 130 000

2）B 公司的账务处理如下：

1 月 1 日，发出商品时：

借：受托代销商品　800 000
　贷：受托代销商品款　800 000

2 月 1 日，销售商品时：

借：银行存款　1 130 000
　贷：应付账款——A 公司　1 000 000
　　　应交税费——应交增值税（销项税额）　130 000

2 月 3 日，B 公司开具代销清单，A 公司开具发票时：

借：应交税费——应交增值税（进项税额）　130 000
　贷：应付账款　130 000

借：受托代销商品款　800 000
　贷：受托代销商品　800 000

2 月 10 日，支付扣除手续费后的货款时：

扣除手续费后的货款＝1 130 000－50 000－3 000＝1 077 000（元）

借：应付账款——A 公司　1 130 000
　贷：银行存款　1 077 000
　　　其他业务收入　50 000
　　　应交税费——应交增值税（销项税额）　3 000

（2）异地之间移送货物。

设有两个以上机构并实行统一核算的纳税人，将货物从一个机构移送至其他机构用于销售，但相关机构设在同一县（市）的除外，应视同销售计算缴纳增值税。

【例 2－44】 北京市 A 药厂将一批价值 100 000 元的应税药品从市区移送至其位于天津市蓟县的 B 药房。请进行 A 药厂和 B 药房增值税的账务处理。

分析：

1）A 药厂账务处理如下：

借：其他应收款　113 000
　贷：库存商品　100 000
　　　应交税费——应交增值税（销项税额）　13 000

2）B 药房账务处理如下：

借：库存商品　100 000
　　应交税费——应交增值税（进项税额）　13 000
　贷：应付账款　113 000

（3）自产、委托加工的货物等用于集体福利和职工个人消费。

企业将自产、委托加工的货物、服务、无形资产或者不动产用于集体福利和职工个人消费，应视同销售计算缴纳增值税。如果纳税人发生视同销售行为而没有销售额，按下列顺序核算销售额：

1）纳税人最近时期同类货物、服务、无形资产或不动产的平均售价；

2）其他纳税人最近时期同类货物等的平均售价；

3）组成计税价格，计算公式为：

组成计税价格＝成本×（1＋成本利润率）

自产、委托加工的货物等用于集体消费和职工个人消费的账务处理如下：

借：应付职工薪酬等

　贷：主营业务收入

　　　应交税费——应交增值税（销项税额）

【例 2－45】 2019 年 6 月 1 日，A 公司（一般纳税人）将自产产品 10 吨用于本企业职工福利，已知该批产品的对外售价为 1 000 元/吨，成本为 800 元/吨。请进行 A 公司增值税的账务处理。

分析：

确认收入：

	借方	贷方
借：应付职工薪酬	11 300	
贷：主营业务收入		10 000（1 000×10）
应交税费——应交增值税（销项税额）		1 300（10 000×13%）

结转成本：

	借方	贷方
借：主营业务成本	8 000	
贷：库存商品		8 000

（4）对外投资。

将自产、委托加工或购买的货物作为投资提供给其他单位或个体工商户，应视同销售计算缴纳增值税，纳税义务发生时间为货物移送的当天。

对外投资的账务处理如下：

借：长期股权投资——其他股权投资

　贷：主营业务收入

　　　应交税费——应交增值税（销项税额）

【例 2－46】 2019 年 6 月 1 日，A 公司（一般纳税人）将 1 000 套西服用于对外投资，已知每套西服的对外不含税售价为 1 000 元，成本为 800 元。请进行 A 公司增值税的账务处理。

分析：

确认收入时：

	借方	贷方
借：长期股权投资——其他股权投资	1 130 000	
贷：主营业务收入		1 000 000（1 000×1 000）
应交税费——应交增值税（销项税额）		130 000（1 000 000×13%）

结转成本时：

借：主营业务成本　　800 000（800×1 000）
　贷：库存商品　　800 000

（5）无偿赠送。

企业将自产、委托加工或购买的货物无偿赠送他人、无偿提供服务、无偿转让无形资产或者不动产，都应视同销售计算缴纳增值税，纳税义务发生时间及开具增值税专用发票的时间均为货物移送的当天。

无偿赠送的账务处理如下：

1）对外捐赠货物时：

借：营业外支出
　贷：库存商品
　　应交税费——应交增值税（销项税额）

2）无偿提供服务时：

借：营业外支出
　贷：应交税费——应交增值税（销项税额）

3）无偿转让无形资产时：

借：资产处置损益
　累计摊销
　贷：无形资产
　　应交税费——应交增值税（销项税额）

4）无偿转让不动产时：

借：资产处置损益
　累计折旧
　贷：固定资产清理
　　应交税费——应交增值税（销项税额）

【例 2-47】2019 年 6 月 1 日，A 服装公司（一般纳税人）将自产服装 100 件直接捐赠给贫困山区，已知每件衣服的成本为 500 元，每件衣服的不含税售价为 800 元。请进行 A 服装公司增值税的账务处理。

分析：

借：营业外支出　　60 400
　贷：库存商品　　50 000
　　应交税费——应交增值税（销项税额）　　10 400（800×100×13%）

（6）利润分配。

企业将自产、委托加工或购买的货物进行利润分配，应视同销售计算缴纳增值税，纳税义务发生时间及开具增值税专用发票的时间均为货物移送的当天。

利润分配的账务处理如下：

借：应付股利
　贷：主营业务收入
　　应交税费——应交增值税（销项税额）

【例 2-48】2019 年 6 月 1 日，A 公司将价值 1 000 000 元的钢材作为利润分配给投资者，该批产品的实际成本为800 000元，不含税售价为1 000 000元。请进行A公司增值税的账务处理。

分析：

借：应付股利　1 130 000

　贷：主营业务收入　1 000 000

　　应交税费——应交增值税（销项税额）　130 000（1 000 000×13%）

借：主营业务成本　800 000

　贷：库存商品　800 000

（二）简易计税的账务处理

“应交税费——简易计税”科目核算一般纳税人采用简易计税方法发生的增值税计提、扣减、预缴、缴纳等业务。简易计税的账务处理如下：

（1）开具发票确认收入时：

借：应收账款

　贷：主营业务收入（其他业务收入）

　　应交税费——简易计税

（2）缴纳增值税时：

借：应交税费——简易计税

　贷：银行存款

【例2-49】2019年6月1日，A公司（一般纳税人）处置一批于2008年7月购买的设备，取得变卖收入20 600元。请进行A公司增值税的账务处理。

分析：

（1）清理发生收入及应纳税额：

借：银行存款　20 600

　贷：固定资产清理　20 000［20 600÷（1+3%）］

　　应交税费——简易计税　600［20 600÷（1+3%）×3%］

（2）减按2%征收增值税：

借：应交税费——简易计税　400［20 600÷（1+3%）×2%］

　贷：银行存款　400

（3）按1%减免税额：

借：应交税费——简易计税　200［20 600÷（1+3%）×1%］

　贷：营业外收入　200

（三）差额计税的账务处理

下面从金融商品转让差额计税和除金融商品转让外差额计税两个方面介绍差额计税的账务处理。

1. 金融商品转让差额计税的账务处理

金融商品转让，将卖出价扣除买入价后的余额作为销售额。转让金融商品出现的正负差，按盈亏相抵后的余额为销售额。若相抵后出现负差，可结转下一纳税期与下期转让金融商品销售额相抵。金融商品转让的亏损，不能由其他销售货物或者提供服务的销售收入来弥补。如果年末仍出现负差，不得转入下一个会计年度。纳税人转让金融商品发生的增值税额通过“应交税费——转让金融商品应交增值税”科目核算。金融商品转让的账务处理如下：

（1）金融商品实际转让的月末，如产生转让收益，则：

借：投资收益

　贷：应交税费——转让金融商品应交增值税

如产生转让损失，则可结转至下月抵扣税额：

借：应交税费——转让金融商品应交增值税

　贷：投资收益

（2）缴纳增值税时：

借：应交税费——转让金融商品应交增值税

　贷：银行存款

（3）年末，“应交税费——转让金融商品应交增值税”科目如果为借方余额，则：

借：投资收益

　贷：应交税费——转让金融商品应交增值税

【例 2-50】 2019 年 7 月 1 日，A 金融公司（一般纳税人）以含税价 10 元/股的价格购入 A 公司普通股股票 20 000 股。2019 年 8 月 15 日，以 9 元/股的价格转让 5 000 股，2019 年 9 月 10 日，以 11.50 元/股的价格转让 10 000 股，2019 年 10 月 20 日，以 8.80 元/股的价格转让 5 000 股。假设 A 金融公司除该股票外，未购入其他金融商品，不考虑相关费用及股票的公允价值变动损益。请进行 A 公司增值税的账务处理。

分析：

（1）2019 年 7 月 1 日，购入 A 公司股票：

借：交易性金融资产　　200 000（10×20 000）

　贷：银行存款　　200 000

（2）2019 年 8 月 15 日，转让 5 000 股股票：

借：银行存款　　45 000（5 000×9）

　　投资收益　　5 000

　贷：交易性金融资产　　50 000

（3）2019 年 8 月 31 日，将产生的转让损失所对应的增值税结转至下月抵扣：

$$(45\ 000-50\ 000)\div 1.06\times 6\%=-283.02\text{（元）}$$

借：应交税费——转让金融商品应交增值税　　283.02

　贷：投资收益　　283.02

（4）2019 年 9 月 10 日，转让 10 000 股股票：

借：银行存款　　115 000（10 000×11.50）

　贷：交易性金融资产　　100 000

　　　投资收益　　15 000

（5）9 月末，对产生的转让收益计提增值税：

$$(115\ 000-100\ 000)\div 1.06\times 6\%=849.06\text{（元）}$$

借：投资收益　　849.06

贷：应交税费——转让金融商品应交增值税　849.06

（6）2019 年 10 月征期内实际缴纳增值税＝849.06－283.02＝566.04（元）。

借：应交税费——转让金融商品应交增值税　566.04

　贷：银行存款　566.04

（7）2019 年 10 月 20 日，转让 5 000 股股票：

借：银行存款　44 000（5 000×8.8）

　　投资收益　6 000

　贷：交易性金融资产　50 000

（8）2019 年 10 月末，将产生的转让损失所对应的增值税结转至下月抵扣：

（44 000－50 000）÷1.06×6%＝－339.62（元）

借：应交税费——转让金融商品应交增值税　339.62

　贷：投资收益　339.62

（9）2019 年 12 月末，将“应交税费——转让金融商品应交增值税”科目借方余额转销：

借：投资收益　339.62

　贷：应交税费——转让金融商品应交增值税　339.62

2. 除金融商品转让外差额计税的账务处理

除金融商品转让外的差额计税通过“应交税费——应交增值税（销项税额抵减）”科目或“应交税费——简易计税”科目核算。“应交税费——应交增值税（销项税额抵减）”科目记录一般纳税人按照现行增值税制度规定因扣减销售额而减少的销项税额。除金融商品转让外差额计税的账务处理如下：

（1）发生成本费用：

借：主营业务成本（存货、工程施工）

　贷：应付账款（应付票据、银行存款）

（2）取得合规增值税扣税凭证且纳税义务发生时，按照允许抵扣的税额：

借：应交税费——应交增值税（销项税额抵减）或应交税费——简易计税

　贷：主营业务成本（存货、工程施工）

【例 2－24】分析 2：

A 旅游公司增值税的账务处理：

（1）取得旅游服务收入时：

借：银行存款　1 091 800

　贷：主营业务收入　1 030 000（1 091 800÷1.06）

　　　应交税费——应交增值税（销项税额）　61 800（1 030 000×6%）

（2）支付住宿费、餐饮费、交通费、门票费、分包款时：

借：主营业务成本　982 620

　贷：银行存款　982 620

借：应交税费——应交增值税（销项税额抵减）　55 620

　贷：主营业务成本　55 620（982 620÷1.06×6%）

【例 2－27】分析 2：

A 公司增值税的账务处理：

(1) 确认收入时：

借：银行存款 100 000

  贷：主营业务收入 95 238.1 (100 000÷1.05)

    应交税费——简易计税 4 761.9 (95 238.1×5%)

(2) 支付给劳务派遣员工工资、福利和为其办理社会保险及住房公积金时：

借：主营业务成本 76 190.48 (80 000÷1.05)

  应交税费——简易计税 3 809.52 (76 190.48×5%)

  贷：银行存款 80 000

(四) 包装物的账务处理

随同货物出售单独计价的包装物需要以不含税的数额作为计税依据计算增值税。纳税人为销售货物（包括啤酒和黄酒）而出租出借包装物收取的押金，单独记账核算的，不并入销售额征税；逾期未收回包装物不再退还的押金，应按所包装货物的税率计算销售额征税；除啤酒和黄酒外的其他酒类收取的包装物押金，无论是否返还及会计上如何核算，均并入当期销售额征税。包装物的账务处理如表 2-4 所示。

表 2-4 包装物的账务处理

<table>
<tr><th colspan="2">类型</th><th>账务处理</th></tr>
<tr><td colspan="2">(1) 随同货物出售单独计价的包装物</td><td>借：银行存款
  贷：其他业务收入
    应交税费——应交增值税（销项税额）</td></tr>
<tr><td rowspan="2">(2) 押金</td><td>一般货物（包括啤酒和黄酒）</td><td>收到包装物押金：
借：银行存款
  贷：其他应付款——包装物押金
因逾期未收回包装物：
借：其他应付款——包装物押金
  贷：其他业务收入
    应交税费——应交增值税（销项税额）</td></tr>
<tr><td>对销售除啤酒、黄酒外的其他酒类产品而收取的包装物押金</td><td>收到包装物押金：
借：银行存款
  贷：其他业务收入
    应交税费——应交增值税（销项税额）</td></tr>
</table>

【例 2-51】 2019 年 8 月 1 日，A 公司（一般纳税人）销售给 B 公司 100 件甲产品，每件不含税售价为 1 000 元，同时收取包装物使用费 10 000 元。另外，为保证购买方及时退回包装物，订立了包装物使用期限为三个月的合同，并收取押金 20 000 元。2019 年 11 月 1 日，B 公司没有退还包装物。请进行 A 公司增值税的账务处理。

分析：

(1) 8 月 1 日，销售甲产品的账务处理：

借：银行存款 113 000

  贷：主营业务收入 100 000

　　应交税费——应交增值税（销项税额）　　13 000

（2）8月1日，收取包装物使用费的账务处理：

收取的包装物使用费10 000元属于价外费用，需要计算缴纳增值税。

包装物使用费不含税销售额＝10 000÷（1＋13％）＝8 849.56（元）

包装物使用费销项税额＝8 849.56×13％＝1 150.44（元）

借：银行存款　　10 000

　贷：其他业务收入　　8 849.56

　　应交税费——应交增值税（销项税额）　　1 150.44

（3）8月1日，收取包装物押金的账务处理：

借：银行存款　　20 000

　贷：其他应付款——包装物押金　　20 000

（4）11月1日，没收未退回包装物押金的账务处理：

包装物押金不含税销售额＝20 000÷（1＋13％）＝17 699.12（元）

包装物押金销项税额＝17 699.12×13％＝2 300.88（元）

借：其他应付款——包装物押金　　20 000

　贷：其他业务收入　　17 699.12

　　应交税费——应交增值税（销项税额）　　2 300.88

【工作任务2】分析13：

业务1账务处理：

（1）1月3日，销售碳酸饮料的账务处理：

借：银行存款　　1 130 000

　贷：主营业务收入　　1 000 000

　　应交税费——应交增值税（销项税额）　　130 000

（2）1月3日，收取碳酸饮料包装物押金的账务处理：

借：银行存款　　5 000

　贷：其他应付款——包装物押金　　5 000

（3）1月3日，销售果汁的账务处理：

借：银行存款　　565 000

　贷：主营业务收入　　500 000

　　应交税费——应交增值税（销项税额）　　65 000

（4）1月3日，收取果汁包装物押金的账务处理：

借：银行存款　　1 500

　贷：其他应付款——包装物押金　　1 500

（5）3月31日，退还碳酸饮料、果汁包装物押金的账务处理：

借：其他应付款——包装物押金　　6 500

　贷：银行存款　　6 500（5 000＋1 500）

业务2账务处理：

1月8日，销售食用植物油的账务处理：

借：银行存款　　218 000

贷：主营业务收入　200 000
应交税费——应交增值税（销项税额）　18 000（200 000×9%）

业务3账务处理：

1月31日，现场制作食品并直接销售的账务处理：

借：银行存款　848 000
贷：主营业务收入　800 000
应交税费——应交增值税（销项税额）　48 000

业务4账务处理：

借：银行存款　130 000.00
贷：主营业务收入　115 044.25
应交税费——应交增值税（销项税额）　14 955.75

业务5账务处理：

（1）1月10日，收取租金时：

借：银行存款　525 000
贷：预收账款　525 000

（2）1月份在不动产所在地（天津）预缴增值税：

借：应交税费——简易计税　25 000（500 000×5%）
贷：银行存款　25 000

（3）在机构所在地（北京）申报：

借：预收账款　525 000
贷：其他业务收入　500 000（525 000÷1.05）
应交税费——简易计税　25 000

业务6账务处理：

借：银行存款　885 920
财务费用　18 080（800 000×1.13×2%）
贷：主营业务收入　800 000
应交税费——应交增值税（销项税额）　104 000（800 000×13%）

业务7账务处理：

贷：银行存款　22 600
主营业务收入　−20 000
应交税费——应交增值税（销项税额）　−2 600（−20 000×13%）

业务8账务处理[①]：

2020年1月31日，应收货款部分：

借：银行存款　56 500
贷：长期应收款　56 500

① 该业务的具体计算过程请参见【工作任务2】分析12。

借：未实现融资收益　　7 133.06（89 163.24×8%）

　贷：财务费用　　7 133.06

借：应交税费——待转销项税额　　6 500

　贷：应交税费——应交增值税（销项税额）　　6 500

业务 9 账务处理：

借：应付职工薪酬　　37 290

　贷：主营业务收入　　33 000（30 000×1.1）

　　应交税费——应交增值税（销项税额）　　4 290（33 000×13%）

业务 10 账务处理：

借：银行存款　　116 000

　贷：预收账款　　116 000

业务 11 账务处理：

（1）1 月 1 日，购入外汇：

借：交易性金融资产　　965 000

　贷：银行存款　　965 000

（2）1 月 29 日，转让外汇：

借：银行存款　　980 000

　贷：交易性金融资产　　965 000

　　投资收益　　15 000

（3）1 月 31 日，对产生的转让收益计提增值税：

借：投资收益　　849.06

　贷：应交税费——转让金融商品应交增值税　　849.06（15 000÷1.06×6%）

六、《增值税纳税申报表附列资料（三）（服务、不动产和无形资产扣除项目明细）》的填写

增值税一般纳税人提供应税服务，在确定应税服务销售额时，按照有关规定可以从取得的全部价款和价外费用中扣除价款的，必须在首次申报前到主管税务机关办理税收优惠政策备案，没有备案将无法填报《增值税纳税申报表附列资料（三）（服务、不动产和无形资产扣除项目明细）》（以下简称《服务、不动产和无形资产扣除项目明细表》）。

（一）栏次逻辑关系

按栏次分，《服务、不动产和无形资产扣除项目明细表》分为八大部分：

（1）第一部分反映 13%税率项目扣除的数额，在第 1 栏反映。

（2）第二部分反映 9%税率项目扣除的数额，在第 2 栏反映。

（3）第三部分反映 6%税率的项目（不含金融商品转让）扣除的数额，在第 3 栏反映。

（4）第四部分反映 6%税率的金融商品转让项目扣除的数额，在第 4 栏反映。

（5）第五部分反映 5%征收率项目扣除的数额，在第 5 栏反映。

（6）第六部分反映3%征收率项目扣除的数额，在第6栏反映。

（7）第七部分反映免抵退税项目扣除的数额，在第7栏反映。

（8）第八部分反映免税项目扣除的数额，在第8栏反映。

（二）列次逻辑关系

（1）第4列“服务、不动产和无形资产扣除项目：本期应扣除金额”各行＝第2列“服务、不动产和无形资产扣除项目：期初余额”对应各行＋第3列“服务、不动产和无形资产扣除项目：本期发生额”对应各行。

（2）第6列“服务、不动产和无形资产扣除项目：期末余额”各行＝第4列“服务、不动产和无形资产扣除项目：本期应扣除金额”对应各行－第5列“服务、不动产和无形资产扣除项目：本期实际扣除金额”对应各行。

（三）表间关系

（1）《服务、不动产和无形资产扣除项目明细表》第1列“本期服务、不动产和无形资产价税合计额（免税销售额）”各栏＝《增值税纳税申报表附列资料（一）（本期销售情况明细）》第11列“合计：价税合计”对应各栏。

（2）《服务、不动产和无形资产扣除项目明细表》第5列“服务、不动产和无形资产扣除项目：本期实际扣除金额”各栏＝《增值税纳税申报表附列资料（一）（本期销售情况明细）》第12列“服务、不动产和无形资产扣除项目本期实际扣除金额”对应各栏。

（四）纳税申报

根据爱之味公司【工作任务2】业务11的资料，填写《服务、不动产和无形资产扣除项目明细表》（如表2-5所示）。

表2-5 增值税纳税申报表附列资料（三）

（服务、不动产和无形资产扣除项目明细）

税款所属时间：2020年1月1日至2020年1月31日

纳税人名称：（公章）北京爱之味食品加工有限责任公司　　　　单位：元

项目及栏次		本期服务、不动产和无形资产价税合计额（免税销售额）	服务、不动产和无形资产扣除项目				
			期初余额	本期发生额	本期应扣除金额	本期实际扣除金额	期末余额
		1	2	3	4=2+3	5（5≤1且5≤4）	6=4−5
13%税率的项目	1						
9%税率的项目	2						
6%税率的项目（不含金融商品转让）	3						
6%税率的金融商品转让项目	4	980 000.00	0.00	965 000.00	965 000.00	965 000.00	0.00

续表

项目及栏次		本期服务、不动产和无形资产价税合计额（免税销售额）	服务、不动产和无形资产扣除项目				
			期初余额	本期发生额	本期应扣除金额	本期实际扣除金额	期末余额
		1	2	3	4=2+3	5（5≤1且5≤4）	6=4−5
5%征收率的项目	5						
3%征收率的项目	6						
免抵退税的项目	7						
免税的项目	8						

填写要点：

1. 将外汇卖出价税合计金额980 000元填入第4栏“6%税率的金融商品转让项目”对应第1列“本期服务、不动产和无形资产价税合计额（免税销售额）”。

2. 将0元填入第4栏对应第2列“服务、不动产和无形资产扣除项目：期初余额”。

3. 将卖出外汇的买入价965 000元填入第4栏对应第3列“服务、不动产和无形资产扣除项目：本期发生额”。

4. 将965 000元填入第4栏对应第4列“服务、不动产和无形资产扣除项目：本期应扣除金额”。

5. 将965 000元填入第4栏对应第5列“服务、不动产和无形资产扣除项目：本期实际扣除金额”。

6. 将0（965 000−965 000）元填入第4栏对应第6列“服务、不动产和无形资产扣除项目：期末余额”。

7. 将第4栏对应第5列965 000元转入《增值税纳税申报表附列资料（一）（本期销售情况明细）》（如表2-7所示）第5栏“一、一般计税方法计税：全部征税项目：6%税率”对应第12列“服务、不动产和无形资产扣除项目本期实际扣除金额”。

七、《增值税纳税申报表附列资料（一）（本期销售情况明细）》的填写

（一）栏次逻辑关系

按栏次分，《增值税纳税申报表附列资料（一）（本期销售情况明细）》（以下简称《本期销售情况明细表》）分为四大部分：

（1）第一部分反映一般计税方法销售情况明细，在第1栏至第7栏反映。

1）第1栏至第5栏反映按不同税率和项目分别填写按一般计税方法计算增值税的全部征税项目。

2）第6栏至第7栏反映按一般计税方法计算增值税的即征即退项目。

（2）第二部分反映简易计税方法销售情况明细，在第8栏至第15栏反映。

1）第8栏至第12栏按不同征收率和项目分别反映按简易计税方法计算增值税的全部征税项目。

2）第13a栏至第13c栏反映营业税改征增值税的纳税人，销售服务、不动产和无形资产按规定汇总计算缴纳增值税的分支机构，预征增值税销售额、预征增值税应纳税额。

3）第14栏至第15栏反映按简易计税方法计算增值税的即征即退项目。

（3）第三部分反映免抵退税销售情况明细，在第16栏、第17栏反映。

1）第16栏反映适用免、抵、退税政策的出口货物、加工修理修配劳务。

2）第17栏反映适用免、抵、退税政策的服务、不动产和无形资产。

（4）第四部分反映免税销售情况明细，在第18栏、第19栏反映。

1）第18栏反映按照税法规定免征增值税的货物及劳务和适用零税率的出口货物及劳

务，但零税率的销售额中不包括适用免、抵、退税办法的出口货物及劳务。

2）第19栏反映按照税法规定免征增值税的服务、不动产、无形资产和适用零税率的服务、不动产、无形资产，但零税率的销售额中不包括适用免、抵、退税办法的服务、不动产和无形资产。

（二）列次逻辑关系

（1）第9列“合计：销售额”各栏＝第1列“开具增值税专用发票：销售额”对应各栏＋第3列“开具其他发票：销售额”对应各栏＋第5列“未开具发票：销售额”对应各栏＋第7列“纳税检查调整：销售额”对应各栏。

（2）第10列“合计：销项（应纳）税额”各栏＝第2列“开具增值税专用发票：销项（应纳）税额”对应各栏＋第4列“开具其他发票：销项（应纳）税额”对应各栏＋第6列“未开具发票：销项（应纳）税额”对应各栏＋第8列“纳税检查调整：销项（应纳）税额”对应各栏。

（3）第11列“合计：价税合计”各栏＝第9列“合计：销售额”对应各栏＋第10列“合计：销项（应纳）税额”对应各栏。

（4）第13列“扣除后：含税（免税）销售额”各栏＝第11列“合计：价税合计”对应各栏－第12列“服务、不动产和无形资产扣除项目本期实际扣除金额”对应各栏。

（5）第14列“扣除后：销项（应纳）税额”各栏＝第13列“扣除后：含税（免税）销售额”对应各栏÷（100％＋税率或征收率）×税率或征收率。

（三）表间关系

（1）《服务、不动产和无形资产扣除项目明细表》第1列“本期服务、不动产和无形资产价税合计额（免税销售额）”各栏＝《本期销售情况明细表》第11列“合计：价税合计”对应各栏。

（2）《服务、不动产和无形资产扣除项目明细表》第5列“服务、不动产和无形资产扣除项日：本期实际扣除金额”各栏＝《本期销售情况明细表》第12列“服务、不动产和无形资产扣除项目本期实际扣除金额”对应各栏。

（3）《本期销售情况明细表》第9列“合计：销售额”第1栏至第5栏之和－第9列“合计：销售额”第6栏、第7栏之和＝《增值税纳税申报表（一般纳税人适用）》主表第1栏“销售额：（一）按适用税率征税销售额”对应“一般项目：本月数”列。

（4）《本期销售情况明细表》第9列“合计：销售额”对应第6栏“即征即退货物及加工修理修配劳务”＋第9列“合计：销售额”对应第7栏“即征即退服务、不动产和无形资产”＝《增值税纳税申报表（一般纳税人适用）》主表第1栏“销售额：（一）按适用税率计税销售额”对应“即征即退项目：本月数”列。

（5）《本期销售情况明细表》第7列“纳税检查调整销售额”第1栏至第5栏之和＝《增值税纳税申报表（一般纳税人适用）》主表第4栏“销售额：其中：纳税检查调整的销售额”对应“一般项目：本月数”列。

（6）《增值税纳税申报表（一般纳税人适用）》主表第5栏“销售额：（二）按简易办法计税销售额”对应“一般项目：本月数”列≥《本期销售情况明细表》第9列“合计：销售额”第8栏至第13 b栏之和－《本期销售情况明细表》第9列“合计：销售额”第

14栏、第15栏之和。

（7）《增值税纳税申报表（一般纳税人适用）》主表第5栏“销售额：（二）按简易办法计税销售额”对应“即征即退项目：本月数”列≥《本期销售情况明细表》第9列“合计：销售额”第14栏、第15栏之和。

（8）《本期销售情况明细表》第9列“合计：销售额”第16栏、第17栏之和＝《增值税纳税申报表（一般纳税人适用）》主表第7栏“销售额：（三）免、抵、退办法出口销售额”对应“一般项目：本月数”列。

（9）《本期销售情况明细表》第9列“合计：销售额”第18栏、第19栏之和＝《增值税纳税申报表（一般纳税人适用）》主表第8栏“销售额：（四）免税销售额”对应“一般项目：本月数”列。

（10）《本期销售情况明细表》[第10列“合计：销项（应纳）税额”第1栏、第3栏之和－第10列“合计：销项（应纳）税额”第6行]＋《本期销售情况明细表》[第14列“扣除后：销项（应纳）税额”第2栏、第4栏、第5栏之和－第14列“扣除后：销项（应纳）税额”第7栏]＝《增值税纳税申报表（一般纳税人适用）》主表第11栏“税款计算：销项税额”对应“一般项目：本月数”列。

（11）《本期销售情况明细表》第10列“合计：销项（应纳）税额”对应第6栏＋《本期销售情况明细表》第14列“扣除后：销项（应纳）税额”对应第7栏＝《增值税纳税申报表（一般纳税人适用）》主表第11栏“税款计算：销项税额”对应“即征即退项目：本月数”列。

（12）《本期销售情况明细表》[第10列“合计：销项（应纳）税额”对应第8栏、第9a栏、第10栏、第11栏之和－第10列“合计：销项（应纳）税额”对应第14栏]＋《本期销售情况明细表》[第14列“扣除后：销项（应纳）税额”对应第9b栏、第12栏、第13a栏、第13b栏之和－第14列“扣除后：销项（应纳）税额”对应第15栏]＝《增值税纳税申报表（一般纳税人适用）》主表第21栏“税款计算：简易计税办法计算的应纳税额”对应“一般项目：本月数”列。

（13）《本期销售情况明细表》第10列“合计：销项（应纳）税额”对应第14栏＋《本期销售情况明细表》第14列“扣除后：销项（应纳）税额”对应第15栏＝《增值税纳税申报表（一般纳税人适用）》主表第21栏“税款计算：简易计税办法计算的应纳税额”对应“即征即退项目：本月数”列。

（四）纳税申报

1. 爱之味公司2020年1月纳税申报

根据爱之味公司【工作任务2】业务1到业务11的资料，首先编制《销项（应纳）税额计算表》（如表2-6所示），然后填写《本期销售情况明细表》（如表2-7所示）。

2. 未开票收入的纳税填报

2017年10月，国家税务总局发布了《关于印发〈增值税纳税申报比对管理操作规程（试行）〉的通知》（税总发〔2017〕124号），自2018年3月1日起执行。按照税总发〔2017〕124号文件的要求，当期开具发票（不包含不征税发票）的金额、税额合计数应小于或者等于当期申报的销售额、税额合计数。根据这一规则，“未开票收入”相应栏次均不应小于零，否则就会造成申报销售额、税额合计数小于开票金额、税额合计数，产生

表 2-6 销项（应纳）税额计算表

单位：元

业务编号	税率	增值税专用发票		普通发票		未开发票		简易计税增值税专用发票	
		金额	税额	金额	税额	金额	税额	金额	税额
1	13%	1 000 000.00	130 000.00	500 000.00	65 000.00				
2	9%	200 000.00	18 000.00						
3	6%			800 000.00	48 000.00				
4	13%					115 044.25	14 955.75		
5	5%							500 000.00	25 000.00
6	13%	800 000.00	104 000.00						
7	13%	−20 000.00	−2 600.00						
8	13%					50 000.00	6 500.00		
9	13%					33 000.00	4 290.00		
10	—								
11	6%					14 150.94	849.06		
合计		1 980 000.00	249 400.00	1 300 000.00	113 000.00	212 195.19	26 594.81	500 000.00	25 000.00

表 2-7　增值税纳税申报表附列资料（一）

（本期销售情况明细）

税款所属时间：2020 年 1 月 1 日至 2020 年 1 月 31 日

纳税人名称：（公章）北京爱之味食品加工有限责任公司　　单位：元

项目及栏次				开具增值税专用发票		开具其他发票		未开具发票		纳税检查调整		合计			服务、不动产和无形资产扣除项目本期实际扣除金额	扣除后	
				销售额	销项（应纳）税额	销售额	销项（应纳）税额	销售额	销项（应纳）税额	销售额	销项（应纳）税额	销售额	销项（应纳）税额	价税合计		含税（免税）销售额	销项（应纳）税额
				1	2	3	4	5	6	7	8	9=1+3+5+7	10=2+4+6+8	11=9+10	12	13=11−12	14=13÷(100%+税率或征收率)×税率或征收率
一、一般计税方法计税	全部征税项目	13%税率的货物及加工修理修配劳务	1	1 780 000.00	231 400.00	500 000.00	65 000.00	198 044.25	25 745.75			2 478 044.25	322 145.75	—	—	—	—
		13%税率的服务、不动产和无形资产	2														
		9%税率的货物及加工修理修配劳务	3	200 000.00	18 000.00							200 000.00	18 000.00	218 000.00	0.00	218 000.00	18 000.00
		9%税率的服务、不动产和无形资产	4														
		6%税率	5			800 000.00	48 000.00	924 528.30	55 471.70			1 724 528.30	103 471.70	1 828 000.00	965 000.00	863 000.00	48 849.06

续表

项目及栏次				开具增值税专用发票		开具其他发票		未开具发票		纳税检查调整		合计			服务、不动产和无形资产扣除项目本期实际扣除金额	扣除后	
				销售额	销项（应纳）税额	销售额	销项（应纳）税额	销售额	销项（应纳）税额	销售额	销项（应纳）税额	销售额	销项（应纳）税额	价税合计		含税（免税）销售额	销项（应纳）税额
				1	2	3	4	5	6	7	8	9＝1＋3＋5＋7	10＝2＋4＋6＋8	11＝9＋10	12	13＝11－12	14＝13÷（100%＋税率或征收率）×税率或征收率
一、一般计税方法计税	其中：即征即退项目	即征即退货物及加工修理修配劳务	6	—	—	—	—	—	—	—	—			—	—	—	—
		即征即退服务、不动产和无形资产	7	—	—	—	—	—	—	—	—						
二、简易计税方法计税	全部征税项目	6%征收率	8							—	—			—	—	—	—
		5%征收率的货物及加工修理修配劳务	9a							—	—			—	—	—	—
		5%征收率的服务、不动产和无形资产	9b	500 000.00	25 000.00					—	—	500 000.00	25 000.00	525 000.00	0	525 000.00	25 000.00
		4%征收率	10							—	—			—	—	—	—
		3%征收率的货物及加工修理修配劳务	11							—	—			—		—	—

续表

项目及栏次		开具增值税专用发票		开具其他发票		未开具发票		纳税检查调整		合计			服务、不动产和无形资产扣除项目本期实际扣除金额	扣除后	
		销售额	销项（应纳）税额	销售额	销项（应纳）税额	销售额	销项（应纳）税额	销售额	销项（应纳）税额	销售额	销项（应纳）税额	价税合计		含税（免税）销售额	销项（应纳）税额
		1	2	3	4	5	6	7	8	9=1+3+5+7	10=2+4+6+8	11=9+10	12	13＝11－12	14=13÷（100%+税率或征收率）×税率或征收率
二、简易计税方法计税 全部征税项目 3%征收率的服务、不动产和无形资产	12							—	—						
二、简易计税方法计税 全部征税项目 预征率 %	13a							—	—						
二、简易计税方法计税 全部征税项目 预征率 %	13b							—	—						
二、简易计税方法计税 全部征税项目 预征率 %	13c							—	—						
二、简易计税方法计税 其中：即征即退项目 即征即退货物及加工修理修配劳务	14	—	—	—	—	—	—	—	—			—	—	—	—
二、简易计税方法计税 其中：即征即退项目 即征即退服务、不动产和无形资产	15	—	—	—	—	—	—	—	—						
三、免抵退税 货物及加工修理修配劳务	16	—	—		—		—	—	—		—	—	—	—	—
三、免抵退税 服务、不动产和无形资产	17	—	—		—		—	—	—		—				—
四、免税 货物及加工修理修配劳务	18				—		—	—	—		—	—	—	—	—
四、免税 服务、不动产和无形资产	19	—	—		—		—	—	—		—				—

填写要点：

1. 业务 1、业务 6、业务 7 属于销售 13%税率的货物，开具增值税专用发票，将销售额合计 1 780 000（1 000 000＋800 000－20 000）元填入第 1 栏“一、一般计税方法计税：全部征税项目：13%税率的货物及加工修理修配劳务”对应第 1 列“开具增值税专用发票：销售额”。
2. 将 231 400（1 780 000×13%）元填入第 1 栏对应第 2 列“开具增值税专用发票：销项（应纳）税额”。
3. 业务 1 销售果汁开具增值税普通发票，属于 13%税率的货物，将 500 000（565 000÷1.13）元填入第 1 栏对应第 3 列“开具其他发票：销售额”。

4. 将65 000（500 000×13%）元填入第1栏对应第4列“开具其他发票：销项（应纳）税额”。

5. 业务4、业务8和业务9销售保健食品、糕点没有开具发票，属于13%税率的货物，将198 044.25［130 000÷（1+13%）+50 000+30 000×（1+10%）］元填入第1栏对应第5列“未开具发票：销售额”。

6. 将25 745.75（198 044.25×13%）元填入第1栏对应第6列“开具其他发票：销项（应纳）税额”。

7. 将2 478 044.25（1 780 000+500 000 +198 044.25）元填入第1栏对应第9列“合计：销售额”。

8. 将322 145.75（2 478 044.25×13%）元填入第1栏对应第10列“合计：销项（应纳）税额”。

9. 业务2销售食用植物油开具增值税专用发票，属于9%税率的货物，将200 000元填入第3栏“一、一般计税方法计税：全部征税项目：9%税率的货物及加工修理修配劳务”对应第1列“开具增值税专用发票：销售额”。

10. 将18 000（200 000×9%）元填入第3栏对应第2列“开具增值税专用发票：销项（应纳）税额”。

11. 将200 000元填入第3栏对应第9列“合计：销售额”。

12. 将18 000元填入第3栏对应第10列“合计：销项（应纳）税额”。

13. 将18 000元填入第3栏对应第14列“扣除后：销项（应纳）税额”。

14. 业务3餐饮部根据1月份营业额开具增值税普通发票，将800 000［848 000÷（1+6%）］元填入第5栏“一、一般计税方法计税：全部征税项目：6%税率”对应第3列“开具其他发票：销售额”。

15. 将48 000（800 000×6%）元填入第5栏对应第4列“开具其他发票：销项（应纳）税额”。

16. 业务11销售外汇没有开具发票，将924 528.30［980 000÷（1+6%）］元填入第5栏对应第5列“未开具发票：销售额”。

17. 将55 471.70（924 528.30×6%）元填入第5栏对应第6列“未开具发票：销项（应纳）税额”。

18. 将1 724 528.30（800 000+924 528.30）元填入第5栏对应第9列“合计：销售额”。

19. 将103 471.70（48 000 +55 471.70）元填入第5栏对应第10列“合计：销项（应纳）税额”。

20. 将1 828 000（1 724 528.30+103 471.70）元填入第5栏对应第11列“合计：价税合计”。

21. 将《服务、不动产和无形资产扣除项目明细表》第4栏对应第5列965 000元转入《本期销售情况明细表》第5栏对应第12列“服务、不动产和无形资产扣除项目本期实际扣除金额”。

22. 将863 000（1 828 000−965 000）元填入第5栏对应第13列“扣除后：含税（免税）销售额”。

23. 将48 849.06［863 000÷（1+6%）×6%）］元填入第5栏对应第14列“扣除后：销项（应纳）税额”。

24. 业务5出租写字楼开具增值税专用发票，采用5%简易计税方法，将500 000［525 000÷（1+5%）］元填入第9b栏“二、简易计税方法计税：全部征税项目：5%征收率的服务、不动产和无形资产”对应第1列“开具增值税专用发票：销售额”。

25. 将25 000（500 000×5%）元填入第9b栏对应第2列“开具增值税专用发票：销项（应纳）税额”。

26. 将500 000元填入第9b栏对应第9列“合计：销售额”。

27. 将25 000（500 000×5%）元填入第9b栏对应第10列“合计：销项（应纳）税额”。

28. 将525 000（500 000+25 000）元填入第9b栏对应第11列“合计：价税合计”。

29. 将0元填入第9b栏对应第12列“服务、不动产和无形资产扣除项目本期实际扣除金额”。

30. 将525 000元填入第9b栏对应第13列“扣除后：含税（免税）销售额”。

31. 将25 000元填入第9b栏对应第14列“扣除后：销项（应纳）税额”。

32. 将第1栏对应第9列2 478 044.25元与第3栏对应第9列200 000元的合计数2 678 044.25元转入《增值税纳税申报表（一般纳税人适用）》主表（如表2-27所示）第2栏“销售额：其中：应税货物销售额”对应“一般项目：本月数”列。

33. 将第1栏对应第9列2 478 044.25元、第3栏对应第9列200 000元与第5栏对应第9列1 724 528.30元的合计数4 402 572.55元转入《增值税纳税申报表（一般纳税人适用）》主表（如表2-27所示）第1栏“销售额：（一）按适用税率计税销售额”对应“一般项目：本月数”列。

34. 将第1栏对应第10列322 145.75元、第3栏对应第10列18 000元和第5栏对应第14列48 849.06元合计数388 994.81转入《增值税纳税申报表（一般纳税人适用）》主表（如表2-27所示）第11栏“税款计算：销项税额”对应“一般项目：本月数”。

35. 将第9b栏对应第14列25 000元转入《增值税纳税申报表（一般纳税人适用）》主表（如表2-27所示）第21栏“税款计算：简易计税办法计算的应纳税额”对应“一般项目：本月数”列。

申报异常。按照税总发〔2017〕124 号文件的规定，税务机关将暂不对其税控设备解锁，并将异常比对结果进行核实和处理。

因此，在 2018 年 3 月 1 日后，纳税人申报增值税未开票收入时需要注意以下事项：

（1）发生未开票纳税义务期间，申报增值税时在“未开票收入”栏填列正数销售额即可，但需要保留有关的证据，如合同、收款记录等，以备日后查证。

（2）如果对未开票收入在日后开具发票，则开具发票期间，申报增值税不能在“未开票收入”栏填列负数，而应在开票销售额中减去已经申报的未开票收入，将差值填列到“开票收入”的相应栏次。

（3）对于因第（2）项操作而产生的比对异常，因为不能在网上申报，需要按照主管税务机关的要求接受审核，并提交相应的证据证明该项差额与以前期间申报的未开票收入金额的一致性，申请正常申报和解锁税控设备。

下面通过举例说明未开票收入的纳税填报。

【例 2－52】 A 公司（一般纳税人）2019 年 6 月只发生一笔销售业务：销售一批货物（增值税税率为 13%）给 B 公司，合同总价款为 1 130 000 元，B 公司购买该货物时不需要发票。

A 公司 2019 年 7 月共开具增值税专用发票 7 000 000 元。具体内容如下：

业务 1：销售一批货物（增值税税率为 13%）给 C 公司，合同总价款为 6 780 000 元，A 公司开具给 C 公司增值税专用发票，发票注明不含税价款为 6 000 000 元，增值税额为 780 000 元。

业务 2：B 公司向 A 公司索要增值税专用发票，A 公司开具增值税专用发票，注明不含税价款为 1 000 000 元，增值税额为 130 000 元。

请填报 A 公司 2019 年 6 月和 7 月的《本期销售情况明细表》。

分析：

（1）2019 年 6 月《本期销售情况明细表》（如表 2－8 所示）的填报要点：

1）2019 年 6 月，销售给 B 公司货物没有开具发票，将 1 000 000（1 130 000÷1.13）元填入第 1 栏“一、一般计税方法计税：全部征税项目：13%税率的货物及加工修理修配劳务”对应第 5 列“未开具发票：销售额”。

2）将 130 000（1 000 000×13%）元填入第 1 栏对应第 6 列“未开具发票：销项（应纳）税额”。

3）将 1 000 000 元填入第 1 栏对应第 9 列“合计：销售额”。

4）将 130 000 元填入第 1 栏对应第 10 列“合计：销项（应纳）税额”。

（2）2019 年 7 月《本期销售情况明细表》（如表 2－9 所示）的填报要点：

1）当期共开具发票 7 000 000 元，减去已按照未开票收入申报的 1 000 000 元后，将差值 6 000 000 元填入第 1 栏“一、一般计税方法计税：全部征税项目：13%税率的货物及加工修理修配劳务”对应第 1 列“开具增值税专用发票：销售额”。

2）将 780 000 元填入第 1 栏对应第 2 列“开具增值税专用发票：销项（应纳）税额”。

3）将 6 000 000 元填入第 1 栏对应第 9 列“合计：销售额”。

4）将 780 000 元填入第 1 栏对应第 10 列“合计：销项（应纳）税额”。

表 2-8　增值税纳税申报表附列资料(一)

(本期销售情况明细)

税款所属时间：2019 年 6 月 1 日至 2019 年 6 月 30 日

纳税人名称：(公章)A 公司　　　　金额单位：元

项目及栏次				开具增值税专用发票		开具其他发票		未开具发票		纳税检查调整		合计			服务、不动产和无形资产扣除项目本期实际扣除金额	扣除后	
				销售额	销项(应纳)税额	销售额	销项(应纳)税额	销售额	销项(应纳)税额	销售额	销项(应纳)税额	销售额	销项(应纳)税额	价税合计		含税(免税)销售额	销项(应纳)税额
				1	2	3	4	5	6	7	8	9=1+3+5+7	10=2+4+6+8	11=9+10	12	13=11－12	14=13÷(100%+税率或征收率)×税率或征收率
一、一般计税方法计税	全部征税项目	13%税率的货物及加工修理修配劳务	1					1 000 000	130 000			1 000 000	130 000	—	—	—	—
		13%税率的服务、不动产和无形资产	2														
		9%税率的货物及加工修理修配劳务	3											—	—	—	—
		9%税率的服务、不动产和无形资产	4														
		6%税率	5														

续表

项目及栏次				开具增值税专用发票		开具其他发票		未开具发票		纳税检查调整		合计			服务、不动产和无形资产扣除项目本期实际扣除金额	扣除后	
				销售额	销项（应纳）税额	销售额	销项（应纳）税额	销售额	销项（应纳）税额	销售额	销项（应纳）税额	销售额	销项（应纳）税额	价税合计		含税（免税）销售额	销项（应纳）税额
				1	2	3	4	5	6	7	8	9＝1＋3＋5＋7	10＝2＋4＋6＋8	11＝9＋10	12	13＝11－12	14＝13÷（100%＋税率或征收率）×税率或征收率
一、一般计税方法计税	其中：即征即退项目	即征即退货物及加工修理修配劳务	6	—	—	—	—	—	—	—	—			—	—	—	—
一、一般计税方法计税	其中：即征即退项目	即征即退服务、不动产和无形资产	7	—	—	—	—	—	—	—	—						
二、简易计税方法计税	全部征税项目	6%征收率	8							—	—			—	—	—	—
二、简易计税方法计税	全部征税项目	5%征收率的货物及加工修理修配劳务	9a							—	—			—	—	—	—
二、简易计税方法计税	全部征税项目	5%征收率的服务、不动产和无形资产	9b							—	—						
二、简易计税方法计税	全部征税项目	4%征收率	10							—	—			—	—	—	—
二、简易计税方法计税	全部征税项目	3%征收率的货物及加工修理修配劳务	11							—	—			—	—	—	—

续表

项目及栏次				开具增值税专用发票		开具其他发票		未开具发票		纳税检查调整		合计			服务、不动产和无形资产扣除项目本期实际扣除金额	扣除后	
				销售额	销项（应纳）税额	销售额	销项（应纳）税额	销售额	销项（应纳）税额	销售额	销项（应纳）税额	销售额	销项（应纳）税额	价税合计		含税（免税）销售额	销项（应纳）税额
				1	2	3	4	5	6	7	8	9＝1＋3＋5＋7	10＝2＋4＋6＋8	11＝9＋10	12	13＝11－12	14＝13÷（100%＋税率或征收率）×税率或征收率
二、简易计税方法计税	全部征税项目	3%征收率的服务、不动产和无形资产	12							—	—						
		预征率　%	13a							—	—						
		预征率　%	13b							—	—						
		预征率　%	13c							—	—						
	其中：即征即退项目	即征即退货物及加工修理修配劳务	14	—	—	—	—	—	—	—	—			—	—	—	—
		即征即退服务、不动产和无形资产	15	—	—	—	—	—	—	—	—						
三、免抵退税	货物及加工修理修配劳务		16	—	—		—		—	—	—		—	—	—	—	—
	服务、不动产和无形资产		17	—	—		—		—	—	—		—				—
四、免税	货物及加工修理修配劳务		18				—		—	—	—		—	—	—	—	—
	服务、不动产和无形资产		19	—	—		—		—	—	—		—				—

表 2-9　增值税纳税申报表附列资料（一）

（本期销售情况明细）

税款所属时间：2019 年 7 月 1 日至 2019 年 7 月 31 日

纳税人名称：（公章）A 公司　　　　金额单位：元

项目及栏次				开具增值税专用发票		开具其他发票		未开具发票		纳税检查调整		合计			服务、不动产和无形资产扣除项目本期实际扣除金额	扣除后	
				销售额	销项（应纳）税额	销售额	销项（应纳）税额	销售额	销项（应纳）税额	销售额	销项（应纳）税额	销售额	销项（应纳）税额	价税合计		含税（免税）销售额	销项（应纳）税额
				1	2	3	4	5	6	7	8	9=1+3+5+7	10=2+4+6+8	11=9+10	12	13=11−12	14=13÷（100%+税率或征收率）×税率或征收率
一、一般计税方法计税	全部征税项目	13%税率的货物及加工修理修配劳务	1	6 000 000	780 000							6 000 000	780 000	—	—	—	—
		13%税率的服务、不动产和无形资产	2														
		9%税率的货物及加工修理修配劳务	3											—	—	—	—
		9%税率的服务、不动产和无形资产	4														
		6%税率	5														

续表

项目及栏次				开具增值税专用发票		开具其他发票		未开具发票		纳税检查调整		合计			服务、不动产和无形资产扣除项目本期实际扣除金额	扣除后	
				销售额	销项（应纳）税额	销售额	销项（应纳）税额	销售额	销项（应纳）税额	销售额	销项（应纳）税额	销售额	销项（应纳）税额	价税合计		含税（免税）销售额	销项（应纳）税额
				1	2	3	4	5	6	7	8	9＝1＋3＋5＋7	10＝2＋4＋6＋8	11＝9＋10	12	13＝11－12	14＝13÷（100%＋税率或征收率）×税率或征收率
一、一般计税方法计税	其中：即征即退项目	即征即退货物及加工修理修配劳务	6	—	—	—	—	—	—	—	—			—	—	—	—
		即征即退服务、不动产和无形资产	7	—	—	—	—	—	—	—	—						
二、简易计税方法计税	全部征税项目	6%征收率	8							—	—			—	—	—	—
		5%征收率的货物及加工修理修配劳务	9a							—	—			—	—	—	—
		5%征收率的服务、不动产和无形资产	9b							—	—						
		4%征收率	10							—	—			—	—	—	—
		3%征收率的货物及加工修理修配劳务	11							—	—			—	—	—	—

续表

项目及栏次				开具增值税专用发票		开具其他发票		未开具发票		纳税检查调整		合计			服务、不动产和无形资产扣除项目本期实际扣除金额	扣除后	
				销售额	销项（应纳）税额	销售额	销项（应纳）税额	销售额	销项（应纳）税额	销售额	销项（应纳）税额	销售额	销项（应纳）税额	价税合计		含税（免税）销售额	销项（应纳）税额
				1	2	3	4	5	6	7	8	9=1+3+5+7	10=2+4+6+8	11=9+10	12	13=11−12	14=13÷（100%+税率或征收率）×税率或征收率
二、简易计税方法计税	全部征税项目	3%征收率的服务、不动产和无形资产	12							—	—						
		预征率　%	13a							—	—						
		预征率　%	13b							—	—						
		预征率　%	13c							—	—						
	其中：即征即退项目	即征即退货物及加工修理修配劳务	14	—	—	—	—	—	—	—	—			—	—	—	—
		即征即退服务、不动产和无形资产	15	—	—	—	—	—	—	—	—						
三、免抵退税		货物及加工修理修配劳务	16	—	—		—		—	—	—		—	—	—	—	—
		服务、不动产和无形资产	17	—	—		—		—	—	—		—				—
四、免税		货物及加工修理修配劳务	18				—		—	—	—		—	—	—	—	—
		服务、不动产和无形资产	19	—	—		—		—	—	—		—				—

另外，A公司开具发票金额为7 000 000元而申报的销售额为6 000 000元，应当提交相关证据证明产生的1 000 000元差异在以前期间已经作为未开票收入申报过。此类证据至少应当包括：约定开票日期、收款日期的合同；已收取款项的凭据或其他结算凭据，如票据；在本期对以前未开票收入开具的发票，受票单位与签订合同主体的社会统一信用代码或纳税人识别号应当是一致的。

第二节 采购业务税额的计算、账务处理及申报

一、采购业务税额的计算

纳税人购进货物、劳务、服务、无形资产、不动产支付或者负担的增值税额，为进项税额。

（一）准予从销项税额中抵扣进项税额的凭证

纳税信用等级是指税务机关根据纳税人履行纳税义务的情况，就纳税人在一定周期内的纳税信用所评定的等级。纳税信用级别包括A、B、M、C、D五级。自2019年3月1日起，所有增值税一般纳税人均可通过网上勾选认证平台勾选认证增值税专用发票。

【工作任务2】分析14：

爱之味公司可通过网上勾选认证平台，勾选认证增值税专用发票。

1. 增值税专用发票

增值税专用发票适用于增值税一般纳税人，纳入“小规模纳税人自行开具增值税专用发票试点”的小规模纳税人也可自行领用增值税专用发票。

（1）发票样式。从销售方取得的增值税专用发票上注明的增值税额，准予从销项税额中抵扣。

（2）开具方式。通过增值税发票管理新系统开具。

（3）抵扣方式。增值税专用发票上注明的增值税额通过勾选确认抵扣。

（4）申报表填写行次。将能够抵扣的进项税额填入《增值税纳税申报表附列资料（二）》（本期进项税额明细）（以下简称《本期进项税额明细表》，如表2-12所示）第2栏“一、申报抵扣的进项税额：其中：本期认证相符且本期申报抵扣”对应“税额”列和第35栏“四、其他：本期认证相符的增值税专用发票”对应“税额”列。

【工作任务2】分析15：

业务12：购进一台设备，支付运费，取得增值税专用发票，可以抵扣的进项税额为104 180（800 000×13%+2 000×9%）元。

业务14：从小规模纳税人处购买一批生产工具，取得增值税普通发票，进项税额不得抵扣。

业务15：支付快递费用，取得增值税专用发票，可以抵扣的进项税额为60元。

业务16：支付租车费用，取得增值税专用发票，可以抵扣的进项税额为65元。

业务 17：支付加工费，取得增值税专用发票，可以抵扣的进项税额为 19 500 元。

业务 18：支付增值税系统设备维护费，取得增值税普通发票，进项税额不得抵扣。

业务 20：取得电信公司开具的增值税专用发票，可以抵扣的进项税额为 1 800（900＋900）元。

业务 21：支付房屋租金，取得增值税专用发票，可以抵扣的进项税额为 1 000 元。

业务 22：购进仓库，取得增值税专用发票，可以抵扣的进项税额为 90 000 元。

2. 海关进口增值税专用缴款书

增值税一般纳税人进口货物，可凭从海关取得的海关进口增值税专用缴款书（如图 2－1 所示）抵扣进项税额。

海关　进口增值税专用缴款书

收入系统：　　　　填发日期：　　年　　月　　日　　　　号码 No.

<table>
<tr><td rowspan="3">收款单位</td><td>收入机关</td><td colspan="3"></td><td rowspan="3">缴款单位（人）</td><td>名　称</td><td></td></tr>
<tr><td>科　　目</td><td></td><td>预算级次</td><td></td><td>账　号</td><td></td></tr>
<tr><td>收款国库</td><td colspan="3"></td><td>开户银行</td><td></td></tr>
</table>

账号	货 物 名 称	数 量	单 位	完税价格（¥）	税率（%）	税款金额（¥）

<table>
<tr><td colspan="4">金额人民币（大写）</td><td>合计（¥）</td><td></td></tr>
<tr><td>申请单位编号</td><td></td><td>报关单编号</td><td></td><td rowspan="4">填制单位

制单人________
复核人________</td><td rowspan="4">收款国库（银行）</td></tr>
<tr><td>合同（批文）号</td><td></td><td>运输工具（号）</td><td></td></tr>
<tr><td>缴款期限</td><td></td><td>提/装货单号</td><td></td></tr>
<tr><td colspan="4">备

注</td></tr>
</table>

自填发缴款书之日起 15 日内缴纳税款（期末遇星期六、星期日或法定节假日顺延），逾期缴纳按日加收税款总额万分之五的滞纳金。

图 2－1　海关进口增值税专用缴款书

（1）发票样式。从海关取得的海关进口增值税专用缴款书上注明的增值税额，准予从销项税额中抵扣。

（2）开具方式。由海关开具。

（3）抵扣方式。海关进口增值税专用缴款书实行“先比对后抵扣”管理办法，若稽核比对结果相符，纳税人方可申报抵扣。

（4）申报表填写行次。将能够抵扣的进项税额填入《本期进项税额明细表》（如表2-12所示）第5栏“一、申报抵扣的进项税额：其中：海关进口增值税专用缴款书”对应“税额”列。

3. 农产品收购发票或销售发票

（1）适用范围。农业生产者销售自产农产品适用免征增值税政策，由其开具的普通发票。

（2）凭证样式。目前，农产品收购发票（如图2-2所示）或者销售发票（如图2-3所示）的载体都是增值税普通发票。农产品收购发票的特点是发票左上角会打上“收购”两个字。

全国统一发票监制章 北京市税务局

北京增值税普通发票

收购　　　　　　　　　　　　　　　　　　　　开票日期：

<table>
<tr><td>购买方</td><td colspan="4">名　　称：
纳税人识别码：
地 址、电 话：
开户行及账号：</td><td>密码区</td><td colspan="3"></td></tr>
<tr><td colspan="2">货物或应税劳务、服务名称</td><td>规格型号</td><td>单位</td><td>数量</td><td>单价</td><td>金额</td><td>税率</td><td>税额</td></tr>
<tr><td colspan="2">合计</td><td></td><td></td><td></td><td></td><td></td><td></td><td></td></tr>
<tr><td colspan="2">价税合计（大写）</td><td colspan="7">（小写）</td></tr>
<tr><td>销售方</td><td colspan="4">名　　称：
纳税人识别码：
地 址、电 话：
开户行及账号：</td><td>备注</td><td colspan="3"></td></tr>
</table>

第一联　记账联　销售方记账凭证

收款人：　　　　复核：　　　　开票人：　　　　销货单位（章）：

图2-2　农产品收购发票

北京增值税普通发票

1100112620　　　　　　　　　　No. 01011299

开票日期：2019 年 06 月 12 日

购买方	名　　称：北京爱之味食品加工有限责任公司 纳税人识别码：110108220507710 地 址、电 话：北京昌平区沙河地区 66 号 开户行及账号：工商银行通州支行 6212263202018189182	密码区	7－＜28＋＝6740/5＜1＋－7455222286！4/＋26664%%37542＞＊2＋5－1＞2＊455670＜3－/＊6＊＊＋－46＊%$##23435＊&65767＋02＜/0－49＊97/^&＊85474554553934＞－7730444&＊&%5562/＋242＞＊2＋5－1＞2＊670＊#$%%~$##12_34－＞/＞8＞4＜＋/＊

货物或应税劳务、服务名称	规格型号	单位	数量	单价	金额	税率	税额
木耳	200g	袋	100	27.00	2 700.00	免税	＊＊＊
合计					￥2 700.00		
价税合计（大写）	⊗贰仟柒佰元整				（小写）￥2 700.00		

销售方	名　　称：北京农鲜达农产品有限责任公司 纳税人识别码：121000004000052810 地 址、电 话：北京市海淀区阜石路 69 号 66295123 开户行及账号：中国工商银行北京阜石路支行 0200003309014446770	备注	

收款人：李江　　复核：王亮　　开票人：张工怀　　销货单位（章）：

第一联 记账联 销售方记账凭证

图 2-3　农产品销售发票

（3）开具方式。通过增值税发票管理新系统开具农产品收购发票或者销售发票。

（4）抵扣方式。购进农产品，按照农产品收购发票或者销售发票上注明的农产品买价和扣除率计算的进项税额，准予从销项税额中抵扣。计算公式为：

进项税额＝买价×扣除率

买价，是指纳税人购进农产品在农产品收购发票或者销售发票上注明的价款和按照规定缴纳的烟叶税。

1）未实行核定扣除方法的纳税人购进农产品进项税额的计算。

第一，从生产者手中购进免税农产品并仍将其作为农产品销售。

从农业生产者购进农产品，按照农产品收购发票或者销售发票上注明的买价和 9%的扣除率计算进项税额。农产品销售发票，是指农业生产者销售自产农产品适用免征增值税政策而开具的普通发票。

从小规模纳税人购进农产品，取得 3%征收率增值税专用发票的，以专用发票上注明的金额和 9%的扣除率计算进项税额。

【例 2-53】2019 年 9 月 15 日，B 公司（一般纳税人）从农户购进自产生牛，取得收购发票，收购价为 100 000 元。9 月 23 日，领用上述生牛用于生产销售生牛肉。计算 B

公司可以抵扣的进项税额。

分析：

购进、销售的生牛属于农产品，适用9%的增值税税率，9月23日领用生牛不得加计扣除农产品进项税额。

当月可抵扣的进项税额＝100 000×9%＝9 000（元）

第二，从生产者手中购进免税农产品用于生产或委托加工13%税率的货物。

在领用当期加计扣除1%的进项税，即实际扣除率是10%。如果分不清是用于农产品还是用于13%税率的货物，就不能当期加计扣除。

【例2-54】 2019年9月15日，A公司（一般纳税人）从农户购进自产生牛，取得收购发票，收购价为100 000元。9月22日，领用上述生牛用于生产销售牛肉熟食。计算A公司可以抵扣的进项税额。

分析：

购进的生牛属于农产品，适用9%的增值税税率，销售牛肉适用13%的增值税税率。购进生牛，在9%进项税额抵扣的基础上可以加计扣除农产品进项税额。

按9%扣除率计算进项税额＝100 000×9%＝9 000（元）

加计1%扣除率计算进项税额＝9 000÷9%×1%＝1 000（元）

当月可抵扣进项税额＝9 000＋1 000＝10 000（元）

【工作任务2】分析16：

业务13：向农民收购小麦用于生产蛋糕，蛋糕适用13%的增值税税率，可以加计扣除农产品进项税额10 000（100 000×9%＋100 000×1%）元。

2）实行核定扣除方法的纳税人购进农产品进项税额的计算。

第一，纳税人以购进农产品为原料生产货物的，农产品增值税进项税额可按照以下方法核定：

①投入产出法：参照国家标准、行业标准（包括行业公认标准和行业平均耗用值）确定单位销售产品耗用外购农产品的数量（以下简称农产品单耗数量）。

当期允许抵扣的农产品增值税进项税额依据农产品单耗数量、当期销售货物数量、农产品平均购买单价（含税，下同）和农产品增值税进项税额扣除率（以下简称扣除率）计算。公式为：

$$\begin{matrix}\text{当期允许抵扣农产品}\\\text{增值税进项税额}\end{matrix}=\begin{matrix}\text{当期农产品}\\\text{耗用数量}\end{matrix}\times\begin{matrix}\text{农产品平均}\\\text{购买单价}\end{matrix}\times\text{扣除率}\div(1+\text{扣除率})$$

$$\begin{matrix}\text{当期农产品}\\\text{耗用数量}\end{matrix}=\begin{matrix}\text{当期销售货物数量}\\\text{（不含采购除农产品以外的半成品生产的货物数量）}\end{matrix}\times\begin{matrix}\text{农产品}\\\text{单耗数量}\end{matrix}$$

对以单一农产品原料生产多种货物或者以多种农产品原料生产多种货物的，在核算当期农产品耗用数量和平均购买单价时，应依据合理的方法归集和分配。

平均购买单价是指农产品期末平均买价，不包括买价之外单独支付的运费和入库前的整理费用。期末平均买价的计算公式为：

$$\begin{matrix}\text{期末}\\\text{平均买价}\end{matrix}=\left(\begin{matrix}\text{期初库存}\\\text{农产品数量}\end{matrix}\times\begin{matrix}\text{期初}\\\text{平均买价}\end{matrix}+\begin{matrix}\text{当期购进}\\\text{农产品数量}\end{matrix}\times\begin{matrix}\text{当期}\\\text{买价}\end{matrix}\right)\div\left(\begin{matrix}\text{期初库存}\\\text{农产品数量}\end{matrix}+\begin{matrix}\text{当期购进}\\\text{农产品数量}\end{matrix}\right)$$

【例 2-55】2019 年 9 月，A 乳品加工公司（一般纳税人）销售 1 000 吨巴氏杀菌乳，原乳单耗数量为 1.055，原乳平均购买单价为 5 000 元/吨。请以投入产出法计算该公司可抵扣的进项税额。

分析：

原乳加工成巴氏杀菌乳，适用税率为 9%。

当期允许抵扣农产品增值税进项税额 = 1 000×1.055×5 000×9%÷（1+9%）=435 550.46（元）

【例 2-56】2019 年 9 月，A 乳品加工公司（一般纳税人）销售 1 000 吨酸奶，原乳单耗数量为 1.063，原乳平均购买单价为 5 000 元/吨。请以投入产出法计算该公司可抵扣的进项税额。

分析：

原乳加工成酸奶，适用税率为 13%。

当期允许抵扣农产品增值税进项税额 = 1 000×1.063×5 000×13%÷（1+13%）=611 460.18（元）

②成本法：依据纳税人年度会计核算资料，计算确定耗用农产品的外购金额占生产成本的比例（以下简称农产品耗用率）。当期允许抵扣的农产品增值税进项税额依据当期主营业务成本、农产品耗用率以及扣除率计算。公式为：

当期允许抵扣农产品增值税进项税额 = 当期主营业务成本×农产品耗用率×扣除率÷（1+扣除率）

农产品耗用率=上年投入生产的农产品外购金额÷上年生产成本

农产品外购金额（含税）不包括不构成货物实体的农产品（包括包装物、辅助材料、燃料、低值易耗品等）和在购进农产品之外单独支付的运费、入库前的整理费用。

对以单一农产品原料生产多种货物或者以多种农产品原料生产多种货物的，在核算当期主营业务成本以及核定农产品耗用率时，纳税人应依据合理的方法进行归集和分配。

农产品耗用率由纳税人向主管税务机关申请核定。

年度终了，主管税务机关应根据纳税人本年实际情况对当年已抵扣的农产品增值税进项税额进行纳税调整，重新核定当年的农产品耗用率，并作为下一年度的农产品耗用率。

【例 2-57】2019 年 9 月，A 乳品加工公司（一般纳税人）销售 1 000 吨巴氏杀菌乳，主营业务成本为 8 000 000 元，农产品耗用率为 80%，原乳平均购买单价为 4 500 元/吨。请以成本法计算该公司可抵扣的进项税额。

分析：

当期允许抵扣农产品增值税进项税额 =8 000 000×80%×9%÷（1+9%）=528 440.37（元）

③参照法：新批准的纳税人或者纳税人新增产品的，纳税人可参照所属行业或者生产结构相近的其他纳税人确定农产品单耗数量或者农产品耗用率。次年，纳税人向主管税务机关申请核定当期的农产品单耗数量或者农产品耗用率，并据此计算确定当年允许抵扣的农产品增值税进项税额，同时对上一年增值税进项税额进行调整。核定的进项税

额超过实际抵扣增值税进项税额的，其差额部分可以结转下期继续抵扣；核定的进项税额低于实际抵扣增值税进项税额的，其差额部分应按现行增值税的有关规定做进项税额转出处理。

第二，纳税人购进农产品直接销售的，农产品增值税进项税额按照以下公式核定扣除：

$$\frac{\text{当期允许抵扣农产品}}{\text{增值税进项税额}}=\frac{\text{当期销售}}{\text{农产品数量}}\div(1-\text{损耗率})\times\frac{\text{农产品平均}}{\text{购买单价}}\times 9\%\div(1+9\%)$$

损耗率＝损耗数量÷购进数量

【例 2－58】 A纺织厂（一般纳税人）以外购皮棉为原料生产棉纱，2019年5月8日，自某商贸小规模纳税人处收购皮棉200吨，取得对方代开的增值税专用发票1张，金额为800 000元，税额为24 000元，款项尚未支付。该厂皮棉无期初库存，当月对外直接销售皮棉90吨，每吨含税售价5 000元，假定当地税务机关核定的损耗率为5%。该纺织厂当月应纳增值税额是多少？

分析：

皮棉期末平均购买单价＝824 000÷200＝4 120（元/吨）

核定扣除的进项税额＝90÷（1－5%）×4 120÷（1＋9%）×9%＝32 227.91（元）

销项税额＝5 000÷（1＋9%）×90×9%＝37 155.96（元）

应纳增值税额＝37 155.96－32 227.91＝4 928.05（元）

第三，纳税人购进农产品用于生产经营且不构成货物实体的（包括包装物、辅助材料、燃料、低值易耗品等），增值税进项税额按照以下公式核定扣除：

$$\frac{\text{当期允许抵扣农产品}}{\text{增值税进项税额}}=\frac{\text{当期耗用}}{\text{农产品数量}}\times\frac{\text{农产品平均}}{\text{购买单价}}\times 10\%\text{或}\ 9\%\div(1+10\%\text{或}\ 9\%)$$

购进用于生产销售或委托加工13%税率货物的，扣除率为10%；用于生产销售或委托加工初级农产品的，扣除率为9%。

农产品单耗数量、农产品耗用率和损耗率统称为农产品增值税进项税额扣除标准（以下简称扣除标准）。

【例 2－59】 2019年5月，A粮食加工厂（一般纳税人）购进60 000元原木作为燃料，用于生产年糕，6月生产年糕耗用燃料22 000元。请计算该厂可抵扣的进项税额。

分析：

核定扣除进项税额＝22 000÷（1＋10%）×10%＝2 000（元）

（5）申报表填写行次。将能够抵扣的进项税额填入《本期进项税额明细表》（如表2－12所示）第6栏和第8a栏。

取得（开具）农产品销售发票，购进当期，按法定扣除率9%申报时填入《本期进项税额明细表》第6栏“一、申报抵扣的进项税额：农产品收购发票或者销售发票”对应“税额”列（农产品销售发票或者收购发票上注明的农产品买价×9%）。

领用农产品当期，需要将1%加计扣除的部分填入《本期进项税额明细表》第8a栏“一、申报抵扣的进项税额：加计扣除农产品进额项税”对应“税额”列。

4. 代扣代缴税收完税凭证

（1）凭证样式。境外单位或者个人购进服务、无形资产或者不动产，自税务机关或者扣缴义务人取得的税收完税凭证（如图 2－4 所示）上注明的增值税额，准予从销项税额中抵扣。

中华人民共和国
税收通用完税证

No.

注册类型：　　　　　　　　填发日期：　　年　　月　　日　　　　　　　　征收机关：

<table>
<tr><td>纳税人代码</td><td colspan="3"></td><td>地址</td><td colspan="2"></td></tr>
<tr><td>纳税人名称</td><td></td><td></td><td></td><td>税款所属时期</td><td colspan="2">年　月　日</td></tr>
<tr><td>税种</td><td>品目名称</td><td>课税数量</td><td>计税金额或销售收入</td><td>税率或单位税额</td><td>已缴或扣除额</td><td>实缴金额</td></tr>
<tr><td></td><td></td><td></td><td></td><td></td><td></td><td></td></tr>
<tr><td>金额合计</td><td colspan="6">（大写）</td></tr>
<tr><td colspan="2">税务机关
（盖章）</td><td colspan="2">委托代征单位
（盖章）</td><td>缴票人（章）</td><td>备注</td><td></td></tr>
</table>

第一联（存根）交纳税人作存根凭证

图 2－4　税收完税凭证

（2）开具方式。税务局开具代扣代缴税收完税凭证。

（3）抵扣方式。根据税收完税凭证上注明的增值税额申报抵扣。

（4）申报表填写行次。将能够抵扣的进项税额填入《本期进项税额明细表》（如表 2－12 所示）第 7 栏“一、申报抵扣的进项税额：代扣代缴税收缴款凭证”对应“税额”列。

【工作任务 2】分析 17：

业务 19：接受境外企业提供的咨询服务，取得代扣代缴税收缴款凭证，可以抵扣进项税额 12 000 元。

5. 机动车销售统一发票

（1）适用范围。机动车销售统一发票适用于从事机动车零售业务（不包括销售旧机动车）的纳税人。

（2）凭证样式。从销售方取得的税控机动车销售统一发票上注明的增值税额，准予从销项税额中抵扣。

（3）抵扣方式。根据机动车销售统一发票上注明的增值税额勾选确认抵扣。

（4）申报表填写行次。将能够抵扣的进项税额填入《本期进项税额明细表》（如表 2－12 所示）第 2 栏“一、申报抵扣的进项税额：其中：本期认证相符且本期申报抵扣”对应“税额”列和第 35 栏“四、其他：本期认证相符的增值税专用发票”对应“税额”列。

6. 通行费增值税电子普通发票

通行费，是指有关单位依法或者依规设立并收取的过路、过桥和过闸费用。

（1）适用范围。对 2018 年 1 月 1 日以后使用 ETC 卡或用户卡交纳的通行费以及 ETC 卡充值费，可以开具通行费电子发票（如图 2－5 所示），不再开具纸质票据。纳税人支付高速公路通行费和一级、二级公路通行费，只能按照公路通行费增值税电子普通发票上注明的增值税额抵扣进项税额。

北京增值税电子普通发票

（全国统一发票监制章 国家税务总局 北京市税务局）

通行费

发票代码：044000160011
发票号码：79110021
开票日期：2019 年 12 月 6 日
机器编号：499099714542　　　　校 验 码：17948 56472 87497 65217

购买方	名　　称：A 运输公司 纳税人识别码：91110105MA00A87937 地 址、电 话： 开户行及账号：	密码区	7—<28+=6740/5<1+— 7455222286！4/+26664% %37542>＊2+5— 1>2＊ 455670<3—/＊6＊ ＊+— 46 ＊% $ ＃ ＃ 23435 ＊ &.65767+02</0—49＊97/ ˆ&. ＊ 85474554553934>— 7730444&.＊&.%5562/+2 42>＊2+5—1>2＊670＊ ＃$%%ˆ$＃＃12 __ 34— >/>8>4<+/＊

项目名称	车牌号	类型	通行日期起	通行日期止	金额	税率	税额
＊经营租赁＊通行费	京 A・L8888	客车	20191206	20191206	56.32	3%	1.68
合计					56.32	3%	1.68
价税合计（大写）	⊗伍拾捌元整				（小写）￥58.00		

销售方	名　　称：北京首都公路发展集团有限公司 纳税人识别码：9110000700221058P 地 址、电 话：北京市丰台区六里桥南里甲 9 号 67617799 开户行及账号：中国工商银行北京方庄支行 02000054809024556593	备注	（北京首都公路发展集团有限公司 9110000700221058P 发票专用章）

收款人：李洪　　复核：王林　　开票人：赵明　　销货单位（章）：

图 2－5　通行费电子发票

（2）开具方式。通过增值税发票管理新系统开具通行费增值税电子普通发票。

纳税人支付的道路通行费，按照收费公路通行费增值税电子普通发票上注明的增值税额抵扣进项税额。

（3）抵扣方式。勾选抵扣。

$$\frac{\text{高速公路通行费}}{\text{可抵扣进项税额}}=\frac{\text{高速公路通行费}}{\text{发票上注明的金额}}\div(1+3\%)\times3\%$$

$$\frac{\text{一级、二级公路通行费}}{\text{可抵扣进项税额}}=\frac{\text{一级、二级公路通行费}}{\text{发票上注明的金额}}\div(1+5\%)\times5\%$$

$$\frac{\text{桥、闸通行费}}{\text{可抵扣进项税额}}=\frac{\text{桥、闸通行费发票上}}{\text{注明的金额}}\div(1+5\%)\times5\%$$

（4）申报表填写行次。将通行费增值税电子普通发票通能够抵扣的进项税额填入《本期进项税额明细表》（如表 2－12 所示）第 2 栏“一、申报抵扣的进项税额：其中：本期认证相符且本期申报抵扣”对应“税额”列和第 35 栏“四、其他：本期认证相符的增值税专用发票”对应“税额”列。

7. 通行费发票（不含财政票据）

（1）适用范围。对尚未使用 ETC 卡或用户卡交纳的通行费，可以开具通行费发票（如图 2－6 所示）。

北京市过路过桥通行费统一发票

发票联

发票代码 142011673003

发票号码 06976579

开票日期：2018-09-08

序号：658231465

车型：货车　　金额：20.20 元

站名：××站→××站　　工号：086

日期：2018-09-08　　时间：11：30：32

图 2－6　过桥费发票

（2）开具方式。通过通行费发票非增值税发票管理新系统[①]开具通行费发票。

【例 2－60】 A 运输公司（一般纳税人）运送货物的货车先后经过一级公路和跨海大桥，其中过桥费用（如图 2－6 所示）20.2 元，高速公路费用（如图 2－5 所示）58 元。请计算通行费可抵扣的进项税额。

分析：

高速公路通行费可抵扣的进项税额＝58÷（1＋3%）×3%＝1.69（元）

---

① 非增值税发票管理新系统开具的发票包括通用机打发票（平推式）、通用机打发票（卷式）、通用定额发票、通用手工发票、景点门票、火车票、航空运输电子客票行程单、出租车发票、客运发票和通行费发票。

过桥费可抵扣的进项税额＝20.2÷（1＋5%）×5%＝0.96（元）

可抵扣的进项税额合计＝1.69＋0.96＝2.56（元）

（3）抵扣方式。通行费发票通过计算进行抵扣。纳税人支付的桥、闸通行费，暂凭取得的通行费发票上注明的收费金额按照下列公式计算可抵扣的进项税额：

$$\begin{matrix}\text{桥、闸通行费}\\\text{可抵扣进项税额}\end{matrix}=\begin{matrix}\text{桥、闸通行费}\\\text{发票上注明的金额}\end{matrix}\div(1+5\%)\times5\%$$

（4）申报表填写行次。将通行费发票能够抵扣的进项税额填入《本期进项税额明细表》（如表2-12所示）第8b栏“一、申报抵扣的进项税额：其他”对应“税额”列。

8. 旅客运输凭证

纳税人购进国内旅客运输服务，其进项税额允许从销项税额中抵扣。

（1）开具方式。旅客运输凭证可以通过增值税发票管理新系统开具或者非增值税发票管理新系统开具。

（2）发票样式和抵扣方法。

1）纳税人取得增值税电子普通发票，按照发票上注明的税额进行抵扣。

2）纳税人取得注明旅客身份信息的航空运输电子客票行程单（如图2-7所示），允许抵扣的进项税额＝（票价＋燃油附加费）÷（1＋9%）×9%。

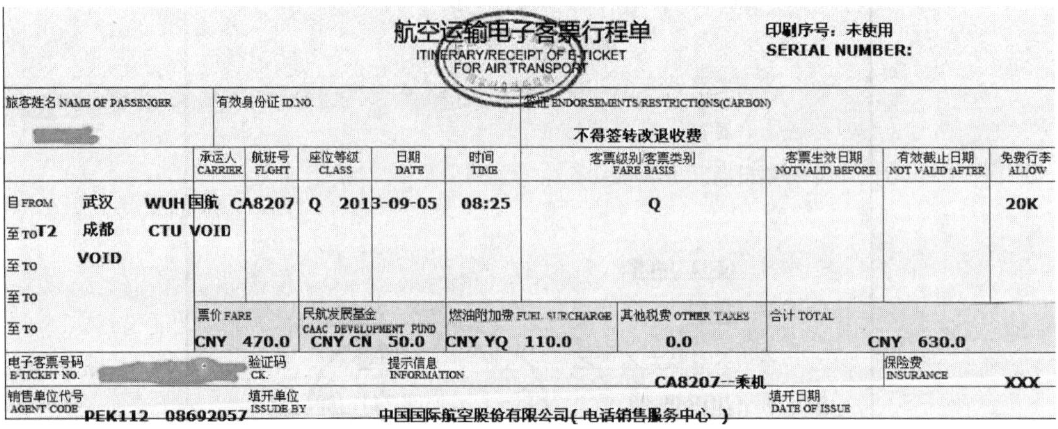

航空运输电子客票行程单
ITINERARY/RECEIPT OF E-TICKET FOR AIR TRANSPORT
印刷序号：未使用 SERIAL NUMBER:

旅客姓名 NAME OF PASSENGER | 有效身份证 ID.NO. | 签注 ENDORSEMENTS/RESTRICTIONS(CARBON) 不得签转改退收费

		承运人 CARRIER	航班号 FLIGHT	座位等级 CLASS	日期 DATE	时间 TIME	客票级别/客票类别 FARE BASIS	客票生效日期 NOT VALID BEFORE	有效截止日期 NOT VALID AFTER	免费行李 ALLOW
自 FROM	武汉 WUH	国航	CA8207	Q	2013-09-05	08:25	Q			20K
至 TO T2	成都 CTU	VOID								
至 TO	VOID									
至 TO										
至 TO										

票价 FARE	民航发展基金 CAAC DEVELOPMENT FUND	燃油附加费 FUEL SURCHARGE	其他税费 OTHER TAXES	合计 TOTAL
CNY 470.0	CNY CN 50.0	CNY YQ 110.0	0.0	CNY 630.0

电子客票号码 E-TICKET NO. | 验证码 CK. | 提示信息 INFORMATION CA8207--乘机 | 保险费 INSURANCE XXX

销售单位代号 AGENT CODE PEK112 08692057 | 填开单位 ISSUED BY 中国国际航空股份有限公司（电话销售服务中心） | 填开日期 DATE OF ISSUE

图2-7　航空运输电子客票行程单

3）纳税人取得注明旅客身份信息的铁路车票（如图2-8所示），允许抵扣的进项税额＝票面金额÷（1＋9%）×9%。

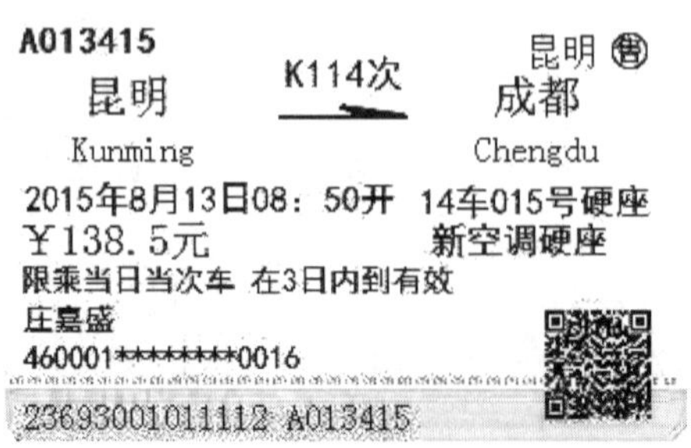

A013415
昆明 K114次 成都
Kunming 昆明售 Chengdu
2015年8月13日08：50开 14车015号硬座
￥138.5元 新空调硬座
限乘当日当次车 在3日内到有效
庄嘉盛
460001********0016
23693001011112 A013415

图2-8　铁路车票

4）纳税人取得注明旅客身份信息的公路、水路等其他客票（如图 2－9 所示），允许抵扣的进项税额＝票面金额÷（1＋3%）×3%。

北京市汽车运输有限责任公司汽车客运机打发票

发票联

发票代码：140001122111

发票号码：0582002

企业税号：91110105MA00A87937

北京站—机场　票价：50.00 元			刘亚萍 371101198209035236			工号	13409
乘车时间	车次	座号	检票口	车种	票种	承运单位	
2019-09-09 11：00	8162	01	1	大高 1A	全	北京市汽车运输有限责任公司	

乘车日期、开车时间等，过期、遗失、涂改、污损、撕毁即失效。
当次车，始发站按规定可改签。
电话 010-123666

图 2－9　客运机打发票

（3）申报表填写行次。将旅客运输凭证上能够抵扣的进项税额填入《本期进项税额明细表》（如表 2－12 所示）第 8b 栏“一、申报抵扣的进项税额：其他”对应“税额”列和第 10 栏“一、申报抵扣的进项税额：（四）本期用于抵扣的旅客运输服务扣税凭证”对应“税额”列。

综上，准予从销项税额中抵扣进项税额凭证如表 2－10 所示。

表 2－10　准予从销项税额中抵扣进项税额的凭证

类型	抵扣方式	《本期进项税额明细表》填写栏次
增值税专用发票	勾选抵扣	第 2、35 栏
机动车销售统一发票		
农产品销售发票	计算抵扣	第 6、8a 栏
农产品收购发票		
通行费增值税电子普通发票	勾选抵扣	第 2、35 栏
通行费发票（不含财政票据）	计算抵扣	第 8b 栏
海关进口增值税专用缴款书	采集稽核后申报	第 5 栏
代扣代缴税收完税凭证	填列申报	第 7 栏
旅客运输凭证	计算抵扣	第 8b 栏和第 10 栏

增值税一般纳税人取得 2017 年 1 月 1 日及以后开具的增值税专用发票、海关进口增值税专用缴款书、机动车销售统一发票、收费公路通行费增值税电子普通发票，取消认证确认、稽核比对、申报抵扣的期限。纳税人在进行增值税纳税申报时，应当通过本省（自治区、直辖市和计划单列市）增值税发票综合服务平台对上述扣税凭证信息进行用途

确认。

【例 2－61】 A 公司（一般纳税人）2019 年 8 月取得如下发票：

（1）取得增值税专用发票，金额 30 000 元，税额 2 700 元。

（2）取得增值税电子普通发票，金额 20 000 元，税额 1 800 元。

（3）取得 1 张注明旅客身份信息的航空运输电子客票行程单，票价 470 元，民航发展基金 50 元，燃油附加费 110 元。

（4）取得 1 张注明旅客身份信息的铁路车票，票面金额合计 138.5 元；取得 1 张注明旅客身份信息的客运机打发票，票面金额合计 30 元。

（5）取得 2 张北京到美国的航空运输电子客票行程单，票面金额合计 20 000 元。

（6）取得 20 张出租车发票，票面金额合计 880 元。

（7）取得招待客户发生的飞机票，票面金额合计 1 000 元。

（8）非雇员赵刚来 A 公司讲课，A 公司为赵刚支付飞机票款。取得 1 张飞机票，票面金额合计 2 000 元。

请问：A 公司 2019 年 8 月可抵扣的进项税额是多少元？

分析：

（1）取得增值税专用发票的，可抵扣的进项税额为发票上注明的税额，即 2 700 元。

（2）取得增值税电子普通发票的，可抵扣进项税额为发票上注明的税额，即1 800元。

（3）取得注明旅客身份信息的航空运输电子客票行程单的，按照下列公式计算进项税额：

航空旅客运输客票可抵扣进项税额＝（票价＋燃油附加费）÷（1＋9%）×9%
＝（470＋110）÷（1＋9%）×9%＝47.89（元）

需要注意，民航发展基金不作为计算进项税额的基数。

（4）取得注明旅客身份信息的铁路车票的，按照下列公式计算进项税额：

铁路旅客运输车票可抵扣进项税额＝票面金额÷（1＋9%）×9%
＝138.5÷（1＋9%）×9%＝11.44（元）

公路、水路等其他旅客运输车票可抵扣进项税额＝票面金额÷（1＋3%）×3%
＝30÷（1＋3%）×3%＝0.88（元）

（5）购进国外旅客运输服务的飞机票不能抵扣进项税额。

（6）出租车发票没有购票人的身份信息，不能抵扣进项税额。

（7）招待客户发生的飞机票款属于“用于交际应酬消费”，其进项税额不得从销项税额中抵扣。

（8）增值税一般纳税人购进国内旅客运输服务，其进项税额允许从销项税额中抵扣。这里指的是与本单位建立了合法用工关系的雇员，其所发生的国内旅客运输费用允许抵扣进项税额。纳税人如果为非雇员支付旅客运输费用，则不能抵扣进项税额。本题中的赵刚是非雇员，飞机票款的进项税额不能抵扣。

（9）A 公司可抵扣进项税额合计＝2 700＋1 800＋47.89＋11.44＋0.88＝4 560.21（元）。

【工作任务 2】分析 18：

业务 23：取得注明旅客身份信息的铁路车票，可以抵扣的进项税额＝545÷（1＋9%）×9%＝45（元）。

爱之味公司2020年1月的《进项税计算表》如表2－11所示。

表2－11 进项税额计算表

金额单位：元

业务编号	增值税专用发票		其他发票	
	金额	税额	金额	税额
12	800 000.00	104 000.00		
12	2 000.00	180.00		
13			100 000.00	9 000.00
13				1 000.00
15	1 000.00	60.00		
16	500.00	65.00		
17	150 000.00	19 500.00		
19			200 000.00	12 000.00
20	10 000.00	900.00		
20	15 000.00	900.00		
21	20 000.00	1 000.00		
22	1 000 000.00	90 000.00		
23			500.00	45.00
合计	1 998 500.00	216 605.00	300 500.00	22 045.00

（二）不得从销项税额中抵扣的进项税额

（1）纳税人购进货物、劳务、服务、无形资产、不动产，取得的增值税扣税凭证不符合法律、行政法规或者国务院税务主管部门有关规定的，其进项税额不得从销项税额中抵扣。

纳税人凭完税凭证抵扣进项税额的，应当具备书面合同、付款证明和境外单位的对账单或者发票。资料不全的，其进项税额不得从销项税额中抵扣。

【例2－62】 2019年9月，境外B公司向北京A公司（一般纳税人）提供咨询服务，A公司在主管税务机关为B公司代扣代缴增值税60 000元，但A公司不能提供与该业务相关的境外单位的对账单或者发票。请问：该税额能否作为进项税额抵扣？

分析：

因为A公司不能够提供与该业务相关的境外单位的对账单或者发票，所以该进项税额不得抵扣。账务处理如下：

借：管理费用　　60 000

　贷：银行存款　　60 000

（2）用于简易计税方法计税项目、免征增值税项目、集体福利或者个人消费的购进货物、劳务、服务、无形资产和不动产，其进项税额不得从销项税额中抵扣。其中涉及的固定资产、无形资产、不动产，仅指专用于简易计税方法计税项目、免征增值税项目、集体福利或者个人消费的固定资产、无形资产（不包括其他权益性无形资产）、不动产。但是发生兼用于上述不允许抵扣项目情况的，该进项税额准予全部抵扣。也就是说，纳税人购入固定资产、无形资产（不包括其他权益性无形资产）、不动产，既用于一般计税方法计税项目，又用于简易计税方法计税项目、免征增值税项目、集体福利或者个人消费的，其进项税额准予从销项税额中全额抵扣。

【例 2-63】 A 公司（一般纳税人）取得 1 张其员工过年回家的火车票，金额为 680 元。请问：该火车票的进项税额是否可以抵扣?

分析：

A 公司取得其员工过年回家的火车票，该票款属于个人消费，与 A 公司生产经营没有任何关系，所以该火车票的进项税额不可抵扣。

【例 2-64】 A 公司（一般纳税人）于 2019 年 6 月购入一台设备，价款为 1 000 000 元，取得的增值税专用发票上注明税额为 130 000 元。该设备既用于生产应税产品又用于生产免税产品。请问：购买该设备取得的增值税专用发票的进项税额是否可以抵扣?

分析：

购买的设备属于固定资产，既用于生产应税产品又用于生产免税产品，取得增值税专用发票，按照规定，其进项税额 130 000 元准予从销项税额中全额抵扣。

【税收筹划】A 公司于 2019 年 11 月购置一辆中型客车，价款合计 2 000 000 元，取得的增值税专用发票上注明税额为 260 000 元。该辆车专用于 A 公司职工食堂。请问：购买中型客车的进项税额可以抵扣吗？如果不能抵扣，如何筹划以使该辆车的进项税额可以抵扣?

分析：

方案一：中型客车专用于 A 公司职工食堂，属于固定资产专用于集体福利，进项税额 260 000 元不得抵扣。

方案二：中型客车既用于 A 公司办公室又用于职工食堂，进项税额 260 000 元可以抵扣。

结论：

方案二可以多抵扣进项税额 260 000 元，可以使 A 公司少缴纳增值税 260 000 元。因此，应当选择方案二。

纳税人购进其他权益性无形资产，无论是专用于简易计税方法计税项目、免征增值税项目、集体福利或者个人消费，还是兼用于上述不允许抵扣项目，均可以抵扣进项税额。

【例 2-65】 2019 年 9 月 18 日，北京 A 公司（一般纳税人）购买美国制药公司的北京总代理权，取得的增值税专用发票上注明的增值税额为 3 600 000 元，A 公司既销售应税药品也销售免税药品。请问：该项税额能否作为进项税额抵扣?

分析：

其他权益性无形资产，包括基础设施资产经营权、公共事业特许权、配额、经营权（包括特许经营权、连锁经营权、其他经营权）、经销权、分销权、代理权、会员权、席位权、网络游戏虚拟道具、域名、名称权、肖像权、冠名权、转会费等。北京 A 公司购买美国制药公司的北京总代理权，属于外购的其他权益性无形资产，购进其他权益性无形资产兼用于免征增值税项目的进项税额可以全额抵扣。

自 2018 年 1 月 1 日起，纳税人租入固定资产、不动产，既用于一般计税方法计税项目，又用于简易计税方法计税项目、免征增值税项目、集体福利或者个人消费的，其进项税额准予从销项税额中全额抵扣。

【例 2-66】 A 公司（一般纳税人）于 2019 年 9 月租入一辆汽车，每月支付不含税租金 5 000 元，取得增值税专用发票，发票上注明税款为 650 元，该辆汽车由 A 公司办公室和单位食堂共同使用。请问：租车取得的增值税专用发票上注明的进项税额可否抵扣？

分析：

租入的汽车属于固定资产，既用于公司办公（一般计税方法计税项目），又用于单位食堂（集体福利），取得增值税专用发票，按照规定，其进项税额 650 元准予从销项税额中全额抵扣。

（3）用于非正常损失项目，其进项税额不得从销项税额抵扣。具体包括：

1）非正常损失的购进货物，以及相关的加工、修理修配劳务和交通运输服务。

2）非正常损失的在产品、产成品所耗用的购进货物（不包括固定资产）、加工修理修配劳务和交通运输服务。

3）非正常损失的不动产，以及该不动产所耗用的购进货物、设计服务和建筑服务。

4）非正常损失的不动产在建工程所耗用的购进货物、设计服务和建筑服务。

纳税人新建、改建、扩建、修缮、装饰不动产，均属于不动产在建工程。

非正常损失是指因管理不善造成货物被盗、丢失、霉烂变质，以及因违反法律法规造成货物或者不动产被依法没收、销毁、拆除的情形。

【例 2－67】 2019 年 12 月，A 公司（一般纳税人）发生如下事项：

1）销售部门在路边兜售货物，被市场监督管理部门没收价值 100 000 元的货物，对应的进项税额为 13 000 元。

2）公司仓库着火（值班人员抽烟所致），烧毁价值 50 000 元的货物，对应的进项税额为 6 500 元。

3）公司因地震损失价值 200 000 元的货物，对应的进项税额为 26 000 元。

4）由于技术进步，一批价值 300 000 元的芯片（对应购进原料的进项税额为 39 000 元）价格直线下降。

请问：上述哪些情况的进项税额不可以抵扣？

分析：

1）在路边兜售货物，被市场监督管理部门没收属于因违反法律法规造成货物被依法没收的情形，符合“非正常损失”的定义，对应的进项税额 13 000 元不得从销项税额中抵扣。

2）因值班人员抽烟导致公司仓库着火，烧毁一批货物属于因管理不善造成的货物损失，符合“非正常损失”的定义，对应的进项税额 6 500 元不得从销项税额中抵扣。

3）因地震（不可抗力原因）损失货物，不符合“非正常损失”的定义，对应的进项税额 26 000 元可以从销项税额中抵扣。

4）因技术进步导致芯片价格直线下降，不符合“非正常损失”的定义，对应的进项税额 39 000 元可以从销项税额中抵扣。

（4）购进的贷款服务、餐饮服务、居民日常服务和娱乐服务，其进项税额不得从销项税额中抵扣。

【例 2－68】 2019 年 6 月，A 公司（一般纳税人）在某酒店召开产品推广会，取得酒店开具的住宿费、餐费和场地租赁费三张专用发票。请问：三项费用的进项税额都可以抵扣吗？

分析：

A公司取得住宿费和场地租赁费的专用发票上注明的进项税额都可以抵扣，取得餐费专用发票上注明的税额不得从销项税额中抵扣。

（5）购进的贷款服务以及接受贷款服务向贷款方支付的与该笔贷款直接相关的投融资顾问费、手续费、咨询费等费用，其进项税额不得从销项税额中抵扣。

（6）国务院规定的其他项目。

【例2-69】2019年9月，A公司（一般纳税人）由于流动资金周转需要，从银行取得1年期贷款8 000 000元，贷款年利率为6%，支付贷款利息480 000元，同时按照贷款合同约定支付银行贷款金额1%的手续费80 000元。请问：上述业务的进项税额能够抵扣吗？

分析：

因为购进的贷款服务以及向贷款方支付的与该笔贷款直接相关的手续费进项税额都不得从销项税额中抵扣，所以贷款利息和贷款手续费的进项税额均不得抵扣。

（三）扣减进项税额

（1）已抵扣进项税额的货物等改变用途，具体包括以下情形：

1）已抵扣进项税额的购进货物（不含固定资产）、劳务、服务，发生税法规定的不得从销项税额中抵扣情形（简易计税方法计税项目、免征增值税项目除外）的，应当将该进项税额从当期进项税额中扣减；无法确定该进项税额的，按照当期实际成本计算应扣减的进项税额。

【工作任务2】分析19：

业务24：职工食堂领用桌椅属于将外购货物用于职工福利，其进项税额不得抵扣，进项税额转出金额=5 200（元）。

2）已抵扣进项税额的固定资产、无形资产或者不动产，发生税法规定的不得从销项税额中抵扣情形的，按照下列公式计算不得抵扣的进项税额：

$$\text{不得抵扣的进项税额}=\text{固定资产、无形资产或者不动产净值}\times\text{适用税率}$$

固定资产、无形资产或者不动产净值，是指纳税人根据财务会计制度计提折旧或摊销后的余额。

【例2-70】A公司（一般纳税人）于2019年9月购入一台生产设备，增值税专用发票上注明的买价为1 000 000元，增值税为130 000元。2019年10月，因管理不善，该设备被烧毁，烧毁时已计提折旧100 000元。请问：A公司如何处理进项税额？

分析：

$$\text{固定资产净值}=1\,000\,000-100\,000=900\,000\text{（元）}$$

$$\text{不得抵扣的进项税额}=900\,000\times 13\%=117\,000\text{（元）}$$

（2）采用一般计税方法的纳税人购进除固定资产、不动产和其他权益性资产以外的资产，兼营简易计税方法计税项目、免征增值税项目而无法划分不得抵扣的进项税额的，按照下列公式计算不得抵扣的进项税额：

$$\text{不得抵扣的进项税额}=\text{当期无法划分的全部进项税额}\times\left(\text{当期简易计税方法计税项目销售额}+\text{免征增值税项目销售额}\right)\div\text{当期全部销售额}$$

【例2-71】A制药公司（一般纳税人）生产感冒药和避孕药品，其中避孕药品享受免征增值税优惠政策。2019年9月，外购原材料和机器设备都用于生产感冒药和避孕药品，外购原材料取得的增值税专用发票上注明价款为 60 000 元，税额为 7 800 元；外购机器设备取得的增值税专用发票上注明价款为 10 000 元，税额为 1 300 元。当月实现感冒药收入200 000元、避孕药品收入 300 000 元。请计算 A 公司可以抵扣的进项税额。

分析：

A 制药公司外购原材料用于应税项目和免税项目，按免税项目收入占全部收入比例划分不得抵扣的进项税额，外购固定资产用于应税项目和免税项目的进项税额可以全额抵扣。

$$\text{可以抵扣的进项税额}=7\,800\times[200\,000\div(200\,000+300\,000)]+1\,300=4\,420\text{（元）}$$

（3）纳税人适用一般计税方法计税的，因销售折让、中止或者退回而退还给购买方的增值税额，购买方应暂依《开具红字增值税专用发票信息表》所列增值税额从当期进项税额中转出，待取得销售方开具的红字专用发票后，与《开具红字增值税专用发票信息表》一并作为记账凭证。

【例 2－72】 A 公司（一般纳税人）于 2019 年 1 月租赁办公用房一间，当月预付一年租金 1 260 000 元，已取得增值税专用发票并于当月认证抵扣。2019 年 6 月，因房屋出现质量问题停止租赁，收到退回的剩余部分租金，并开具了《开具红字增值税专用发票信息表》，注明的税额为 30 000 元。请问：上述业务的进项税额应如何处理？

分析：

纳税人因销售中止而收到退还的剩余价款，应于开具《开具红字增值税专用发票信息表》的当月转出进项税额。

A 公司应转出的进项税额＝30 000（元）

【工作任务 2】分析 20：

业务 24：职工食堂领用桌椅，进项税额转出金额＝5 200（元）。

（四） 转增进项税额

按照税法的规定，不得抵扣且未抵扣进项税额的固定资产、无形资产、不动产的用途发生改变，用于允许抵扣进项税额的应税项目，可在用途改变的次月按照下列公式，依据合法有效的增值税扣税凭证，计算可以抵扣的进项税额：

$$\text{可以抵扣的进项税额}=\text{固定资产、无形资产、不动产净值}\div(1+\text{适用税率})\times\text{适用税率}$$

【例 2－73】 A 公司（一般纳税人）将用于职工活动中心的电脑改用于生产车间，该批电脑购入时取得的增值税专用发票上注明的价款为 100 000 元，增值税为 13 000 元。截至 2019 年 12 月，该批电脑已计提折旧 11 300 元。请问：上述业务的进项税额应如何处理？

分析：

$$\text{可以抵扣的进项税额}=(100\,000+13\,000-11\,300)\div(1+13\%)\times13\%=11\,700\text{（元）}$$

（五） 上期期末留抵税额

当期销项税额小于当期进项税额不足抵扣时，其不足部分可以结转下期继续抵扣。

【例 2－74】 2019 年 9 月，A 公司（一般纳税人）的销项税额为 10 000 元，当月认证通过的发票进项税额为 100 000 元。请分析 A 公司 9 月的纳税情况。

分析：

9月，A公司的销项税额10 000元小于进项税额100 000元，本月应纳税额为0元，结转10月继续抵扣的进项税额为90 000（100 000－10 000）元。

（六）期末留抵税额退税

自2019年4月1日起，我国开始试行增值税期末留抵税额退税（以下简称留抵退税）制度。

（1）同时符合以下条件（以下简称符合留抵退税条件）的纳税人，可以向主管税务机关申请退还增量留抵税额：

1）自2019年4月税款所属期起，连续六个月（按季度纳税的，连续两个季度）增量留抵税额均大于零，且第六个月增量留抵税额不低于50万元。

2）纳税信用等级为A级或者B级。

3）申请退税前36个月未发生骗取留抵退税、出口退税或虚开增值税专用发票情形的。

4）申请退税前36个月未因偷税被税务机关处罚两次及以上的。

5）自2019年4月1日起未享受即征即退、先征后返（退）政策的。

增量留抵税额，是指与2019年3月底相比新增加的期末留抵税额。

（2）纳税人当期允许退还的增量留抵税额，按照以下公式计算：

允许退还的增量留抵税额＝增量留抵税额×进项构成比例×60％

进项构成比例，为2019年4月至申请退税前一税款所属期内已抵扣的增值税专用发票（含税控机动车销售统一发票）、海关进口增值税专用缴款书、解缴税款完税凭证上注明的增值税额占同期全部已抵扣进项税额的比重。

（3）纳税人申请办理留抵退税，应于符合留抵退税条件的次月起，在增值税纳税申报期（以下简称申报期）内，完成本期增值税纳税申报后，通过电子税务局或办税服务厅提交《退（抵）税申请表》。

（4）纳税人出口货物或劳务、发生跨境应税行为，适用免抵退税办法的，可以在同一申报期内，既申报免抵退税又申请办理留抵退税。

（5）申请办理留抵退税的纳税人，出口货物或劳务、跨境应税行为适用免抵退税办法的，应当按期申报免抵退税。当期可申报免抵退税的出口销售额为零的，应办理免抵退税零申报。

（6）纳税人既申报免抵退税又申请办理留抵退税的，税务机关应先办理免抵退税。办理免抵退税后，纳税人仍符合留抵退税条件的，再办理留抵退税。

（7）税务机关按照“窗口受理、内部流转、限时办结、窗口出件”的原则办理留抵退税。税务机关对纳税人是否符合留抵退税条件、当期允许退还的增量留抵税额等进行审核确认，并将审核结果告知纳税人。

（8）纳税人符合留抵退税条件且不存在《国家税务总局关于办理增值税期末留抵税额退税有关事项的公告》第十二条所列情形的，税务机关应自受理留抵退税申请之日起10个工作日内完成审核，并向纳税人出具准予留抵退税的《税务事项通知书》。纳税人发生《国家税务总局关于办理增值税期末留抵税额退税有关事项的公告》第九条第二项所列情形的，上述的10个工作日自免抵退税应退税额核准之日起计算。

（9）纳税人在办理留抵退税期间发生下列情形的，按照以下规定确定允许退还的增量留抵税额：

1）因纳税申报、稽查查补和评估调整等原因，造成期末留抵税额发生变化的，按最近一期《增值税纳税申报表（一般纳税人适用）》期末留抵税额确定允许退还的增量留抵税额。

2）纳税人在同一申报期既申报免抵退税又申请办理留抵退税的，或者在纳税人申请办理留抵退税时存在尚未经税务机关核准的免抵退税应退税额的，应待税务机关核准免抵退税应退税额后，按最近一期《增值税纳税申报表（一般纳税人适用）》期末留抵税额，扣减税务机关核准的免抵退税应退税额后的余额确定允许退还的增量留抵税额。

税务机关核准的免抵退税应退税额，是指税务机关当期已核准，但纳税人尚未在《增值税纳税申报表（一般纳税人适用）》第15栏“税款计算：免、抵、退应退税额”中填报的免抵退税应退税额。

3）纳税人既有增值税欠税又有期末留抵税额的，按最近一期《增值税纳税申报表（一般纳税人适用）》期末留抵税额，抵减增值税欠税后的余额确定允许退还的增量留抵税额。

（10）在纳税人办理增值税纳税申报和免抵退税申报后、税务机关核准其免抵退税应退税额前，核准其前期留抵退税的，以最近一期《增值税纳税申报表（一般纳税人适用）》期末留抵税额，扣减税务机关核准的留抵退税额后的余额，计算当期免抵退税应退税额和免抵税额。

税务机关核准的留抵退税额，是指税务机关当期已核准，但纳税人尚未在《增值税纳税申报表附列资料（二）》（本期进项税额明细）第22栏“二、进项税额转出额：上期留抵税额退税”对应“税额”列填报的留抵退税额。

（11）纳税人不符合留抵退税条件的，不予留抵退税。税务机关应自受理留抵退税申请之日起10个工作日内完成审核，并向纳税人出具不予留抵退税的《税务事项通知书》。

（12）税务机关在办理留抵退税期间，发现符合留抵退税条件的纳税人存在以下情形，暂停为其办理留抵退税：

1）存在增值税涉税风险疑点的；

2）被税务稽查立案且未结案的；

3）增值税申报比对异常未处理的；

4）取得增值税异常扣税凭证未处理的；

5）国家税务总局规定的其他情形。

【例2-75】A公司（一般纳税人）纳税信用等级为A级，从未发生以下情形：骗取留抵退税、出口退税或虚开增值税专用发票，申请退税前36个月未因偷税被税务机关处罚两次及以上，自2019年4月1日起未享受即征即退、先征后返（退）政策。2019年3月，税款所属期期末留抵税额为110 000元；2019年4月至9月，税款所属期期末留抵税额均大于110 000元；2019年9月，税款所属期期末留抵税额为710 000元。2019年4月到9月，A公司进项税额合计1 000 000元，具体包括：购进农产品自开收购发票的进项税额180 000元，通行费电子发票税额10 000元，出差人员车票计算抵扣的进项税额10 000元，增值税专用发票注明的进项税额650 000元，海关进口增值税专用缴款书注明的进项税额150 000元。A公司符合增值税期末留抵税额退税政策，2019年10月征期内向主管税务机关申请退还留抵税额。请问：A公司2019年9月是否可以申请退还留抵退税？如果可以退还，请计算退还留抵退税的金额。

分析：

（1）退还留抵退税需要同时满足三个条件：

条件一：看增量。

2019 年 3 月税款所属期，期末留抵税额为 110 000 元，2019 年 4 月到 9 月，每月留抵税额余额大于 110 000，第六个月即 2019 年 9 月的留抵税额余额 710 000 元超过610 000（110 000＋500 000）元。

条件二：看规范。

1）A 公司（一般纳税人）纳税信用等级为 A 级。

2）申请退税前 36 个月未发生骗取留抵退税、出口退税或虚开增值税专用发票情形。

3）申请退税前 36 个月未因偷税被税务机关处罚两次及以上。

条件三：看优惠。

A 公司自 2019 年 4 月 1 日起未享受即征即退、先征后返（退）政策，所以，2019 年 9 月 A 公司可以享受退还留抵退税政策。

（2）计算退税金额。

第一步，计算增量留底税额。

A 公司 2019 年 3 月底的期末留抵税额为 110 000 元，2019 年 9 月底的期末留抵税额为 710 000 元，则新增加的 600 000（710 000－110 000）元期末留抵税额为增量留抵税额。

第二步，计算进项构成比例。

进项构成比例为 2019 年 4 月至申请退税前一税款所属期内已抵扣的增值税专用发票（含税控机动车销售统一发票）、海关进口增值税专用缴款书、解缴税款完税凭证注明的增值税额占同期全部已抵扣进项税额的比重。

$$\text{进项构成比例}=(650\ 000+150\ 000)\div 1\ 000\ 000\times 100\%=80\%$$

第三步：计算当期允许退还的增量留抵税额。

$$\frac{\text{允许退还的}}{\text{增量留抵税额}}=\frac{\text{增量留}}{\text{抵税额}}\times\frac{\text{进项构成}}{\text{比例}}\times 60\%=600\ 000\times 80\%\times 60\%=288\ 000\text{（元）}$$

二、采购业务税额的账务处理

（一）准予从销项税额中抵扣进项税额的账务处理

一般纳税人取得合法的抵扣凭证并认证通过后，记入“应交税费——应交增值税（进项税额）”科目。“应交税费——应交增值税（进项税额）”科目记录一般纳税人购进货物、加工及修理修配劳务、服务、无形资产或不动产而支付或负担的，准予从当期销项税额中抵扣的增值税额。

1. 外购货物或应税劳务的账务处理

根据增值税的有关规定，目前准予抵扣进项税额的扣税凭证，其所列明的税额或计算出来的税额，不列入外购货物或应税劳务成本之中，而应记入当期“应交税费——应交增值税（进项税额）”科目，即在账务上要按价税分别记账，这也是增值税作为价外税的最直接体现。外购货物或服务的账务处理如下：

借：原材料（固定资产、无形资产、生产成本、管理费用等）
　　应交税费——应交增值税（进项税额）
　贷：银行存款（应付账款）

【例 2-76】 2019 年 6 月 1 日，A 公司（一般纳税人）外购一批原材料，增值税专用发票上注明的价款为 1 000 000 元，增值税额为 130 000 元，款项未付。支付运费取得的增值税专用发票上注明运费为 100 000 元，增值税额为 9 000 元。6 月末，在增值税发票勾选认证平台上对上述发票勾选认证，原材料已验收入库。请进行 A 公司增值税的账务处理。

分析：

（1）外购原材料的账务处理：

借：原材料　　1 000 000
　　应交税费——应交增值税（进项税额）　　130 000
　贷：应付账款　　1 130 000

（2）支付运费的账务处理：

借：原材料　　100 000
　　应交税费——应交增值税（进项税额）　　9 000
　贷：银行存款　　109 000

【例 2-77】 2019 年 6 月 10 日，A 公司（一般纳税人）外购一辆小汽车，取得的增值税专用发票上注明价款为 200 000 元，增值税额为 26 000 元，支付车辆购置税和牌照登记费用合计 15 000 元，款项通过银行转账方式支付，6 月末在增值税发票勾选认证平台上对该发票勾选认证。请进行 A 公司增值税的账务处理。

分析：

（1）支付购车款：

借：固定资产　　200 000
　　应交税费——应交增值税（进项税额）　　26 000
　贷：银行存款　　226 000

（2）支付车辆购置税和牌照登记费：

借：固定资产　　15 000
　贷：银行存款　　15 000

2. 接受投资转入货物进项税额的账务处理

按照增值税专用发票上注明的增值税额，借记“应交税费——应交增值税（进项税额）”科目，按照确认的投资货物价值，借记“原材料”等科目，按照增值税额与货物价值的合计数，贷记“实收资本”“股本”等科目。接受投资转入货物进项税额的账务处理如下：

借：原材料（固定资产、无形资产、生产成本、管理费用等）
　　应交税费——应交增值税（进项税额）
　贷：实收资本（股本）

【例 2-78】 2019 年 6 月 11 日，甲公司（一般纳税人）接受乙公司（一般纳税人）投资，获得一幢厂房，取得的增值税专用发票上注明的厂房价款为 8 000 000 元，增值税额为 720 000 元。6 月末在增值税发票勾选认证平台上对该发票勾选认证。投资后，乙公司拥有甲公司实收资本 8 500 000 元。请进行甲公司增值税的账务处理。

分析：

借：固定资产　　8 000 000
　　应交税费——应交增值税（进项税额）　　720 000
　贷：实收资本——乙公司　　8 500 000
　　　资本公积——资本溢价　　220 000

3. 接受捐赠转入货物进项税额的账务处理

按照增值税专用发票上注明的增值税额，借记“应交税费——应交增值税（进项税额）”科目，按照确认的捐赠货物价值，借记“原材料”等科目，按接受捐赠的非货币资产的公允价值，贷记“营业外收入”科目。接受捐赠转入货物进项税额的账务处理如下：

借：原材料（库存商品、固定资产、无形资产、生产成本、管理费用等）
　　应交税费——应交增值税（进项税额）
　贷：营业外收入

【例 2－79】 2019 年 6 月 11 日，A 公司（一般纳税人）接受 B 公司（一般纳税人）捐赠的一台机电设备，取得的增值税专用发票上注明设备价款为 200 000 元，配套模具价款为 6 000 元，增值税额分别为 260 000 元和 780 元。6 月末在增值税发票勾选认证平台上对该发票勾选认证。请进行 A 公司增值税的账务处理。

分析：

（1）接受 B 公司捐赠机电设备的账务处理：

借：固定资产　　200 000
　　应交税费——应交增值税（进项税额）　　26 000
　贷：营业外收入　　226 000

（2）接受 B 公司捐赠配套模具的账务处理：

借：低值易耗品　　6 000
　　应交税费——应交增值税（进项税额）　　780
　贷：营业外收入　　6 780

4. 购进免税农产品进项税额的账务处理

纳税人购进农产品进行进项税额抵扣时，可能存在两种方式，即计算抵扣和核定扣除。购进农产品进项税额的账务处理如下：

借：材料采购（原材料、库存商品）
　　应交税费——应交增值税（进项税额）
　贷：银行存款（应付账款）

（1）计算抵扣。

1）纳税人购进农产品，取得（开具）农产品销售发票或收购发票的，以农产品销售发票或收购发票上注明的农产品买价和 9％的扣除率计算进项税额。

【例 2－80】 2019 年 6 月 11 日，A 水果超市（一般纳税人）从农民手中收购一批苹果，农产品收购发票上注明的收购价款为 8 000 元。A 水果超市对苹果做了清洗包装后，将其销售给 B 公司。请进行 A 水果超市增值税的账务处理。

分析：

A 水果超市对苹果进行非深加工，按照 9%的税率计算进项税额。

可以抵扣的进项税额=8 000×9%=720（元）

借：库存商品　7 280
　　应交税费——应交增值税（进项税额）　720
　贷：银行存款　8 000

2）购进用于生产销售或委托加工 13%税率货物的农产品，按照 10%的扣除率计算进项税额。

【例 2-81】2019 年 6 月 11 日，A 水果超市（一般纳税人）从农民手中收购一批苹果，农产品收购发票上注明的收购价款为 8 000 元。A 水果超市将苹果做成苹果罐头，销售给 B 公司。请进行 A 水果超市增值税的账务处理。

分析：

A 水果超市对苹果进行深加工，按照 10%的税率计算进项税额。

采购时：

采购时可以抵扣的进项税额=8 000×9%=720（元）

借：库存商品　7 280
　　应交税费——应交增值税（进项税额）　720
　贷：银行存款　8 000

领用时加计扣除：

$$\text{加计扣除农产品进项税额}=\frac{\text{当期生产领用农产品已按}}{\text{票面税率（扣除率）抵扣税额}}\div\text{票面税率（扣除率）}\times 1\%$$

$$=720\div 9\%\times 1\%=80\text{（元）}$$

借：生产成本　7 200
　　应交税费——应交增值税（进项税额）　80
　贷：库存商品　7 280

（2）核定扣除。

1）用于生产或委托加工货物，且构成产品实体。纳税人以购进的农产品为原料生产货物的，农产品增值税进项税额可按照投入产出法、成本法和参照法核定。

【例 2-55】分析 2：

A 乳品加工公司增值税的账务处理：

借：应交税费——应交增值税（进项税额）　435 550.46
　贷：主营业务成本　435 550.46

【例 2-57】分析 2：

A 乳品加工公司增值税的账务处理：

借：应交税费——应交增值税（进项税额）　528 440.37
　贷：主营业务成本　528 440.37

2）购进农产品直接销售。

【例2-58】分析2：

A纺织厂增值税的账务处理：

购进时：

借：原材料　　824 000

　贷：应付账款　　824 000

直接销售时：

借：应收账款　　450 000.00

　贷：其他业务收入　　412 844.04（450 000÷1.09）

　　　应交税费——应交增值税（销项税额）　　37 155.96（412 844.04×9%）

借：其他业务成本　　338 572.09

　　应交税费——应交增值税（进项税额）　　32 227.91

　贷：原材料　　370 800.00（4 120×90）

3）购进农产品用于生产经营且不构成货物实体（包括包装物、辅助材料、燃料、低值易耗品等）。

【例2-59】分析2：

A粮食加工厂增值税的账务处理：

购进时：

借：原材料　　60 000

　贷：银行存款　　60 000

生产领用时：

借：主营业务成本　　22 000

　贷：原材料　　22 000

借：应交税费——应交增值税（进项税额）　　2 000

　贷：主营业务成本　　2 000

5. 接受应税劳务进项税额的账务处理

按照专用发票上注明的增值税额，借记“应交税费——应交增值税（进项税额）”科目；按照专用发票上记载的应计入加工、修理修配货物成本的金额，借记“委托加工物资”等科目；按应付或实付的金额，贷记“银行存款”“应付账款”等科目。接受应税劳务进项税额的账务处理如下：

借：委托加工物资

　　应交税费——应交增值税（进项税额）

　贷：银行存款（应付账款）

【例2-82】2019年6月21日，A公司（一般纳税人）发出材料10吨，委托B公司（一般纳税人）加工某种锻件1 000件，委托材料的成本为50 000元，支付加工费30 000元，加工费专用发票上注明进项税额为390元。请进行A公司增值税的账务处理。

分析：

（1）委托加工发出材料时：

借：委托加工物资　　50 000

贷：原材料 50 000

（2）支付加工费时：

借：委托加工物资 30 000

应交税费——应交增值税（进项税额） 390

贷：银行存款 30 390

（3）收回锻件入库时：

借：原材料 80 000

贷：委托加工物资 80 000

6. 购买方作为扣缴义务人的账务处理

境外单位或个人在境内发生应税行为，在境内未设有经营机构的，以购买方为增值税扣缴义务人。“应交税费——代扣代缴增值税”科目，核算纳税人购进在境内未设经营机构的境外单位或个人在境内的应税行为代扣代缴的增值税。境内一般纳税人购进服务、无形资产或不动产，按应计入相关成本费用或资产的金额，借记“生产成本”“无形资产”“固定资产”“管理费用”等科目，按可抵扣的增值税额，借记“应交税费——应交增值税（进项税额）”科目，按应付或实际支付的金额，贷记“应付账款”等科目，按应代扣代缴的增值税额，贷记“应交税费——代扣代缴增值税”科目。实际缴纳代扣代缴增值税时，按代扣代缴的增值税额，借记“应交税费——代扣代缴增值税”科目，贷记“银行存款”科目。其账务处理如下：

（1）境内一般纳税人购进服务、无形资产或不动产：

借：生产成本（无形资产、固定资产、管理费用）

应交税费——应交增值税（进项税额）

贷：应付账款

应交税费——代扣代缴增值税

（2）实际缴纳代扣代缴增值税时，按代扣代缴的增值税额：

借：应交税费——代扣代缴增值税

贷：银行存款

【工作任务 2】分析 21：

业务 19 的账务处理如下：

（1）纳税人向境外支付了一笔服务费，需要代扣代缴增值税：

借：管理费用 200 000

应交税费——应交增值税（进项税额） 12 000

贷：银行存款 200 000

应交税费——代扣代缴增值税 12 000

（2）实际缴纳代扣代缴税款时：

借：应交税费——代扣代缴增值税 12 000

贷：银行存款 12 000

（二）待认证进项税额的账务处理

如果一般纳税人当月没有认证进项税额，就通过“应交税费——待认证进项税额”科目核算。“应交税费——待认证进项税额”科目适用于如下两种情形：

第一，一般纳税人已取得增值税扣税凭证，按照现行增值税制度的规定准予从销项税额中抵扣，但尚未经税务机关认证的进项税额。

第二，一般纳税人已申请稽核但尚未取得稽核相符结果的海关缴款书进项税额。

待认证进项税额的账务处理如下：

（1）增值税专用发票没有完成认证的采购：

借：原材料（固定资产）

　　应交税费——待认证进项税额

　贷：银行存款（应付账款）

（2）认证通过，进项税额可以抵扣：

借：应交税费——应交增值税（进项税额）

　贷：应交税费——待认证进项税额

（3）认证没有通过，进项税额不可以抵扣：

借：原材料（固定资产）

　贷：应交税费——待认证进项税额

【例 2-83】 2019 年 6 月 30 日，A 公司（一般纳税人）购进一批钢材用于生产，取得的增值税专用发票上注明价款为 300 000 元，税款为 39 000 元。货款已支付，该发票没有勾选认证，钢材已经验收入库。请进行 A 公司增值税的账务处理。

分析：

（1）采购材料的账务处理：

	借方	贷方
借：原材料	300 000	
应交税费——待认证进项税额	39 000	
贷：银行存款		339 000

（2）专用发票认证通过后：

	借方	贷方
借：应交税费——应交增值税（进项税额）	300 000	
贷：应交税费——待认证进项税额		300 000

【例 2-84】 2019 年 6 月 11 日，A 公司（一般纳税人）进口一批商品，该批商品的采购价格为 5 000 000 元（与关税完税价格相同），进口关税税率为 20%，缴款书上注明的增值税为 780 000 元，该公司取得的海关专用缴款书已申请稽核但尚未取得结果。以上税款已付，商品价款未付。请进行 A 公司增值税的账务处理。

分析：

（1）采购时：

	借方	贷方
借：库存商品	6 000 000（5 000 000×1.2）	
应交税费——待认证进项税额	780 000	
贷：银行存款		1 780 000（780 000+5 000 000×20%）
应付账款		5 000 000

（2）稽核相符：

	借方	贷方
借：应交税费——应交增值税（进项税额）	780 000	
贷：应交税费——待认证进项税额		780 000

（三）不得从销项税额中抵扣进项税额的账务处理

已经抵扣进项税额的购进货物、加工及修理修配劳务、服务、无形资产和不动产，如果用于简易计税方法计税项目、免征增值税项目、集体福利、个人消费或者发生非正常损失，就需要做进项税额转出处理。进项税额转出需要通过“应交税费——应交增值税（进项税额转出）”科目核算。“应交税费——应交增值税（进项税额转出）”科目，记录一般纳税人购进货物、加工及修理修配劳务、服务、无形资产或不动产等发生非正常损失以及由于其他原因而不应从销项税额中抵扣的、按规定转出的进项税额。

1. 用于简易计税方法计税项目、免征增值税项目、集体福利、个人消费

已经抵扣进项税额的外购货物等改变用途，用于简易计税方法计税项目、免征增值税项目、集体福利、个人消费等不得抵扣进项税额的项目，做进项税额转出处理。其账务处理如下：

（1）购入时已抵扣增值税进项税额：

借：库存商品

　　应交税费——应交增值税（进项税额）

　贷：银行存款

（2）发生不得抵扣的情形：

借：生产成本（应付职工薪酬、管理费用）

　贷：库存商品

　　　应交税费——应交增值税（进项税额转出）

【例 2-85】 2020 年 1 月，A 公司（一般纳税人）将 2019 年 8 月外购的乙材料 10 吨（已抵扣进项税额）用于免税产品的生产。该材料实际成本为 50 000 元，适用的增值税税率为 13%。请进行 A 公司增值税的账务处理。

分析：

进项税额转出额＝50 000×13%＝6 500（元）

借：生产成本　56 500

　贷：原材料　50 000

　　　应交税费——应交增值税（进项税额转出）　6 500

【例 2-86】 2019 年 9 月，A 服装公司（一般纳税人）将上月购进的布料用于职工福利。已知布料的实际成本为 11 000 元，其中含运费 1 000 元，其进项税额已进行了抵扣。请进行 A 公司增值税的账务处理。

分析：

进项税额转出额＝（11 000－1 000）×13%＋1 000×9%＝1 390（元）

借：应付职工薪酬　12 390

　贷：应交税费——应交增值税（进项税额转出）　1 390

　　　原材料　11 000

【例 2-87】 2019 年 9 月，A 公司（一般纳税人）员工李健购买一等座火车票一张，金额为 1 090 元。

假设 1：A 公司规定，李健应按标准报销二等座火车票款 763 元，超标准的 300 元及对应的增值税 27 元公司不予报销。请计算 A 公司可以抵扣的进项税额并进行增值税账务处理。

假设 2：购票时，二等座火车票已售完。由于工作需要，经过主管领导同意，可购买一等座火车票，其 1 090 元的火车票款可全部报销。请计算 A 公司可以抵扣的进项税额并进行增值税账务处理。

分析：

假设 1：A 公司按照二等座火车票款 763 元报销。

根据增值税的有关规定，进项税额的定义强调"纳税人购进"，超标准的旅客运输，不是企业负担的支出，其进项税额也就不属于一般纳税人的"购进货物、劳务、服务、无形资产、不动产支付或者负担的增值税额"，所以超标准部分的旅客运输费的增值税额不能抵扣进项税额。即上述多余的 300 元及对应的 27 元进项税额不允许抵扣进项税额。

账务处理如下：

（1）取得 1 090 元的火车票，由于是"一张"，应该是"全额"认证进项税额 90（1 090÷1.09×9%）元，超标 327 元不能抵扣的进项税额 27 元，需要做转出处理。

（2）账务处理如下：

借：管理费用　700

　　应交税费——应交增值税（进项税额）　90

　贷：库存现金　763

　　　应交税费——应交增值税（进项税额转出）　27

假设 2：A 公司按照一等座火车票款 1 090 元报销。

由于工作需要，经过主管领导同意，可购买一等座火车票，其 1 090 元火车票款可全部报销，那么 90 元的进项税额可以按规定抵扣。

账务处理如下：

借：管理费用　1 000

　　应交税费——应交增值税（进项税额）　90

　贷：库存现金　1 090

2. 发生非正常损失

非正常损失的购进货物，以及相关的加工及修理修配劳务和交通运输服务；非正常损失的在产品、产成品所耗用的购进货物（不包括固定资产）、加工及修理修配劳务和交通运输服务；非正常损失的不动产，以及该不动产所耗用的购进货物、设计服务和建筑服务；非正常损失的不动产在建工程所耗用的购进货物、设计服务和建筑服务，不得抵扣进项税额。其账务处理如下：

借：待处理财产损溢

　贷：原材料（库存商品）

　　　应交税费——应交增值税（进项税额转出）

【例 2-88】2020 年 1 月，由于管理不善，A 公司（一般纳税人）的一批自产产品发霉腐烂，已知该批产品的生产成本为 100 000 元，其中耗用外购原材料的账面价值为 50 000 元，外购原材料适用的增值税税率为 13%。请进行 A 公司增值税的账务处理。

分析：

借：待处理财产损溢　56 500

贷：库存商品　50 000

　应交税费——应交增值税（进项税额转出）　6 500（50 000×13%）

（四）期末留抵税额退税的账务处理

退还的增量留抵税额的账务处理较为简单，进项税额留抵在账务上体现为“应交税费——应交增值税（进项税额）”科目的借方余额。收到退税款，对应留抵税额减少，对应科目进项税额减少，其账务处理如下：

借：银行存款

　贷：应交税费——应交增值税（进项税额转出）

【例 2-75】分析 2：

A 公司增值税的账务处理为：

借：银行存款　288 000

　贷：应交税费——应交增值税（进项税额转出）　288 000

【工作任务 2】分析 22：

业务 12 的账务处理如下：

（1）支付设备款：

借：固定资产　800 000

　应交税费——应交增值税（进项税额）　104 000

　贷：银行存款　904 000

（2）支付运费：

借：固定资产　2 000

　应交税费——应交增值税（进项税额）　180

　贷：银行存款　2 180

业务 13 的账务处理如下：

借：原材料　91 000

　应交税费——应交增值税（进项税额）　9 000

　贷：银行存款　100 000

借：生产成本　90 000

　应交税费——应交增值税（进项税额）　1 000

　贷：原材料　91 000

业务 14 的账务处理如下：

借：低值易耗品　5 000

　贷：银行存款　5 000

业务 15 的账务处理如下：

借：销售费用——快递费　1 000

　应交税费——应交增值税（进项税额）　60

　贷：银行存款　1 060

业务 16 的账务处理如下：

借：管理费用　500

　应交税费——应交增值税（进项税额）　65

贷：银行存款 565

业务 17 的账务处理如下：

借：委托加工物资 150 000
　　应交税费——应交增值税（进项税额） 19 500
　贷：银行存款 169 500

业务 18 的账务处理如下：

借：管理费用 2 000
　贷：银行存款 2 000

业务 19 的账务处理如下：

(1) 纳税人向境外支付了一笔服务费，需要代扣代缴增值税：

借：管理费用 200 000
　　应交税费——应交增值税（进项税额） 12 000
　贷：银行存款 200 000
　　　应交税费——代扣代缴增值税 12 000

(2) 实际缴纳代扣代缴税款时：

借：应交税费——代扣代缴增值税 12 000
　贷：银行存款 12 000

业务 20 的账务处理如下：

借：管理费用 25 000
　　应交税费——应交增值税（进项税额） 1 800
　贷：银行存款 26 800

业务 21 的账务处理如下：

借：管理费用 20 000
　　应交税费——应交增值税（进项税额） 1 000
　贷：银行存款 21 000

业务 22 的账务处理如下：

借：固定资产 1 000 000
　　应交税费——应交增值税（进项税额） 90 000
　贷：银行存款 1 090 000

业务 23 的账务处理如下：

借：销售费用 500
　　应交税费——应交增值税（进项税额） 45
　贷：银行存款 545

业务 24 的账务处理如下：

借：应付职工薪酬 45 200
　贷：应交税费——应交增值税（进项税额转出） 5 200
　　　库存商品 40 000

三、《增值税纳税申报表附列资料（二）（本期进项税额明细）》的填写

《增值税纳税申报表附列资料（二）（本期进项税额明细）》（以下简称《本期进项税额明细表》，如表2-12所示）包括申报抵扣的进项税额、进项税额转出额、待抵扣进项税额和其他四部分内容。填写完成后，应将相关结果转入《增值税纳税申报表（一般纳税人适用）》主表。

（一）栏次填报

按栏次分，本表分为四大部分：

（1）第一部分反映申报抵扣的进项税额的数额，在第1栏至12栏反映。第1栏反映合计数。

（2）第二部分反映进项税额转出额，在第13栏至23栏反映。第13栏反映合计数。

（3）第三部分反映待抵扣进项税额，在第24栏至34栏反映。第24栏反映合计数。

（4）第四部分反映本期认证相符的增值税专用发票和代扣代缴税额，在第35栏至36栏反映。

（二）表间关系

（1）《本期进项税额明细表》第12栏“一、申报抵扣的进项税额：当期申报抵扣进项税额合计”对应“税额”列=《增值税纳税申报表（一般纳税人适用）》主表第12栏“税款计算：进项税额”对应“一般项目：本月数”列+“即征即退项目：本月数”列。

（2）《本期进项税额明细表》第13栏“二、进项税额转出额：本期进项税额转出额”对应“税额”列=《增值税纳税申报表（一般纳税人适用）》主表第14栏“税款计算：进项税额转出”对应“一般项目：本月数”列+“即征即退项目：本月数”列。

（三）纳税申报

（1）根据爱之味公司【工作任务2】业务12到业务24的资料，填写《本期进项税额明细表》（如表2-12所示）。

表2-12　增值税纳税申报表附列资料（二）

（本期进项税额明细）

税款所属时间：2020年1月1日至2020年1月31日

纳税人名称：（公章）北京爱之味食品加工有限责任公司　　　　金额单位：元至角分

一、申报抵扣的进项税额				
项目	栏次	份数	金额	税额
（一）认证相符的增值税专用发票	1=2+3	9	1 998 500.00	216 605.00
其中：本期认证相符且本期申报抵扣	2	9	1 998 500.00	216 605.00
前期认证相符且本期申报抵扣	3			

续表

一、申报抵扣的进项税额				
项目	栏次	份数	金额	税额
（二）其他扣税凭证	4=5+6+7+8a+8b	3	100 500.00	22 045.00
其中：海关进口增值税专用缴款书	5			
农产品收购发票或者销售发票	6	1	100 000.00	9 000.00
代扣代缴税收缴款凭证	7	1	—	12 000.00
加计扣除农产品进项税额	8a	—	—	1 000.00
其他	8b	1	500.00	45.00
（三）本期用于购建不动产的扣税凭证	9	1	1 000 000.00	90 000.00
（四）本期用于抵扣的旅客运输服务扣税凭证	10	1	500.00	45.00
（五）外贸企业进项税额抵扣证明	11	—	—	
当期申报抵扣进项税额合计	12=1+4+11	12	2 099 000.00	238 650.00

二、进项税额转出额		
项目	栏次	税额
本期进项税额转出额	13=14至23之和	5 200.00
其中：免税项目用	14	
集体福利、个人消费	15	5 200.00
非正常损失	16	
简易计税方法征税项目用	17	
免抵退税办法不得抵扣的进项税额	18	
纳税检查调减进项税额	19	
红字专用发票信息表注明的进项税额	20	
上期留抵税额抵减欠税	21	
上期留抵税额退税	22	
其他应做进项税额转出的情形	23	

三、待抵扣进项税额				
项目	栏次	份数	金额	税额
（一）认证相符的增值税专用发票	24	—	—	—
期初已认证相符但未申报抵扣	25			
本期认证相符且本期未申报抵扣	26			
期末已认证相符但未申报抵扣	27			
其中：按照税法规定不允许抵扣	28			

续表

三、待抵扣进项税额				
项目	栏次	份数	金额	税额
（二）其他扣税凭证	29=30 至 33 之和			
其中：海关进口增值税专用缴款书	30			
农产品收购发票或者销售发票	31			
代扣代缴税收缴款凭证	32		—	
其他	33			
	34			
四、其他				
项目	栏次	份数	金额	税额
本期认证相符的增值税专用发票	35	9	1 998 500.00	216 605.00
代扣代缴税额	36	—	—	

填写要点：

1. 将 9 份填入第 2 栏“一、申报抵扣的进项税额：其中：本期认证相符且本期申报抵扣”对应“份数”列。

2. 将《进项税额计算表》（见表 2-11）增值税专用发票金额合计 1 998 500 元填入第 2 栏对应“金额”列。

3. 将《进项税额计算表》（见表 2-11）增值税专用发票可以抵扣的进项税额合计数 216 605 元填入第 2 栏对应“税额”列。

4. 将 1 998 500 元填入第 1 栏对应“金额”列。

5. 将 216 605 元填入第 1 栏对应“税额”列。

6. 将业务（13）向农民收购小麦取得农产品收购发票金额 100 000 元填入第 6 栏“一、申报抵扣的进项税额：农产品收购发票或者销售发票”对应“金额”列。

7. 将业务（13）向农民收购小麦计算抵扣的进项税 9 000（100 000×9%）元填入第 6 栏对应“税额”列。

8. 将业务（13）向农民收购小麦加计扣除农产品进项税额 1 000（100 000×1%）元填入第 8a 栏“一、申报抵扣的进项税额：加计扣除农产品进项税额”对应“税额”列。

9. 将业务（19）接受境外企业提供的咨询服务代扣代缴税款 12 000 元填入第 7 栏“一、申报抵扣的进项税额：代扣代缴税收缴款凭证”对应“税额”列。

10. 将业务（23）支付高铁运费不含税金额 500（545÷1.09）元填入第 8b 栏“一、申报抵扣的进项税额：其他”对应“金额”列。

11. 将业务（23）支付高铁车票费可以抵扣的进项税额 45（500×9%）元填入第 8b 栏对应“税额”列。

12. 将 100 500（100 000+500）元填入第 4 栏“一、申报抵扣的进项税额：（二）其他扣税凭证”对应“金额”列。

13. 将 22 045（9 000+12 000+1 000+45）元填入第 4 栏对应“税额”列。

14. 将业务（22）购买仓库的金额 1 000 000 元填入第 9 栏“一、申报抵扣的进项税额：（三）本期用于购建不动产的扣税凭证”对应“金额”列。

15. 将业务（22）购买仓库可以抵扣的进项税额 90 000 元填入第 9 栏对应“税额”列。

16. 将业务（23）支付高铁车票费不含税金额 500 元填入第 10 栏“一、申报抵扣的进项税额：（四）本期用于抵扣的旅客运输服务扣税凭证”对应“金额”列。

17. 将业务（23）支付高铁车票费可以抵扣的进项税额 45 元填入第 10 栏对应“税额”列。

18. 将 2 099 000（1 998 500+100 500）元填入第 12 栏“一、申报抵扣的进项税额：当期申报抵扣进项税额合计”对应“金额”列。

19. 将 238 650（216 605+22 045）元填入第 12 栏对应“税额”列。

20. 业务（24）职工食堂领用公司上月购进的桌椅进项税额转出额 5 200 元填入第 15 栏“二、进项税额转出额：集体福利、个人消费”对应“税额”列。

21. 将 5 200 元填入第 13 栏“二、进项税额转出额：本期进项税额转出额”对应“税额”列。

22. 将 1 998 500 元填入第 35 栏“四、其他：本期认证相符的增值税专用发票”对应“金额”列。

23. 将 216 605 元填入第 35 栏对应“税额”列。

24. 第 12 栏“一、申报抵扣的进项税额：当期申报抵扣进项税额合计”对应“税额”列 238 650 元转入《增值税纳税申报表（一般纳税人适用）》主表（如表2-28所示）第12栏“税款计算：进项税额”对应“一般项目：本月数”列。

25. 第13栏“二、进项税额转出额：本期进项税额转出额”对应“税额”列5 200元转入《增值税纳税申报表（一般纳税人适用）》主表（如表2-28所示）第14栏“税款计算：进项税额转出”对应“一般项目：本月数”列。

（2）根据【例2-75】的资料，填写《本期进项税额明细表》（如表2-13所示）。

表2-13 增值税纳税申报表附列资料（二）

（本期进项税额明细）

税款所属时间：2019年10月1日至2020年10月31日

纳税人名称：（公章）A公司　　　　金额单位：元至角分

一、申报抵扣的进项税额				
项目	栏次	份数	金额	税额
（一）认证相符的增值税专用发票	1=2+3			
其中：本期认证相符且本期申报抵扣	2			
前期认证相符且本期申报抵扣	3			
（二）其他扣税凭证	4=5+6+7+8a+8b			
其中：海关进口增值税专用缴款书	5			
农产品收购发票或者销售发票	6			
代扣代缴税收缴款凭证	7			
加计扣除农产品进项税额	8a			
其他	8b			
（三）本期用于购建不动产的扣税凭证	9			
（四）本期用于抵扣的旅客运输服务扣税凭证	10			
（五）外贸企业进项税额抵扣证明	11	—	—	
当期申报抵扣进项税额合计	12=1+4+11			

二、进项税额转出额		
项目	栏次	税额
本期进项税额转出额	13=14至23之和	288 000.00
其中：免税项目用	14	
集体福利、个人消费	15	
非正常损失	16	
简易计税方法征税项目用	17	
免抵退税办法不得抵扣的进项税额	18	
纳税检查调减进项税额	19	
红字专用发票信息表注明的进项税额	20	
上期留抵税额抵减欠税	21	
上期留抵税额退税	22	288 000.00
其他应做进项税额转出的情形	23	

续表

三、待抵扣进项税额				
项目	栏次	份数	金额	税额
（一）认证相符的增值税专用发票	24	—	—	—
期初已认证相符但未申报抵扣	25			
本期认证相符且本期未申报抵扣	26			
期末已认证相符但未申报抵扣	27			
其中：按照税法规定不允许抵扣	28			
（二）其他扣税凭证	29=30 至 33 之和			
其中：海关进口增值税专用缴款书	30			
农产品收购发票或者销售发票	31			
代扣代缴税收缴款凭证	32		—	
其他	33			
	34			
四、其他				
项目	栏次	份数	金额	税额
本期认证相符的增值税专用发票	35			
代扣代缴税额	36	—	—	

填写要点：

1. 将退还留抵退税额 288 000 元填入第 22 栏“二、进项税额转出额：上期留抵税额退税”对应“税额”列。
2. 将 288 000 元填入第 13 栏“二、进项税额转出额：本期进项税额转出额”对应“税额”列。

第三节 减免税业务税额的计算、账务处理及申报

一、增值税减免税的计算

（一）直接减免增值税

下列项目直接减免增值税：

（1）农业生产者销售的自产农产品。农业，是指种植业、养殖业、林业、牧业、水产业。农业生产者，包括从事农业生产的单位和个人。农产品，是指初级农产品，具体范围由财政部、国家税务总局确定。

（2）避孕药品和用具。

（3）古旧图书，即指向社会收购的古书和旧书。

（4）直接用于科学研究、科学试验和教学的进口仪器、设备。

（5）外国政府、国际组织无偿援助的进口物资和设备。

（6）由残疾人的组织直接进口供残疾人专用的物品。

（7）销售的自己使用过的物品，即指其他个人自己使用过的物品。

（8）蔬菜流通环节免征增值税。

1）对从事蔬菜批发、零售的纳税人销售的蔬菜免征增值税。经挑选、清洗、切分、晾晒、包装、脱水、冷藏、冷冻等工序加工的蔬菜，属于蔬菜的范围。各种蔬菜罐头不

属于蔬菜的范围。

2）纳税人既销售蔬菜又销售其他增值税应税货物的，应分别核算蔬菜和其他增值税应税货物的销售额；未分别核算的，不得享受蔬菜增值税免税政策。

【税收筹划】2019 年 8 月，A 超市（一般纳税人）销售蔬菜、粮食、食用油、日用品等商品取得零售收入 113 000 元。A 超市 2019 年 8 月应缴纳增值税多少元？如何筹划可以使 A 超市少缴纳增值税？

分析：

方案一：蔬菜在批发、零售环节免征增值税；粮食、食用油适用低税率 9%，其他商品适用 13%的增值税税率。因为 A 超市没有将免税商品、适用 9%税率商品和 13%税率商品分别核算，所以适用最高税率 13%。

不含税销售额＝113 000÷（1＋13%）＝100 000（元）

增值税销项税额＝100 000×13%＝13 000（元）

方案二：A 超市分别核算免税商品、适用 9%税率商品和 13%税率商品销售收入。假设 A 超市销售蔬菜取得零售收入 22 000 元，销售粮食、食用油取得零售收入 33 000 元，销售其他商品取得零售收入 58 000 元。

增值税销项税额＝33 000÷（1＋9%）×9%＋58 000÷（1＋13%）×13%
＝9 397.34（元）

结论：

方案二将免税商品、适用 9%税率和 13%税率的商品分别核算，可以少缴增值税 3 602.66（13 000－9 397.34）元。因此，应当选择方案二。

（9）粕类产品免征增值税问题。豆粕属于征收增值税的饲料产品，除豆粕以外的其他粕类饲料产品，均免征增值税。

（10）制种行业增值税政策。制种企业在下列生产经营模式下生产销售种子，属于农业生产者销售自产农业产品，免征增值税：

1）制种企业利用自有土地或承租土地，雇用农户或雇工进行种子繁育，再经烘干、脱粒、风筛等深加工后销售种子。

2）制种企业提供亲本种子委托农户繁育并从农户手中收回，再经烘干、脱粒、风筛等深加工后销售种子。

（11）有机肥产品免征增值税。有机肥产品是指有机肥料、有机和无机复混肥料以及生物有机肥。

（12）债转股原企业免征增值税政策。按债转股企业与金融资产管理公司签订的债转股协议，债转股原企业将货物资产作为投资提供给债转股新公司的，免征增值税。

（13）供热企业。自 2019 年 1 月 1 日起至 2020 年供暖季结束，对供热企业向居民个人供热而取得的采暖费收入免征增值税。

【例 2－89】2019 年 10 月，A 供热公司（一般纳税人）取得供热收入 9 700 000 元，其中向居民个人收取 2 000 000 元。请计算 A 供热公司 2019 年 10 月应缴纳的增值税。

分析：

对供热企业向居民个人供热而取得的采暖费收入免征增值税。供热就是暖气，适用的增值税税率为 9%。

缴纳的增值税＝（9 700 000－2 000 000）÷（1＋9％）×9％

＝635 779.82（元）

（14）抗艾滋病病毒药品。自2019年1月1日起至2020年12月31日，继续对国产抗艾滋病病毒药品免征生产环节和流通环节增值税。

（15）研发机构采购设备增值税退税政策。对内资研发机构和外资研发中心采购国产设备全额退还增值税。

（16）应税服务免税项目。

1）托儿所、幼儿园提供的保育和教育服务。

2）养老机构提供的养老服务。

3）残疾人福利机构提供的育养服务。

4）婚姻介绍服务。

5）殡葬服务。

6）残疾人员本人为社会提供的服务。

7）医疗机构提供的医疗服务。

8）从事学历教育的学校提供的教育服务。

9）学生勤工俭学提供的服务。

10）农业机耕、排灌、病虫害防治、植物保护、农牧保险以及相关技术培训业务，家禽、牲畜、水生动物的配种和疾病防治。

11）纪念馆、博物馆、文化馆、文物保护单位管理机构、美术馆、展览馆、书画院、图书馆在自己的场所提供文化体育服务取得的第一道门票收入。

12）寺院、宫观、清真寺和教堂举办文化、宗教活动的门票收入。

13）行政单位之外的其他单位收取的符合条件的政府性基金和行政事业性收费。

14）个人转让著作权。

15）个人销售自建自用住房。

16）县级以上地方人民政府或自然资源行政主管部门出让、转让或收回自然资源使用权（不含土地使用权）。

17）纳税人提供的直接或者间接国际货物运输代理服务。

18）为了配合国家住房制度改革，企业、行政事业单位按房改成本价、标准价出售住房取得的收入。

19）将土地使用权转让给农业生产者用于农业生产。

20）涉及家庭财产分割的个人无偿转让不动产、土地使用权。

21）土地所有者出让土地使用权和土地使用者将土地使用权归还给土地所有者。

22）保险公司开办的一年期以上人身保险产品取得的保费收入。

23）再保险服务。

24）纳税人提供技术转让、技术开发和与之相关的技术咨询、技术服务。

技术转让，是指转让者将其拥有的专利和非专利技术的所有权或者使用权有偿转让他人的行为；技术开发，是指开发者接受他人委托，就新技术、新产品、新工艺或者新材料及其系统进行研究开发的行为；技术咨询，是指就特定技术项目提供可行性论证、技术预测、专题技术调查、分析评价报告等。

与技术转让、技术开发相关的技术咨询、技术服务，是指转让方（或受托方）根据技术转让或开发合同的规定，为帮助受让方（或委托方）掌握所转让（或委托开发）的技术，而提供的技术咨询、技术服务业务，且这部分技术咨询、服务的价款与技术转让（或开发）的价款应当开在同一张发票上。

【例 2－90】 A 公司（一般纳税人）提供技术转让服务，2019 年 12 月取得收入 200 000 元。请问：A 公司技术转让收入应缴纳增值税多少元？

分析：

根据税法的规定，纳税人提供技术转让、技术开发和与之相关的技术咨询、技术服务免征增值税。因此，A 公司提供技术转让的收入免征增值税。

25）家政服务企业由员工制家政服务员提供家政服务取得的收入。

26）符合条件的合同能源管理服务。

27）福利彩票、体育彩票的发行收入。

28）以下利息收入：2016 年 12 月 31 日前，金融机构农户小额贷款；国家助学贷款；国债、地方政府债；人民银行对金融机构的贷款；住房公积金管理中心用住房公积金在指定的委托银行发放的个人住房贷款；外汇管理部门在从事国家外汇储备经营过程中，委托金融机构发放的外汇贷款；金融同业往来利息收入；统借统还业务中，企业集团或企业集团中的核心企业以及集团所属财务公司按不高于支付给金融机构的借款利率水平或者支付的债券票面利率水平，向企业集团或者集团内下属单位收取的利息。

29）下列金融商品转让收入：合格境外投资者（QFII）委托境内公司在我国从事证券买卖业务；香港市场投资者（包括单位和个人）通过沪港通、深港通买卖上海、深圳证券交易所上市 A 股；香港市场投资者（包括单位和个人）通过基金互认买卖内地基金份额；证券投资基金（封闭式证券投资基金、开放式证券投资基金）管理人运用基金买卖股票、债券；个人从事金融商品转让业务。

30）军队空余房产租赁收入。

（17）增值税纳税人购置税控收款机所支付的增值税额（以购进税控收款机取得的增值税专用发票上注明的增值税额为准），准予在该企业当期的增值税销项税额中抵扣。

（18）增值税税控系统专用设备和技术维护费用抵减增值税的规定。增值税纳税人 2011 年 12 月 1 日（含）以后初次购买增值税税控系统专用设备（包括分开票机）支付的费用（可凭购买增值税税控系统专用设备取得的增值税专用发票）及缴纳的技术维护费（可凭技术维护服务单位开具的技术维护费发票），在增值税应纳税额中全额抵减（抵减额为价税合计额），不足抵减的，可结转下期继续抵减。

【工作任务 2】分析 23：

业务 18：1 月 22 日，支付增值税系统设备维护费 2 000 元，可在该公司 1 月增值税应纳税额中全额抵减。

（二）即征即退增值税

1. 软件产品的税务处理

（1）软件产品增值税政策。

1）增值税一般纳税人销售其自行开发生产的软件产品，按 13％的税率征收增值税后，对实际税负超过3%的部分实行即征即退政策。

2）增值税一般纳税人将进口软件产品进行本地化改造后对外销售，享受增值税即征即退政策。本地化改造是指对进口软件产品进行重新设计、改进、转换等，单纯对进口软件产品进行汉字化处理不包括在内。

3）纳税人受托开发软件产品，著作权属于受托方的，征收增值税，著作权属于委托方或属于双方共同拥有的，不征收增值税；对经过国家版权局注册登记，纳税人在销售时一并转让著作权、所有权的，不征收增值税。

（2）软件产品的界定及分类。

软件产品，是指信息处理程序及相关文档和数据。软件产品包括计算机软件产品、信息系统和嵌入式软件产品。嵌入式软件产品是指嵌入在计算机硬件、机器设备中并随其一并销售，构成计算机硬件、机器设备组成部分的软件产品。

（3）满足下列条件的软件产品，经主管税务机关审核批准，可以享受规定的增值税政策：

1）取得省级软件产业主管部门认可的软件检测机构出具的检测证明材料。

2）取得软件产业主管部门颁发的《软件产品登记证书》或著作权行政管理部门颁发的《计算机软件著作权登记证书》。

（4）软件产品即征即退增值税额的计算。

1）软件产品即征即退增值税额的计算方法：

即征即退增值税额＝当期软件产品增值税应纳税额－当期软件产品销售额×3%

当期软件产品增值税应纳税额＝当期软件产品销项税额－当期软件产品可抵扣进项税额

当期软件产品销项税额＝当期软件产品销售额×13%

【例2-91】2019年8月，A动漫公司（一般纳税人）销售自行开发生产的软件产品，取得不含税销售收入200 000元，已开具增值税专用发票；本月购进材料取得的增值税专用发票注明的增值税为5 000元；支付不含税运费2 000元，取得货运增值税专用发票。请计算：A动漫公司实际应负担增值税多少元？即征即退增值税多少元？

分析：

应纳税额＝200 000×13%－5 000－2 000×9%＝20 820（元）

实际税负＝20 820÷200 000×100%＝10.41%

实际税负超过3%的部分实行即征即退。

实际应负担税额＝200 000×3%＝6 000（元）

即征即退增值税额＝20 820－6 000＝14 820（元）

2）嵌入式软件产品增值税即征即退税额的计算。

嵌入式软件产品即征即退增值税额的计算公式：

即征即退增值税额＝当期嵌入式软件产品增值税应纳税额－当期嵌入式软件产品销售额×3%

当期嵌入式软件产品增值税应纳税额＝当期嵌入式软件产品销项税额－当期嵌入式软件产品可抵扣进项税额

当期嵌入式软件产品销项税额＝当期嵌入式软件产品销售额×13%

当期嵌入式软件产品销售额的计算公式：

$$\text{当期嵌入式软件产品销售额}=\text{当期嵌入式软件产品与计算机硬件、机器设备销售额合计}-\text{当期计算机硬件、机器设备销售额}$$

计算机硬件、机器设备销售额按照下列顺序确定：

第一，按纳税人最近同期同类货物的平均销售价格计算确定；

第二，按其他纳税人最近同期同类货物的平均销售价格计算确定；

第三，按计算机硬件、机器设备组成计税价格计算确定。

计算机硬件、机器设备组成计税价格＝计算机硬件、机器设备成本×（1＋10%）

【例 2-92】 2019 年 8 月，A 软件开发公司（一般纳税人）销售自行开发生产的嵌入式软件产品和相关计算机设备，共取得不含税销售额 5 000 000 元（含设备销售额 2 000 000 元），已开具增值税专用发票；本月购进材料取得的增值税专用发票上注明的增值税为100 000 元（含专用于软件产品开发生产工具的进项税额 30 000 元，其他嵌入式软件产品与计算机设备共同使用，不能准确划分）。该公司按照销售额比重分摊进项税额，并向税务机关备案。请计算：A 软件开发公司实际应负担增值税多少元？即征即退增值税多少元？

分析：

当期应纳税额＝5 000 000×13%－100 000＝550 000（元）

嵌入式软件应纳税额＝（5 000 000－2 000 000）×13%－30 000－（100 000－30 000）×（5 000 000－2 000 000）÷5 000 000
＝318 000（元）

嵌入式软件实际税负＝318 000÷（5 000 000－2 000 000）×100%＝11%

超过 3%的部分实行即征即退。

即征即退增值税额＝318 000－（5 000 000－2 000 000）×3%＝228 000（元）

2. 一般纳税人提供管道运输服务

一般纳税人提供管道运输服务，对其增值税实际税负超过 3%的部分实行即征即退政策。

3. 从事融资租赁业务的纳税人中的一般纳税人提供有形动产融资租赁服务和有形动产融资性售后回租服务

经人民银行、银监会或者商务部批准从事融资租赁业务的纳税人中的一般纳税人，提供有形动产融资租赁服务和有形动产融资性售后回租服务，对其增值税实际税负超过 3%的部分实行增值税即征即退政策。

4. 纳税人安置残疾人享受增值税即征即退优惠政策

（1）纳税人，是指安置残疾人的单位和个体工商户。

（2）纳税人本期应退增值税额按以下公式计算：

本期应退增值税额＝本期所含月份每月应退增值税额之和

本月应退增值税额＝纳税人本月安置残疾人员人数×本月最低工资标准的 4 倍

月最低工资标准，是指纳税人所在区县（含县级市、旗）适用的经省（含自治区、直辖市、计划单列市）人民政府批准的月最低工资标准。

纳税人本期已缴增值税额小于本期应退税额不足退还的，可抵减本年度内以前纳税期已缴增值税额扣除已退增值税额的余额，仍不足退还的，可结转本年度内以后纳税期退还。年度已缴增值税额小于或等于年度应退税额的，退税额为年度已缴增值税额；年度已缴增值税额大于年度应退税额的，退税额为年度应退税额。年度已缴增值税额不足退还的，不得结转以后年度退还。

（三）其他有关减免税的规定

(1) 纳税人兼营免、减税项目的，应当分别核算；未分别核算销售额的，不得免、减税。

(2) 纳税人销售货物或者应税劳务适用免税规定的，可以放弃免税，依照规定缴纳增值税。放弃免税后，36 个月内不得再申请免税。

纳税人提供的应税服务同时适用免税和零税率规定的，优先适用零税率。

1) 以书面形式提交放弃免税权声明，报主管税务机关备案。纳税人自提交备案资料的次月起，按照现行有关规定计算缴纳增值税。

2) 放弃免税权的、符合一般纳税人认定条件但尚未认定为增值税一般纳税人的，应当按现行规定认定为增值税一般纳税人，根据其销售的货物或劳务可开具增值税专用发票。

3) 纳税人一经放弃免税权，其生产销售的全部增值税应税货物或劳务均应按照适用税率征税，不得选择某一免税项目放弃免税权，也不得根据不同的销售对象选择部分货物或劳务放弃免税权。

4) 纳税人在免税期内购进用于免税项目的货物或者应税劳务所取得的增值税扣税凭证，一律不得抵扣。

二、增值税减免税的账务处理

下面分别从直接减免和即征即退两方面介绍增值税减免税的账务处理。

（一）直接减免增值税的账务处理

增值税直接减免，可通过“应交税费——应交增值税（减免税款）”科目核算。“应交税费——应交增值税（减免税款）”科目借方记录一般纳税人按现行增值税制度的规定准予减免的增值税额。增值税减免税的账务处理如下：

借：应交税费——应交增值税（减免税款）

　　贷：营业外收入（管理费用等损益类科目）

【例 2-93】 2019 年 5 月，A 银行（一般纳税人）向小微企业贷款取得利息收入 1 060 000 元。请进行 A 银行增值税的账务处理。

分析：

金融机构对小微企业贷款取得的利息收入免征增值税。

借：银行存款	1 060 000
贷：主营业务收入	1 000 000（1 060 000÷1.06）
应交税费——应交增值税（销项税额）	60 000（1 000 000×6%）
借：应交税费——应交增值税（减免税款）	60 000
贷：其他收益	60 000

【工作任务2】分析24：

业务18的账务处理：

支付增值税系统设备维护费时：

借：管理费用　　2 000

　贷：银行存款　　2 000

抵减增值税应纳税额时：

借：应交税费——应交增值税（减免税款）　　2 000

　贷：管理费用　　2 000

（二）即征即退增值税的账务处理

即征即退增值税的账务处理如下：

（1）申请即征即退增值税后，待税务机关审核通过，确定能够获得这笔即征即退的增值税时：

借：其他应收款

　贷：其他收益

（2）实际收到即征即退增值税时：

借：银行存款

　贷：其他应收款

【例2-94】 A软件生产企业为增值税一般纳税人，2019年9月销售自行开发的软件，取得不含税销售收入2 000 000元，本月购进材料用于软件产品的开发，取得增值税专用发票，注明税额为100 000元。请进行A软件生产企业增值税的账务处理。

分析：

现行增值税规定，软件生产企业销售自行开发的软件产品，先按13%的税率征收增值税后，再对其增值税实际税负超过3%的部分实行即征即退。

应纳增值税＝2 000 000×13%－100 000＝160 000（元）

增值税税负率＝160 000÷2 000 000×100%＝8%

应退增值税＝160 000－2 000 000×3%＝100 000（元）

（1）确认收入：

借：银行存款　　2 260 000

　贷：主营业务收入　　2 000 000

　　　应交税费——应交增值税（销项税额）　　260 000

（2）上缴本月应交的增值税：

借：应交税费——应交增值税（已交税金）　　260 000

　贷：银行存款　　260 000

（3）计提应收的增值税返还：

借：其他应收款　　260 000

　贷：其他收益　　260 000

（4）收到先征后退的增值税：

借：银行存款　　260 000

　贷：其他应收款　　260 000

三、《增值税减免税申报明细表》的填写

《增值税减免税申报明细表》由享受增值税减免税优惠政策的增值税一般纳税人和小规模纳税人填写。

（一）栏次内容

按栏次分，《增值税减免税申报明细表》（如表 2－14 所示）分为两大部分：

（1）第一部分反映本期按照税收法律、法规及国家有关税收规定享受减征（包含税额式减征、税率式减征）增值税优惠项目，在第 1 栏至 6 栏反映。

（2）第二部分反映按照税收法律、法规及国家有关税收规定免征增值税项目，在第 7 栏至 10 栏反映。

（二）列次逻辑关系

1. 减税项目

（1）第 1 列“期初余额”各栏＋第 2 列“本期发生额”各栏＝第 3 列“本期应抵减税额”对应各栏。

（2）第 3 列“本期应抵减税额”各栏－第 4 列“本期实际抵减税额”各栏＝第 5 列“期末余额”对应各栏。

2. 免税项目

（1）第 1 列“免征增值税项目销售额”各栏－第 2 列“免税销售额扣除项目本期实际扣除金额”各栏＝第 3 列“扣除后免税销售额”对应各栏。

（2）一般纳税人公式：

第 5 列“免税额”各栏＝第 3 列“扣除后免税销售额”对应各栏×适用税率－第 4 列“免税销售额对应的进项税额”对应各栏。

（3）小规模纳税人免税额计算公式：

第 5 列“免税额”各栏＝第 3 列“扣除后免税销售额”对应各栏×征收率

（三）表间关系

（1）《增值税减免税申报明细表》第 1 栏“一、减税项目：合计”对应第 4 列“本期实际抵减税额”＝《增值税纳税申报表（一般纳税人适用）》主表第 23 栏“税款计算：应纳税额减征额”对应“一般项目：本月数”列－《税额抵减情况表》第 2 栏“分支机构预征缴纳税款”第 4 列“本期实际抵减税额”。

（2）《增值税减免税申报明细表》第 7 栏“二、免税项目：合计”对应第 1 列“免征增值税项目销售额”＝《增值税纳税申报表（一般纳税人适用）》主表第 8 栏“销售额：（四）免税销售额”对应“一般项目：本月数”列。

（四）纳税申报

1. 减税项目

根据爱之味公司【工作任务 2】业务 18 的资料，填写《增值税减免税申报明细表》（如表 2－14 所示）。

表 2-14　增值税减免税申报明细表

税款所属时间：自 2020 年 1 月 1 日至 2020 年 1 月 31 日

纳税人名称（公章）：北京爱之味食品加工有限责任公司　　　　金额单位：元至角分

一、减税项目						
减税性质代码及名称	栏次	期初余额	本期发生额	本期应抵减税额	本期实际抵减税额	期末余额
		1	2	3=1+2	4≤3	5=3-4
合计	1	0.00	2 000.00	2 000.00	2 000.00	0.00
01129914 购置增值税税控系统专用设备抵减增值税	2	0.00	2 000.00	2 000.00	2 000.00	0.00
	3					
	4					
	5					
	6					
二、免税项目						
免税性质代码及名称	栏次	免征增值税项目销售额	免税销售额扣除项目本期实际扣除金额	扣除后免税销售额	免税销售额对应的进项税额	免税额
		1	2	3=1-2	4	5
合计	7					
出口免税	8		—	—	—	—
其中：跨境服务	9		—	—	—	—
	10					

填写要点：

爱之味公司支付增值税系统设备维护费可以抵减的增值税属于减税项目，因此在《增值税减免税申报明细表》第一部分“减税项目”中填报。

1. 根据《减免税政策代码目录》，在“减税性质代码及名称”选择爱之味公司支付增值税系统设备维护费对应减税性质代码及名称“01129914 购置增值税税控系统专用设备抵减增值税”。

2. 支付增值税系统设备维护费属于“增值税税控系统专用设备费及技术维护费”，将支付增值税系统设备维护费 2 000 元填入第 2 栏对应第 2 列“本期发生额”。

3. 将本期应抵减的增值税税额 2 000 元填入第 2 栏对应第 3 列“本期应抵减税额”。

4. 将本期实际抵减增值税税额 2 000 元填入第 2 栏对应第 4 列“本期实际抵减税额”。

5. 将 0（2 000－2 000）元填入第 2 栏对应第 5 列“期末余额”。

6. 将 2 000 元填入第 1 栏“合计”第 2 列“本期发生额”。

7. 将 2 000 元填入第 1 栏第 3 列“本期应抵减税额”。

8. 将 2 000 元填入第 1 栏第 4 列“本期实际抵减税额”。

9. 将 0（2 000－2 000）元填入第 1 栏第 5 列“期末余额”。

10. 将《增值税减免税申报明细表》第 1 栏对应第 4 列 2 000 元转入《增值税纳税申报表（一般纳税人适用）》主表（如表 2-28 所示）第 23 栏“税款计算：应纳税额减征额”对应“一般项目：本月数”列。

2. 免税项目

【例 2-95】A 幼儿园为符合条件的增值税一般纳税人，其 2020 年 1 月发生如下业务：

（1）取得符合收费标准的保育服务收入 600 000 元，开具增值税普通发票；

（2）取得收费标准范围外的赞助费收入 424 000 元（含税），开具增值税普通发票。

（3）购进教学教具（非固定资产），取得增值税专用发票 6 份，注明金额为 60 000 元，税额为 7 800 元。

请填报《增值税减免税申报明细表》。

分析：

第一步，计算免税金额。

业务（1）：A 幼儿园在相关收费标准范围以内收取的教育费、保育费是免税收入。因此，A 幼儿园提供的保育服务收入 600 000 元免征增值税。

业务（2）：幼儿园超过规定收费标准的收费，以开办实验班、特色班和兴趣班等为由另外收取的费用以及与幼儿园挂钩的赞助费、支教费等超过规定范围的收入，不属于免征增值税的范围。因此，A 幼儿园取得收费标准范围外的赞助费需要缴纳增值税。

$$\text{不含税销售收入}=424\ 000\div(1+6\%)=400\ 000\text{（元）}$$

$$\text{销项税额}=400\ 000\times 6\%=24\ 000\text{（元）}$$

业务（3）：购进非固定资产教学教具既用于应税项目又用于免税项目，无法具体划分，属于不得抵扣的进项税额，按照下列公式计算不得抵扣的进项税额：

$$\begin{aligned}\begin{matrix}\text{不得抵扣的}\\\text{进项税额}\end{matrix}&=\begin{matrix}\text{当期无法划分的}\\\text{全部进项税额}\end{matrix}\times\left(\begin{matrix}\text{当期简易计税方法}\\\text{计税项目销售额}\end{matrix}+\begin{matrix}\text{免征增值税}\\\text{项目销售额}\end{matrix}\right)\div\begin{matrix}\text{当期全部}\\\text{销售额}\end{matrix}\\&=7\ 800\times 600\ 000\div(600\ 000+400\ 000)=4\ 680\text{（元）}\end{aligned}$$

$$\text{免税额}=600\ 000\times 6\%-4\ 680=31\ 320\text{（元）}$$

第二步，填报《增值税减免税申报明细表》（如表 2-15 所示）。

填写要点：

A 幼儿园收取的保育服务收入属于免税收入，因此在《增值税减免税申报明细表》第二部分免税项目中填报。

（1）在第 8 栏“免税性质代码及名称”列选择 A 幼儿园保育服务收入对应免税服务代码“托儿所、幼儿园提供的保育和教育服务”。

（2）将业务（1）免税收入 600 000 元填入第 8 栏对应第 1 列“免征增值税项目销售额”。

（3）将 0 元填入第 8 栏对应第 2 列“免税销售额扣除项目本期实际扣除金额”。

（4）将 600 000 元填入第 8 栏对应第 3 列“扣除后免税销售额”。

（5）将 4 680 [7 800×600 000÷（600 000+400 000）] 元填入第 8 栏对应第 4 列“免税销售额对应的进项税额”。

（6）将 31 320（600 000×6%−4 680）元填入第 8 栏对应第 5 列“免税额”。

（7）将 600 000 元填入第 7 栏“合计”对应第 1 列“免征增值税项目销售额”。

（8）将 0 元填入第 7 栏对应第 2 列“免税销售额扣除项目本期实际扣除金额”。

（9）将 600 000 元填入第 7 栏对应第 3 列“扣除后免税销售额”。

（10）将 4 680 元填入第 7 栏对应第 4 列“免税销售额对应的进项税额”。

（11）将 31 320 元填入第 7 栏对应第 5 列“免税额”。

表 2-15　增值税减免税申报明细表

税款所属时间：自 2020 年 1 月 1 日至 2020 年 1 月 31 日

纳税人名称（公章）：A 幼儿园　　　　金额单位：元至角分

一、减税项目						
减税性质代码及名称	栏次	期初余额	本期发生额	本期应抵减税额	本期实际抵减税额	期末余额
		1	2	3=1+2	4≤3	5=3−4
合计	1					
	2					
	3					
	4					
	5					
	6					
二、免税项目						
免税性质代码及名称	栏次	免征增值税项目销售额	免税销售额扣除项目本期实际扣除金额	扣除后免税销售额	免税销售额对应的进项税额	免税额
		1	2	3=1−2	4	5
合计	7	600 000.00	0.00	600 000.00	4 680.00	31 320.00
托儿所、幼儿园提供的保育和教育服务	8	600 000.00	0.00	600 000.00	4 680.00	31 320.00
	9					
	10					
	11					

第四节　预缴税款的计算、账务处理及申报

一、预缴税款的计算

（一）跨县（市）提供建筑服务

（1）纳税人跨县（市、区）提供建筑服务，向建筑服务发生地主管税务机关预缴税款，向机构所在地主管税务机关申报纳税。

（2）以清包工方式提供的建筑服务、为甲供工程提供的建筑服务和为建筑工程老项目提供的建筑服务可选择简易计税方法计税。

（3）小规模纳税人跨县（市、区）提供建筑服务，不能自行开具增值税发票的，可向建筑服务发生地主管税务机关按照其取得的全部价款和价外费用申请代开增值税发票。

（4）纳税人取得的全部价款和价外费用扣除支付的分包款后的余额为负数的，可结转至下次预缴税款时继续扣除。

（5）纳税人应按照工程项目分别计算应预缴的税款，分别预缴。

（6）跨县（市）提供建筑服务的增值税政策如表 2-16 所示。

表 2-16　跨县（市）提供建筑服务的增值税政策

<table>
<tr><th rowspan="2">纳税人资格类型</th><th rowspan="2" colspan="3">施工类型</th><th rowspan="2">预缴金额，填报《增值税预缴税款表》</th><th rowspan="2">申报</th><th colspan="2">发票开具</th></tr>
<tr><th>普通发票</th><th>专用发票</th></tr>
<tr><td rowspan="2">一般纳税人</td><td rowspan="2">总包方</td><td colspan="2">一般计税</td><td>（全部价款和价外费用－支付的分包款）÷（1＋9%）×2%</td><td>全额申报，增值税＝含税销售额÷(1＋9%)×9%－进项税额－预缴税款</td><td rowspan="2">自开</td><td rowspan="2">自开</td></tr>
<tr><td colspan="2">简易计税</td><td>（全部价款和价外费用－支付的分包款）÷（1＋3%）×3%</td><td>（全部价款和价外费用－支付的分包款）÷（1＋3%）×3%－预缴税款</td></tr>
<tr><td rowspan="2">小规模纳税人</td><td>单位和个体工商户</td><td>总包方</td><td>简易计税</td><td>（全部价款和价外费用－支付的分包款）÷（1＋3%）×3%</td><td>（全部价款和价外费用－支付的分包款）÷（1＋3%）×3%－预缴税款</td><td>自开或代开</td><td>代开</td></tr>
<tr><td>其他个人</td><td></td><td></td><td>不预缴</td><td>全部价款和价外费用÷（1＋3%）×3%</td><td>代开</td><td>代开</td></tr>
</table>

【例 2-96】 2019 年 1 月，北京市 A 建筑公司（一般纳税人）去石家庄提供建筑服务，选择一般计税方法计税。取得全部价款和价外费用共计 1 655 000 元，支付分包款 555 000 元。请计算 A 建筑公司预缴增值税额和申报税额。

分析：

A 建筑公司向石家庄税务局预缴税款，预缴税额为：

预缴税额＝（1 655 000－555 000）÷（1＋9%）×2%＝20 183.49（元）

A 建筑公司向北京市税务局申报缴纳税款，申报税额为：

应纳税额＝1 655 000÷（1＋9%）×9%＝136 651.38（元）

申报税额—136 651.38－20 183.49＝116 467.89（元）

【例 2-97】 2019 年 8 月，北京市 A 建筑公司（一般纳税人）去天津市提供两项建筑服务，选择简易计税方法计税。项目 1：取得全部价款和价外费用共计 1 000 000 元，支付分包款 300 000 元；项目 2：取得全部价款和价外费用共计 80 000 元，支付分包款 1 000 000 元。请计算 A 建筑公司预缴增值税额和申报税额。

分析：

A 建筑公司应按照工程项目分别计算应预缴税额，分别在天津市税务局就两项建筑服务分别预缴。

项目 1 预缴税额＝（1 000 000－300 000）÷（1＋3%）×3%＝20 388.35（元）

项目 2 的当月收入 80 000 元扣除当月分包款支出 1 000 000 元后为负数（－20 000 元）。因此，项目 2 当月计算的预缴税额为 0，且剩余的－20 000 元可结转至下次预缴税款时继续扣除。

A 建筑公司回北京市税务局申报缴纳税款，申报税额为：

应纳税额＝（1 000 000－300 000）÷（1＋3%）×3%＝20 388.35（元）

申报税额＝20 388.35－20 388.35＝0（元）

（二）销售不动产

房地产开发企业销售自行开发的房地产项目（包括土地开发和房屋开发）预缴增值

税时，需要填写《增值税预缴税款表》；非房地产开发企业销售房产和房地产企业销售非自建房产预缴增值税时，不需要填写《增值税预缴税款表》。

1. 房地产开发企业销售自行开发的房地产项目（包括土地开发和房屋开发）

房地产开发企业销售自行开发的房地产项目（包括土地开发和房屋开发）适用的增值税政策如表 2-17 所示。

表 2-17 房地产开发企业销售自行开发的房地产项目的增值税政策

<table>
<tr><th colspan="2" rowspan="2">预售房产类型</th><th colspan="2">预缴增值税</th><th colspan="2">纳税申报</th><th colspan="2">发票开具</th></tr>
<tr><th>税务机关</th><th>预缴金额，填报《增值税预缴税款表》</th><th>税务机关</th><th>申报税额</th><th>普通发票</th><th>专用发票</th></tr>
<tr><td rowspan="2">自行开发老项目</td><td>简易计税</td><td>不动产所在地税务机关</td><td>预收款÷（1+5%）×3%</td><td>机构所在地税务机关</td><td>全部价款和价外费用÷（1+5%）×5%−预缴税额</td><td rowspan="3">自开</td><td rowspan="3">自开</td></tr>
<tr><td>一般计税</td><td>不动产所在地税务机关</td><td>预收款÷（1+9%）×3%</td><td>机构所在地税务机关</td><td>当期允许扣除的土地价款=（当期销售房地产项目建筑面积÷房地产项目可供销售建筑面积）×支付的土地价款
申报税额=（全部价款和价外费用−当期允许扣除的土地价款）÷（1+9%）×9%−进项税额−预缴税额</td></tr>
<tr><td colspan="2">自行开发新项目</td><td>不动产所在地税务机关</td><td>预收款÷（1+9%）×3%</td><td>机构所在地税务机关</td><td>当期允许扣除的土地价款=（当期销售房地产项目建筑面积÷房地产项目可供销售建筑面积）×支付土地价款
申报税额=（全部价款和价外费用−当期允许扣除的土地价款）÷（1+9%）×9%−进项税额−预缴税额</td></tr>
</table>

说明：一般纳税人销售自行开发的房地产老项目，可以选择适用简易计税方法按照 5%的征收率计税。一经选择简易计税方法计税的，36 个月内不得变更为一般计税方法计税。

【税收筹划】 2019 年 8 月，A 房地产开发公司（一般纳税人）预售 2016 年 4 月 1 日开工但尚未开发完毕的房地产项目，当期取得全部价款和价外费用 10 500 000 元，开具增值税专用发票。请问：A 房地产开发公司应选择适用简易计税方法还是一般计税方法？

分析：

方案一：选择简易计税方法。

预缴税额=10 500 000÷（1+5%）×3%=300 000（元）

应纳税额＝10 500 000÷（1＋5％）×5％＝500 000（元）

方案二：选择一般计税方法。

预缴税额＝10 500 000÷（1＋9％）×3％＝288 990.83（元）

应纳税额＝10 500 000÷（1＋9％）×9％＝866 972.48（元）

结论：

选择方案二可以使A房地产开发公司少缴纳增值税366 972.48（866 972.48－500 000）元。因此，应当选择方案二。

【例2－98】 2019年10月，A房地产开发公司（一般纳税人）预售2016年6月开工但尚未开发完毕的房地产项目，当期取得全部价款和价外费用10 900 000元，开具增值税专用发票，当期允许扣除的土地价款为5 000 000元。请计算A房地产开发公司预缴增值税额和申报税额。

分析：

预缴税额＝10 900 000÷（1＋9％）×3％＝300 000（元）

应纳税额＝（10 900 000－5 000 000）÷（1＋9％）×9％＝487 155.97（元）

申报税额＝487 155.97－300 000＝187 155.97（元）

2. 非房地产开发企业销售房产和房地产企业销售非自建房产

一般纳税人销售自建和非自建房产适用的增值税政策如表2－18所示。

【税收筹划】 2019年10月，A公司（一般纳税人）销售2015年购入的办公楼一栋，取得全部价款和价外费用10 500 000元。请问：A公司是选择简易计税方法还是选择一般计税方法？

分析：

方案一：选择简易计税方法。

预缴税额＝10 500 000÷（1＋5％）×5％＝500 000（元）

应纳税额＝10 500 000÷（1＋5％）×5％＝500 000（元）

方案二：选择一般计税方法。

预缴税额＝10 500 000÷（1＋5％）×5％＝500 000（元）

应纳税额＝10 500 000÷（1＋9％）×9％＝866 972.48（元）

结论：

选择方案一简易计税方法可以使A公司少申报缴纳增值税366 972.48（866 972.48－500 000）元。因此，应当选择方案一。

【例2－99】 2019年10月，A公司（一般纳税人）销售2017年8月购入的办公楼一栋，取得全部价款和价外费用55 000 000元，开具增值税专用发票，销售时采用一般计税方法，适用税率为9％，购进原值为44 500 000元；本月还购进办公用电脑、家具，取得增值税专用发票，可以抵扣进项税额1 000 000元。请计算A公司销售办公楼应纳增值税额。

分析：

预缴税额＝（55 000 000－44 500 000）÷（1＋5％）×5％＝500 000（元）

应纳税额＝55 000 000÷（1＋9％）×9％－1 000 000＝3 541 284.41（元）

申报税额＝3 541 284.41－500 000＝3 041 284.41（元）

表 2-18 一般纳税人销售自建和非自建房产的增值税政策

不动产类型			预缴增值税		纳税申报		发票开具	
			税务机关	预缴金额，不需要填报《增值税预缴税款表》	税务机关	申报税额	普通发票	专用发票
2016 年 4 月 30 日前	自建	简易计税	不动产所在地税务机关	全部价款和价外费用÷(1+5%)×5%	机构所在地主管税务机关	收到的全部价款和价外费用÷(1+5%)×5%－预缴税款	自开	自开
		一般计税	不动产所在地税务机关		机构所在地主管税务机关	收到的全部价款和价外费用÷(1+9%)×9%－进项税额－预缴税款	自开	自开
2016 年 5 月 1 日后	自建	一般计税	不动产所在地税务机关	全部价款和价外费用÷(1+5%)×5%	机构所在地主管税务机关	收到的全部价款和价外费用÷(1+9%)×9%－进项税额－预缴税款	自开	自开
2016 年 4 月 30 日前取得	非自建	简易计税	不动产所在地税务机关	(全部价款和价外费用－不动产购置原价或者取得不动产时的作价)÷(1+5%)×5%	机构所在地主管税务机关	(收到的全部价款和价外费用－不动产购置原价)÷(1+5%)×5%－预缴税款	自开	自开
		一般计税	不动产所在地税务机关		机构所在地主管税务机关	收到的全部价款和价外费用÷(1+9%)×9%－进项税额－预缴税款	自开	自开
2016 年 5 月 1 日后取得	非自建	一般计税	不动产所在地税务机关	(全部价款和价外费用－不动产购置原价或者取得不动产时的作价)÷(1+5%)×5%	机构所在地主管税务机关	收到的全部价款和价外费用÷(1+9%)×9%－进项税额－预缴税款	自开	自开

【例 2-100】 2019 年 1 月，A 公司（一般纳税人）转让其 2017 年 12 月自建的一幢办公楼，取得含税转让收入 60 000 000 元；本月还购进办公用电脑、家具，取得增值税专用发票，可以抵扣进项税额 1 000 000 元。请计算 A 公司转让办公楼应纳增值税额。

分析：

预缴税额＝60 000 000÷（1＋5％）×5％＝2 857 142.86（元）

应纳税额＝60 000 000÷（1＋9％）×9％－1 000 000＝3 954 128.44（元）

申报税额＝3 954 128.44－2 857 142.86＝1 096 985.58（元）

（三）出租与机构所在地不在同一县（市）的不动产（土地）

出租与机构所在地在同一县（市）的不动产（土地），纳税人不需要预缴增值税；出租与机构所在地不在同一县（市）的不动产（土地），纳税人需要预缴增值税。一般纳税人提供不动产经营租赁服务适用的增值税政策如表 2-19 所示。

表 2-19　一般纳税人提供不动产经营租赁服务的增值税政策

出租不动产类型		预缴金额	申报，填报《增值税预缴税款表》	发票开具	
				普通发票	专用发票
2016 年 4 月 30 日前的项目（简易计税）	本地	不预缴	含税销售额÷（1+5％）×5％	自开	自开
	异地	含税销售额÷（1+5％）×5％	含税销售额÷（1+5％）×5％－预缴税款		
2016 年 4 月 30 日前的项目（一般计税）	本地	不预缴	含税销售额÷（1+9％）×9％		
	异地	含税销售额÷（1+9％）×3％	含税销售额÷（1+9％）×9％－预缴税款		
2016 年 4 月 30 日后的项目（一般计税）	本地	不预缴	含税销售额÷（1+9％）×9％		
	异地	含税销售额÷（1+9％）×3％	含税销售额÷（1+9％）×9％－预缴税款		

需要注意两点：

（1）不动产所在地与机构所在地不在同一县（市、区）的，纳税人应按照表 2-19 中的计税方法向不动产所在地主管税务机关预缴税款，向机构所在地主管税务机关申报纳税。不动产所在地与机构所在地在同一县（市、区）的，纳税人应向机构所在地主管税务机关申报纳税。

（2）纳税人出租土地使用权，按不动产经营租赁服务缴纳增值税。

【工作任务 2】分析 25：

业务 5：北京爱之味公司出租 2016 年 3 月购买且不在北京市的不动产，可以选择适用简易计税方法。

预缴税额＝525 000÷（1＋5％）×5％＝25 000（元）

应纳税额＝525 000÷（1＋5％）×5％＝25 000（元）

申报税额＝25 000－25 000＝0（元）

二、预缴税款的账务处理

增值税一般纳税人选择一般计税方法预缴增值税通过“应交税费——预缴增值税”科目核算。增值税一般纳税人选择简易计税方法预缴增值税通过“应交税费——简易计税”科目核算。下面分别介绍。

（一）选择一般计税方法预缴增值税

“应交税费——预缴增值税”科目核算一般纳税人选择一般计税方法转让不动产、提供不动产经营租赁服务、提供建筑服务、采用预收款方式销售自行开发的房地产项目等，以及其他按现行增值税制度的规定应预缴的增值税额。企业选择一般计税方法预缴增值税时的账务处理如下：

借：应交税费——预缴增值税

　贷：银行存款

一般企业应将“应交税费——预缴增值税”科目余额转入“应交税费——未交增值税”科目。房地产开发企业预缴的税款不能抵减预缴当期的应纳税额，直至纳税义务发生时才可从“应交税费——预缴增值税”科目结转至“应交税费——未交增值税”科目。账务处理如下：

借：应交税费——未交增值税

　贷：应交税费——预缴增值税

【例 2 - 101】 A 房地产开发公司（一般纳税人）开发了甲房地产项目，2019 年 1 月预售房屋一套，售价 1 000 000 元，同时收到 B 客户交付的预售款 1 000 000 元，甲房地产项目采用一般计税方法计税。请进行 A 房地产开发公司增值税的账务处理。

分析：

（1）预收房款时，采用一般计税方法预缴增值税按 9%的适用税率和 3%的预征率计算。

应预缴增值税＝1 000 000÷（1＋9%）×3%＝27 522.94（元）

（2）收到预售款：

借：银行存款　　1 000 000

　贷：预收账款　　1 000 000

借：应交税费——预缴增值税　　27 522.94

　贷：银行存款　　27 522.94

（3）销售房屋确认收入：

借：银行存款　　1 000 000

　贷：主营业务收入　　917 431.19（1 000 000÷1.09）

　　　应交税费——应交增值税（销项税额）　　82 568.81（917 431.19×9%）

借：应交税费——未交增值税　　27 522.94

　贷：应交税费——预缴增值税　　27 522.94

（4）月末会计处理：

借：应交税费——应交增值税（转出未交增值税）　　82 568.81

　贷：应交税费——未交增值税　　82 568.81

（5）申报纳税：

借：应交税费——未交增值税　　55 045.87（82 568.81－27 522.94）

　贷：银行存款　　55 045.87

【例 2 - 102】 2019 年 9 月，A 化工企业（一般纳税人）将一栋办公楼对外出售，取得含税价款 12 000 000 元。该办公楼是 A 化工企业 2015 年 1 月购入的，购置原价为

7 000 000 元，已计提折旧 2 000 000 元，A 化工企业保留完整购入凭证，采用一般计税方法计税。A 化工企业 9 月进项税额合计 400 000 元，其他销项税额合计 500 000 元。请进行 A 化工企业增值税的账务处理。

分析：

计算预缴税款：

向不动产所在地预缴税款＝（12 000 000－7 000 000）÷（1＋5%）×5%＝238 095.24（元）

销售时：

借：应交税费——预缴增值税　　238 095.24

　贷：银行存款　　238 095.24

借：固定资产清理　　5 000 000

　　累计折旧　　2 000 000

　贷：固定资产　　7 000 000

借：银行存款　　12 000 000

　贷：固定资产清理　　11 009 174.31（12 000 000÷1.09）

　　　应交税费——应交增值税（销项税额）　　990 825.69（11 009 174.31×9%）

借：固定资产清理　　4 009 174.32

　贷：资产处置损益　　4 009 174.32

当期在机构所在地应纳增值税＝990 825.69＋500 000－400 000＝1 090 825.69（元）

月末账务处理为：

借：应交税费——未交增值税　　238 095.24

　贷：应交税费——预缴增值税　　238 095.24

借：应交税费——应交增值税（转出未交增值税）　　1 090 825.69

　贷：应交税费——未交增值税　　1 090 825.69

实际缴纳时凭预缴完税凭证进行账务处理：

借：应交税费——未交增值税　　852 730.45（1 090 825.69－238 095.24）

　贷：银行存款　　852 730.45

（二）选择简易计税方法预缴增值税

一般纳税人采用简易计税方法预缴增值税通过“应交税费——简易计税”科目核算。企业选择简易计税方法预缴增值税的账务处理如下：

（1）预缴增值税时：

借：应交税费——简易计税

　贷：银行存款

（2）计提增值税时：

借：银行存款（预收账款、应收账款）

　贷：主营业务收入（其他业务收入、工程结算）

　　　应交税费——简易计税

应说明的是，“应交税费——简易计税”科目期末余额为零。

【例 2-103】A 房地产开发公司（一般纳税人）开发了甲房地产项目，2019 年 1 月预售房屋一套，售价 1 000 000 元，同时收到客户乙交付的预售款 1 000 000 元，甲房地产项目采用简易计税方法计税。请进行 A 房地产开发公司增值税的账务处理。

分析：

（1）预收房款时，采用一般计税方法预缴增值税按 5%的适用税率和 5%的预征率计算。

应预缴增值税=1 000 000÷（1+5%）×5%=47 619.05（元）

借：银行存款　　1 000 000

　贷：预收账款　　1 000 000

借：应交税费——简易计税　　47 619.05

　贷：银行存款　　47 619.05

（2）销售房屋确认收入：

借：预收账款　　1 000 000

　贷：主营业务收入　　952 380.95（1 000 000÷1.05）

　　应交税费——简易计税　　47 619.05（952 380.95×5%）

【例 2-104】2019 年 9 月，A 化工企业（一般纳税人）将其一栋办公楼对外出售，取得含税价款 12 000 000 元，该办公楼是 A 化工企业 2015 年 1 月购入的，购置原价为 7 000 000 元，已计提折旧 2 000 000 元，A 化工企业保留完整购入凭证，采用简易计税方法计税。A 化工企业 9 月进项税额合计 400 000 元，其他销项税额合计 500 000 元。请进行 A 化工企业增值税的账务处理。

分析：

预缴税款时：

向不动产所在地预缴税款=（12 000 000－7 000 000）÷（1+5%）×5%=238 095.24（元）

借：应交税费——简易计税　　238 095.24

　贷：银行存款　　238 095.24

进行会计处理时：

借：固定资产清理　　5 000 000

　　累计折旧　　2 000 000

　贷：固定资产　　7 000 000

借：银行存款　　12 000 000

　贷：固定资产清理　　11 761 904.76（12 000 000－238 095.24）

　　应交税费——简易计税　　238 095.24

借：固定资产清理　　6 761 904.76（11 761 904.76－5 000 000）

　贷：资产处置损益　　6 761 904.76

【工作任务 2】分析 26：

业务 5 的账务处理如下：

（1）1 月收取租金时：

借：银行存款　　525 000

贷：预收账款 525 000

（2）在不动产所在地天津预缴增值税时：

借：应交税费——预缴增值税 25 000（525 000÷1.05×5%）

贷：银行存款 25 000

（3）在机构所在地北京申报纳税时：

借：预收账款 525 000

贷：其他业务收入 500 000（525 000÷1.05）

应交税费——应交增值税（销项税额） 25 000

三、《增值税预缴税款表》的填写

不是所有预缴增值税的纳税人都要填写《增值税预缴税款表》（如表 2－20 所示），只有三类纳税人需要填写，即纳税人（不含其他个人）跨县（市）提供建筑服务、房地产开发企业预售自行开发的房地产项目和纳税人（不含其他个人）出租与机构所在地不在同一县（市）的不动产。纳税人按次申报预缴增值税，而不是按期申报。

（一）栏次内容

按栏次分，《增值税预缴税款表》分为四大部分：

（1）第一部分反映纳税人异地提供建筑服务预缴税款，在第 1 栏反映。

（2）第二部分反映房地产开发企业预售自行开发的房地产项目预缴税款，在第 2 栏反映。

（3）第三部分反映纳税人出租不动产预缴税款，在第 3 栏反映。

（4）第四部分反映纳税人预缴税款合计，在第 6 栏反映。

（二）列次逻辑关系

第 4 列“预征税额”各栏＝（第 1 列“销售额”对应各栏－第 2 列“扣除金额”对应各栏）÷（1＋税率或征收率）×第 3 列“预征率”对应各栏。

（三）纳税申报

1. 纳税人（不含其他个人）跨县（市）提供建筑服务

根据例 2－97 的资料，填写《增值税预缴税款表》。北京市 A 建筑公司去天津市提供两项建筑服务，需要按项目分别填写《增值税预缴税款表》（见表 2－20、表 2－21）。

表 2－20 增值税预缴税款表

税款所属时间：2019 年 8 月 1 日至 2019 年 8 月 31 日

纳税人识别号：□□□□□□□□□□□□□□□□□□□□□□□□□□ 是否适用一般计税方法 是 □否 ☑

纳税人名称：（公章）北京市 A 建筑公司 金额单位：元（列至角分）

项目编号			项目名称	项目 1	
项目地址					
预征项目和栏次		销售额	扣除金额	预征率	预征税额
		1	2	3	4
建筑服务	1	1 000 000.00	300 000.00	3%	20 388.35
销售不动产	2				

续表

出租不动产	3				
	4				
	5				
合计	6	1 000 000	300 000	3%	20 388.35
授权声明	如果你已委托代理人填报，请填写下列资料： 为代理一切税务事宜，现授权____ _______（地址）为本次纳税人的代理填报人，任何与本表有关的往来文件，都可寄予此人。 授权人签字：		填表人申明	以上内容是真实的、可靠的、完整的。 纳税人签字：	

填写要点：

1. 项目 1 选择简易计税方法，在“是否适用一般计税方法”对应选项“否”的方框内打“√”。
2. 将取得的项目 1 建筑工程含税工程款 1 000 000 元填入第 1 栏“建筑服务”对应第 1 列“销售额”。
3. 将项目 1 支付的分包款 300 000 元填入第 1 栏对应第 2 列“扣除金额”。
4. 将 3%填入第 1 栏对应第 3 列“预征率”。
5. 将项目 1 预缴增值税 20 388.35［(1 000 000−300 000) ÷ (1+3%) ×3%］元填入第 1 栏对应第 4 列“预征税额”。
6. 将 1 000 000 元填入第 6 栏“合计”对应第 1 列“销售额”。
7. 将 300 000 元填入第 6 栏对应第 2 列“扣除金额”。
8. 将 3%填入第 6 栏对应第 3 列“预征率”。
9. 将 20 388.35 元填入第 6 栏对应第 4 列“预征税额”。

表 2－21 增值税预缴税款表

税款所属时间：2019 年 8 月 1 日至 2019 年 8 月 31 日

纳税人识别号：□□□□□□□□□□□□□□□□□□□□ 是否适用一般计税方法 是 □否 ☑

纳税人名称：（公章）北京市 A 建筑公司 金额单位：元（列至角分）

项目编号			项目名称	项目 2	
项目地址					
预征项目和栏次		销售额	扣除金额	预征率	预征税额
		1	2	3	4
建筑服务	1	800 000.00	1 000 000.00	3%	0.00
销售不动产	2				
出租不动产	3				
	4				
	5				
合计	6	800 000.00	1 000 000.00	3%	0.00
授权声明	如果你已委托代理人填报，请填写下列资料： 为代理一切税务事宜，现授权____ _______（地址）为本次纳税人的代理填报人，任何与本表有关的往来文件，都可寄予此人。 授权人签字：		填表人申明	以上内容是真实的、可靠的、完整的。 纳税人签字：	

填写要点：
1. 项目 2 选择简易计税方法，在“是否适用一般计税方法”对应选项“否”的方框的打“√”。
2. 将项目 2 取得的建筑工程含税工程款 800 000 元填入第 1 栏“建筑服务”对应第 1 列“销售额”。
3. 将项目 2 支付的分包款 1 000 000 填入第 1 栏对应第 2 列“扣除金额”。
4. 将 3%填入第 1 栏对应第 3 列“预征率”。
5. 将项目 2 预缴增值税 0 元填入第 1 栏对应第 4 列“预征税额”。
6. 将 800 000 元填入第 6 栏“合计”对应第 1 列“销售额”。
7. 将 1 000 000 元填入第 6 栏对应第 2 列“扣除金额”。
8. 将 3%填入第 6 栏对应第 3 列“预征率”。
9. 将 0 元填入第 6 栏对应第 4 列“预征税额”。

2. 纳税人（不含其他个人）出租与机构所在地不在同一县（市）的不动产

根据爱之味公司【工作任务 2】业务 5 的资料，填写《增值税预缴税款表》（如表 2－22所示）。

表 2－22 增值税预缴税款表

税款所属时间： 2020 年 1 月 1 日至 2020 年 1 月 31 日

纳税人识别号：□□□□□□□□□□□□□□□□□□□□□□□□ 是否适用一般计税方法 是 □否 ☑

纳税人名称：（公章）北京爱之味食品加工有限责任公司 金额单位：元（列至角分）

项目编号			项目名称		
项目地址					
预征项目和栏次		销售额	扣除金额	预征率	预征税额
		1	2	3	4
建筑服务	1				
销售不动产	2				
出租不动产	3	525 000.00	0.00	5%	25 000.00
	4				
	5				
合计	6	525 000.00	0.00	5%	25 000.00
授权声明	如果你已委托代理人填报，请填写下列资料： 为代理一切税务事宜，现授权__________________（地址）为本次纳税人的代理填报人，任何与本表有关的往来文件，都可寄予此人。 授权人签字：		填表人申明	以上内容是真实的、可靠的、完整的。 纳税人签字：	

填写要点：
1. 爱之味公司出租不动产选择简易计税方法，在“是否适用一般计税方法”对应选项“否”的方框内打“√”。
2. 将出租不动产含税租金收入 525 000 元填入第 3 栏“出租不动产”对应第 1 列“销售额”。
3. 将 5%填入第 3 栏对应第 3 列“预征率”。
4. 将 25 000［525 000÷（1+5%）×5%］元填入第 3 栏对应第 4 列“预征税额”。
5. 将 525 000 元填入第 6 栏“合计”对应第 1 列“销售额”。
6. 将 5%填入第 6 栏对应第 3 列“预征率”。
7. 将 25 000 元填入第 6 栏对应第 4 列“预征税额”。

第五节 税额抵减的计算、账务处理及申报

一、税额抵减的计算

（一）增值税税控系统专用设备和技术维护费用抵减增值税额的规定

增值税税控系统专用设备和技术维护费用抵减增值税额的规定已经在本章第三节“减免税业务税额的计算、账务处理及申报”介绍，此外不再赘述。

【工作任务2】分析27：

业务18：1月22日，支付增值税系统设备维护费2 000元，在该公司1月增值税应纳税额中全额抵减。

（二）预缴税款的规定

建筑服务业预缴税款和销售不动产预缴税款的增值税政策已经在本章第四节“预缴税款的计算、账务处理及申报”介绍，分支机构预缴税款将在本章第七节“汇总纳税申报”介绍，此外不再赘述。

（三）加计抵减的规定

自2019年4月1日起至2021年12月31日，允许生产、生活性服务业纳税人按照当期可抵扣进项税额加计10%抵减应纳税额（以下简称加计抵减政策）。

（1）生产、生活性服务业纳税人，是指提供邮政服务、电信服务、现代服务、生活服务（以下简称四项服务）取得的销售额占全部销售额的比重超过50%的纳税人。

2019年3月31日前设立的纳税人，自2018年4月起至2019年3月期间的销售额（经营期不满12个月的，按照实际经营期的销售额计算）符合上述规定条件的，自2019年4月1日起适用加计抵减政策。

2019年4月1日后设立的纳税人，自设立之日起3个月的销售额符合上述规定条件的，自登记为一般纳税人之日起适用加计抵减政策。

纳税人确定适用加计抵减政策后，当年内不再调整，以后年度是否适用，根据上年度销售额计算确定。

纳税人可计提但未计提的加计抵减额，可在确定适用加计抵减政策当期一并计提。

【例2-105】A公司于2018年3月20日成立，自2019年1月1日起登记为一般纳税人。在2018年4月至2018年12月（小规模纳税人），仅提供信息技术服务，取得销售额600 000元，2019年1月至2019年3月（一般纳税人），提供信息技术服务取得销售额500 000元，销售应税货物取得销售额200 000元。2019年4月，A公司发生销项税额68 000元，取得一般计税项目进项税额40 000元。

情形一：如果A公司于2019年4月通过电子税务局提交《适用加计抵减政策的声明》，确认适用政策有效期为2019年4月1日至2019年12月31日。

情形二：如果A公司于2019年6月通过电子税务局提交《适用加计抵减政策的声

明》。该公司 2019 年 5 月取得的进项税额为 150 000 元，期末留抵税额为零；2019 年 6 月取得的进项税额为 90 000 元，发生的销项税额为 160 000 元。

请计算 A 公司情形一 4 月和情形二 6 月应缴纳的增值税。

分析：

情形一：2019 年 4 月，A 公司通过电子税务局提交《适用加计抵减政策的声明》，确认加计抵减政策有效期为 2019 年 4 月 1 日至 2019 年 12 月 31 日。

在计算销售额比重时，应包含小规模纳税人期间发生的销售额。

A 公司在 2018 年 4 月至 2019 年 3 月，提供现代服务取得销售额占全部销售额比重＝（600 000＋500 000）÷（600 000＋500 000＋200 000）×100%＝85%，超过 50%，适用加计抵减政策。

4 月可计提的加计抵减额＝40 000×10%＝4 000（元）

4 月应缴纳增值税额＝本期销项税额－本期进项税额
＝68 000－40 000＝28 000（元）

4 月实际缴纳增值税额＝4 月应缴纳增值税额－本期实际抵减税额
＝28 000－4 000＝24 000（元）

情形二：因为 A 公司于 2019 年 3 月 31 日前设立，所以虽然 A 公司 2019 年 6 月通过电子税务局提交《适用加计抵减政策的声明》，但是确认加计抵减政策有效期仍为 2019 年 4 月至 2019 年 12 月。

纳税人可计提但未计提的加计抵减额，可在确定适用加计抵减政策当期一并计提。

6 月可计提的加计抵减税额＝（40 000＋150 000＋90 000）×10%＝28 000（元）

6 月应缴纳增值税额＝本期销项税额－本期进项税额＝160 000－90 000＝70 000（元）

6 月实际缴纳增值税额＝6 月应缴纳增值税额－本期实际抵减税额
＝70 000－28 000＝42 000（元）

【例 2－106】 A 公司于 2019 年 5 月 1 日成立，自 2019 年 5 月 1 日起登记为一般纳税人。2019 年 5 月至 2019 年 7 月，A 公司提供信息技术服务取得不含税销售额 710 000 元，销售货物取得不含税销售额 390 000 元，抵扣的进项税额合计 68 000 元，2019 年 7 月期末留抵税额为零。A 公司 2019 年 8 月发生销项税额 180 000 元，取得进项税额 52 000 元。请计算 A 公司 8 月应缴纳的增值税。

分析：

2019 年 5 月至 2019 年 7 月，A 公司提供信息服务取得销售额占全部销售额比重＝710 000÷（710 000＋390 000）×100%＝65%，超过 50%，适用加计抵减政策。A 公司可于 2019 年 8 月通过电子税务局（或前往办税服务厅）提交《适用加计抵减政策的声明》，确认适用政策有效期为 2019 年 5 月至 2019 年 12 月。

A 公司 2019 年 5 月至 2019 年 7 月已抵扣的进项税额 68 000 元可以在 2019 年 8 月一并计提加计抵减额。

8 月可计提的加计抵减税额＝（68 000＋52 000）×10%＝12 000（元）

8 月应缴纳增值税额＝本期销项税额－本期进项税额
＝180 000－52 000＝128 000（元）

8 月实际缴纳增值税额＝8 月应缴纳增值税－本期实际抵减税额

＝128 000－12 000＝116 000（元）

（2）纳税人应按照当期可抵扣进项税额的 10％计提当期加计抵减额。按照现行规定，不得从销项税额中抵扣的进项税额，不得计提加计抵减额；已计提加计抵减额的进项税额，按规定做进项税额转出的，应在进项税额转出当期相应调减加计抵减额。计算公式如下：

当期计提加计抵减额＝当期可抵扣进项税额×10％

当期可抵减加计抵减额＝上期末加计抵减额余额＋当期计提加计抵减额－当期调减加计抵减额

（3）纳税人应按照现行规定计算一般计税方法下的应纳税额（以下简称抵减前的应纳税额）后，区分以下情形加计抵减：

1）抵减前的应纳税额等于零的，当期可抵减加计抵减额全部结转下期抵减。

2）抵减前的应纳税额大于零，且大于当期可抵减加计抵减额的，当期可抵减加计抵减额全额从抵减前的应纳税额中抵减。

3）抵减前的应纳税额大于零，且小于或等于当期可抵减加计抵减额的，以当期可抵减加计抵减额抵减应纳税额至零。未抵减完的当期可抵减加计抵减额，结转下期继续抵减。

【例 2－107】 2019 年 6 月末，A 公司（一般纳税人）加计抵减额余额为 5 000 元。2019 年 7 月需要转出的进项税额为 60 000 元，该部分进项税额前期已计提加计抵减额。7 月发生销项税额 70 000 元，取得进项税额 68 000 元。请计算 A 公司 7 月应缴纳的增值税。

分析：

7 月计提加计抵减额＝68 000×10％＝6 800（元）

7 月调减加计抵减额＝60 000×10％＝6 000（元）

7 月可抵减额＝6 月末加计抵减额余额＋7 月计提加计抵减额－7 月调减加计抵减额

＝5 000＋6 800－6 000

＝5 800（元）

7 月应缴纳增值税＝本期销项税额－本期进项税额

＝70 000－68 000

＝2 000（元）＞0

因为 7 月应缴纳增值税（2 000 元）＜7 月可抵减额（5 800 元），所以：

7 月实际抵减税额＝2 000（元）

7 月末加计抵减额余额＝5 800－2 000＝3 800（元）

7 月实际缴纳增值税＝7 月应缴纳增值税－7 月实际抵减税额

＝2 000－2 000＝0（元）

（4）纳税人出口货物和劳务、发生跨境应税行为不适用加计抵减政策，其对应的进项税额不得计提加计抵减额。

纳税人兼营出口货物和劳务、发生跨境应税行为且无法划分不得计提加计抵减额的进项税额，按照以下公式计算：

不得计提加计抵减额的进项税额＝当期无法划分的全部进项税额×当期出口货物和劳务、发生跨境应税行为的销售额÷当期全部销售额

（5）纳税人应单独核算加计抵减额的计提、抵减、调减、结余等变动情况。骗取适用加计抵减政策或虚增加计抵减额的，按照《中华人民共和国税收征收管理法》等有关规定处理。

（6）加计抵减政策执行到期后，纳税人不再计提加计抵减额，结余的加计抵减额停止抵减。

二、税额抵减的账务处理

（一）增值税税控系统专用设备和技术维护费用抵减增值税的账务处理

增值税税控系统专用设备和技术维护费用抵减增值税的账务处理如下：

借：应交税费——应交增值税（减免税款）

　贷：管理费用

【例 2-108】 2019 年 8 月，A 公司（一般纳税人）缴纳增值税税控系统技术维护费 500 元，取得增值税专用发票。请进行 A 公司增值税的账务处理。

分析：

增值税纳税人初次购进增值税税控系统专用设备和缴纳技术维护费用可凭相关发票全额抵减增值税额。

（1）缴纳时：

借：管理费用　500

　贷：银行存款　500

（2）按规定抵减增值税应纳税额时：

借：应交税费——应交增值税（减免税款）　500

　贷：管理费用　500

【工作任务 2】分析 28：

业务 18 的账务处理如下：

（1）支付增值税系统设备维护费时：

借：管理费用　2 000

　贷：银行存款　2 000

（2）抵减增值税应纳税额时：

借：应交税费——应交增值税（减免税款）　2 000

　贷：管理费用　2 000

（二）预缴税款的账务处理

（1）采用一般计税方法，预缴税款的账务处理如下：

1）预缴税款时：

借：应交税费——预缴增值税

贷：银行存款

2）预缴税款结转的账务处理如表 2－23 所示。

表 2－23　预缴税款结转的账务处理

企业类型	预缴税款结转时间	账务处理
一般企业	月末	借：应交税费——未交增值税 贷：应交税费——预缴增值税
房地产开发企业	纳税义务发生时	

（2）采用简易计税方法，预缴税款的账务处理如下：

1）预缴税款时：

借：应交税费——简易计税

　贷：银行存款

2）计提增值税时：

借：银行存款（预收账款、应收账款）

　贷：主营业务收入（其他业务收入、工程结算）

　　　应交税费——简易计税

【工作任务 2】分析 29：

业务 5 的账务处理如下：

（1）在不动产所在地天津预缴增值税：

借：应交税费——预缴增值税　　25 000（525 000÷1.05×5%）

　贷：银行存款　　25 000

（2）1 月底结转预缴税额：

借：应交税费——未交增值税　　25 000

　贷：应交税费——预缴增值税　　25 000

（三）加计抵减的账务处理

1. 取得资产或者接受劳务时

取得资产或者接受劳务时的账务处理如下：

借：固定资产（库存商品、管理费用等）

　　应交税费——应交增值税（进项税额）

　贷：银行存款（应付账款等）

按规定当期计提加计抵减额时，不做账务处理，只登记台账，“加计抵减额”台账如表 2－24 所示。

表 2－24　“加计抵减额”台账

所属期	进项税额		已计提额		实际抵减额		本期调减额		期末余额
	本月数	累计数	本月数	累计数	本月数	累计数	本月数	累计数	
1	2	3	4	5	6	7	8	9	10

2. 实际抵减应纳税额时

（1）抵减前的应纳税额大于零，且大于当期可抵减加计抵减额的，当期加计抵减额全额从抵减前的应纳税额中抵减。账务处理如下：

借：应交税费——未交增值税

　贷：其他收益

　　银行存款

（2）抵减前的应纳税额大于零，且小于或等于当期可抵减加计抵减额的，以当期加计抵减额抵减应纳税额至零。未抵减完的当期加计抵减额，结转下期继续抵减。账务处理如下：

借：应交税费——未交增值税

　贷：其他收益

【例 2-109】 2019 年 4 月，A 咨询公司（一般纳税人）符合增值税的加计抵减政策，4 月销项税额为 260 000 元，进项税额为 100 000 元，全部允许抵扣。请进行 A 咨询公司 4 月增值税的账务处理。

分析：

4 月可计提的加计抵减额＝1 000 000×10%＝10 000（元）

4 月应缴纳增值税＝本期销项税额－本期进项税额

＝260 000－100 000＝160 000（元）

4 月实际缴纳增值税＝应缴纳增值税－本期实际抵减额

＝160 000－10 000＝150 000（元）

（1）计提增值税时：

借：应交税费——应交增值税（转出未交增值税）　160 000

　贷：应交税费——未交增值税　160 000

（2）缴纳增值税时：

借：应交税费——未交增值税　160 000

　贷：银行存款　150 000

　　其他收益　10 000

三、《增值税纳税申报表附列资料（四）》（税额抵减情况表）的填写

（一）行次内容

按行次分，《增值税纳税申报表附列资料（四）》（税额抵减情况）（以下简称《税额抵减情况表》，如表 2-25 所示）分为两大部分：

（1）第一部分是税额抵减情况，在第 1 行到第 5 行反映。

（2）第二部分是加计抵减情况，在第 6 行到第 8 行反映。

（二）列次逻辑关系

（1）第 3 列“本期应抵减税额”各行＝第 1 列“期初余额”对应各行＋第 2 列“本期发生额”对应各行。

（2）第5列“期末余额”各行＝第3列“本期应抵减税额”对应各行－第4列“本期实际抵减税额”对应各行。

（三）表间关系

（1）《增值税纳税申报表（一般纳税人适用）》主表第19栏“税款计算：应纳税额”对应“一般项目：本月数”列＝主表第11栏“税款计算：销项税额”对应“一般项目：本月数”列－主表第18栏“税款计算：实际抵扣税额”对应“一般项目：本月数”列－“实际抵减额”。

这里的“实际抵减额”是指按照规定可从本期适用一般计税方法计算的应纳税额中抵减的加计抵减额，对应《税额抵减情况表》第6行“一般项目加计抵减额计算”第5列“本期实际抵减额”。

（2）《增值税纳税申报表（一般纳税人适用）》主表第19栏“税款计算：应纳税额”对应“即征即退项目：本月数”列＝主表第11栏“税款计算：销项税额”对应“即征即退项目：本月数”列－主表第18栏“税款计算：实际抵扣税额”对应“即征即退项目：本月数”列－“实际抵减额”。

这里的“实际抵减额”是指按照规定可从本期适用一般计税方法计算的应纳税额中抵减的加计抵减额，对应《税额抵减情况表》第7行“即征即退项目加计抵减额计算”第5列“本期实际抵减额”。

（四）纳税申报

（1）根据【工作任务2】业务5和业务18的资料，填写《税额抵减情况表》（如表2－25所示）。

表2－25　增值税纳税申报表附列资料（四）

（税额抵减情况表）

税款所属时间：2020年1月1日至2020年1月31日

纳税人名称：（公章）北京爱之味食品加工有限责任公司　　　　金额单位：元至角分

一、税额抵减情况						
序号	抵减项目	期初余额	本期发生额	本期应抵减税额	本期实际抵减税额	期末余额
		1	2	3＝1＋2	4≤3	5＝3－4
1	增值税税控系统专用设备费及技术维护费	0.00	2 000.00	2 000.00	2 000.00	0.00
2	分支机构预征缴纳税款					
3	建筑服务预征缴纳税款					
4	销售不动产预征缴纳税款					
5	出租不动产预征缴纳税款	0.00	25 000.00	25 000.00	25 000.00	0.00

续表

二、加计抵减情况							
序号	加计抵减项目	期初余额	本期发生额	本期调减额	本期可抵减额	本期实际抵减额	期末余额
		1	2	3	4=1+2-3	5	6=4-5
6	一般项目加计抵减额计算						
7	即征即退项目加计抵减额计算						
8	合计						

填写要点：

1. 将业务 18 支付增值税系统设备维护费 2 000 元填入第 1 行“一、税额抵减情况：增值税税控系统专用设备费及技术维护费”对应第 2 列“本期发生额”。
2. 将可以抵扣的增值税额 2 000 元填入第 1 行对应第 3 列“本期应抵减税额”。
3. 将实际抵扣的增值税额 2 000 元填入第 1 行对应第 4 列“本期实际抵减税额”。
4. 将 0（2 000−2 000）元填入第 1 行对应第 5 列“期末余额”。
5. 将业务 5 出租写字楼预缴增值税 25 000 元填入第 5 行“一、税额抵减情况：出租不动产预征缴纳税款”对应第 2 列“本期发生额”。
6. 将可以抵扣的增值税额 25 000 元填入第 5 行对应第 3 列“本期应抵减税额”。
7. 将实际抵扣的增值税额 25 000 元填入第 5 行对应第 4 列“本期实际抵减税额”。
8. 将 0（25 000−25 000）元填入第 5 行对应第 5 列“期末余额”。

（2）根据【例 2-107】的资料，填写《税额抵减情况表》（如表 2-26 所示）。

表 2-26　增值税纳税申报表附列资料（四）

（税额抵减情况表）

税款所属时间：2019 年 7 月 1 日至 2019 年 7 月 31 日

纳税人名称：（公章）A 公司　　　　金额单位：元至角分

一、税额抵减情况						
序号	抵减项目	期初余额	本期发生额	本期应抵减税额	本期实际抵减税额	期末余额
		1	2	3=1+2	4≤3	5=3-4
1	增值税税控系统专用设备费及技术维护费					
2	分支机构预征缴纳税款					
3	建筑服务预征缴纳税款					
4	销售不动产预征缴纳税款					
5	出租不动产预征缴纳税款					

续表

二、加计抵减情况							
序号	加计抵减项目	期初余额	本期发生额	本期调减额	本期可抵减额	本期实际抵减额	期末余额
		1	2	3	4=1+2−3	5	6=4−5
6	一般项目加计抵减额计算	5 000.00	6 800.00	6 000.00	5 800.00	2 000.00	3 800.00
7	即征即退项目加计抵减额计算						
8	合计	5 000.00	6 800.00	6 000.00	5 800.00	2 000.00	3 800.00

填写要点：

1. 将6月末加计抵减额余额5 000元填入第6行“二、加计抵减情况：一般项目加计抵减额计算”对应第1列“期初余额”。
2. 将7月计提加计抵减额6 800元填入第6栏对应第2列“本期发生额”。
3. 将7月调减加计抵减额6 000元填入第6栏对应第3列“本期调减额”。
4. 将7月可抵减额5 800（5 000+6 800−6 000）元填入第6栏对应第4列“本期可抵减额”。
5. 将7月实际抵减额2 000元填入第6栏对应第5列“本期实际抵减额”。
6. 将7月期末余额3 800（5 800−2 000）元填入第6行对应第6列“期末余额”。

第六节 税额的计算、账务处理及申报

一、增值税额的计算

一般纳税人应纳增值税的计算公式如下：

一般纳税人应纳增值税＝销项税额－进项税额＋进项税额转出－上期留抵税额＋简易计税－预缴增值税

【工作任务2】分析30：

爱之味公司2020年1月应纳增值税为：

应纳增值税＝388 145.75＋849.06－238 650＋5 200＋25 000－2 000
＝178 544.81（元）

二、一般纳税人增值税的账务处理

增值税一般纳税人的纳税期限分别为以月为纳税期限和以日为纳税期限。下面分别介绍这两种纳税期限的账务处理。

（一）以月为纳税期限的账务处理

1. 平时处理

平时，纳税人在“应交税费——应交增值税”科目核算增值税业务，月末，结出借贷方合计金额和差额。

2. 月末结转

纳税人以1个月为1个纳税期的，自期满之日起15日内申报纳税。

“应交税费——应交增值税”科目反映缴纳的本月税金，退回多交的增值税用红字或者负数表示。该科目只核算缴纳的本月增值税；如果缴纳上月的增值税，则使用“应交税费——未交增值税”科目进行核算。

（1）若“应交税费——应交增值税”科目为借方差额，表示本月有尚未抵扣的进项税额，应留在该账户的借方，不再转出。

（2）若“应交税费——应交增值税”科目为贷方差额，表示本月应交的增值税额，将该差额结转至“应交税费——未交增值税”科目。账务处理为：

借：应交税费——应交增值税（转出未交增值税）

　贷：应交税费——未交增值税

【例 2-110】 2019 年 5 月，A 公司（一般纳税人）“应交税费——应交增值税”科目贷方的销项税额为 40 000 元，借方的进项税额为 10 000 元。“应交税费——应交增值税”科目结构如图 2-10 所示。请进行 A 公司 5 月末增值税的账务处理。

应交税费——应交增值税

借方		贷方	
进项税额	10 000	销项税额	40 000

图 2-10

分析：

5 月末的账务处理：

借：应交税费——应交增值税（转出未交增值税）　　30 000

　贷：应交税费——未交增值税　　30 000

（3）月份终了，将当月预缴的增值税自“应交税费——预缴增值税”科目转入“应交税费——未交增值税”科目。账务处理为：

借：应交税费——未交增值税

　贷：应交税费——预缴增值税

【工作任务 2】分析 31：

业务 5 的账务处理如下：

在不动产所在地天津预缴增值税：

借：应交税费——预缴增值税　　25 000（525 000÷1.05×5%）

　贷：银行存款　　25 000

月份终了的账务处理为：

借：应交税费——未交增值税　　25 000

　贷：应交税费——预缴增值税　　25 000

（4）当月缴纳以前期间未交的增值税的账务处理为：

借：应交税费——未交增值税

　贷：银行存款

【例 2-111】 承例 2-110，A 公司 6 月 10 日缴纳增值税 30 000 元。请进行 A 公司 6 月末增值税的账务处理。

分析：

借：应交税费——未交增值税　　30 000

　贷：银行存款　　30 000

【例 2－112】 2019 年 6 月，A 公司（一般纳税人）“应交税费——应交增值税”科目的贷方“销项税额”为 300 000 元，借方“进项税额”为 280 000 元，贷方“进项税转出”为 50 000 元。“应交税费——应交增值税”科目结构如图 2－11 所示。请进行 A 公司增值税的账务处理。

应交税费——应交增值税

借方		贷方	
进项税额	280 000	销项税额	300 000
		进项税额转出	50 000
		余额	70 000

图 2－11

分析：

借：应交税费——应交增值税（转出未交增值税）　　70 000

　贷：应交税费——未交增值税　　70 000

【工作任务 2】分析 32：

爱之味公司“应交税费——应交增值税”明细账如表 2－27 所示，“应交税费——应交增值税”科目结构如图 2－12 所示。

应交税费——应交增值税

借方		贷方	
进项税额合计	238 650	销项税额合计	388 145.75
		进项税额转出	5 200
		余额	154 695.75

图 2－12

月末进行增值税的账务处理：

借：应交税费——应交增值税（转出未交增值税）　　154 695.75

　贷：应交税费——未交增值税　　154 695.75

（二）以日为纳税期限的账务处理

以 1 日、3 日、5 日、10 日或者 15 日为 1 个纳税期的，自期满之日起 5 日内预缴税款，于次月 1 日起 15 日内申报纳税并结清上月应纳税款。

1. 平时处理

平时，当月预缴当月增值税时，账务处理为：

借：应交税费——应交增值税（已交税金）

　贷：银行存款

2. 月末结转

（1）若“应交税费——应交增值税”科目为贷方差额，表示本月应交未交的增值税额，应转至“应交税费——未交增值税”科目的贷方，账务处理为：

表 2-27　“应交税费——应交增值税”明细科目

金额单位：元

日期	摘要	借方							贷方					借或贷	余额
		合计	进项税额	销项税额抵减	已交税金	减免税款	出口抵减内销产品应纳税额	转出未交增值税	合计	销项税额	出口退税	进项税额转出	转出多交增值税		
1月1日	上月结转	0.00												贷	0.00
1月3日	销售碳酸饮料	0.00							130 000.00	130 000.00				贷	130 000.00
1月3日	销售果汁	0.00							195 000.00	65 000.00				贷	195 000.00
1月8日	销售食用植物油	0.00							213 000.00	18 000.00				贷	213 000.00
1月31日	餐饮部营业收入	0.00							261 000.00	48 000.00				贷	261 000.00
1月31日	零售业务	0.00							275 955.75	14 955.75				贷	275 955.75
1月31日	销售饼干	0.00							379 955.75	104 000.00				贷	379 955.75
1月31日	退货	0.00							377 355.75	−2 600.00				贷	377 355.75
1月31日	销售给丙公司蛋糕	0.00							383 855.75	6 500.00				贷	383 855.75
1月25日	自制一批糕点送给职工	0.00							388 145.75	4 290.00				贷	388 145.75
1月2日	购买设备	104 000.00	104 000.00						388 145.75					贷	284 145.75
1月2日	支付运费	104 180.00	180.00						388 145.75					贷	283 965.75
1月5日	收购小麦	114 180.00	10 000.00						388 145.75					贷	273 965.75
1月10日	支付快递费用	114 240.00	60.00						388 145.75					贷	273 905.75
1月15日	支付租车费用	114 305.00	65.00						388 145.75					贷	273 840.75
1月18日	支付加工费	133 805.00	19 500.00						388 145.75					贷	254 340.75
1月27日	支付境外咨询费	145 805.00	12 000.00						388 145.75					贷	242 340.75
1月30日	支付电信费	147 605.00	1 800.00						388 145.75					贷	240 540.75
1月31日	支付房屋租金	148 605.00	1 000.00						388 145.75					贷	239 540.75
1月31日	购买仓库	238 605.00	90 000.00						388 145.75					贷	149 540.75
1月31日	支付火车票	238 650.00	45.00						388 145.75					贷	149 495.75
1月31日	职工食堂领用一批桌椅	238 650.00							393 345.75			5 200.00		贷	154 695.75
1月31日	期末结转							154 695.75						平	0.00
合计			238 650.00	0.00	0.00	0.00	0.00	154 695.75		388 145.75		5 200.00		平	0.00

注：因业务说明需要，该明细科目未按业务日期记录。

借：应交税费——应交增值税（转出未交增值税）

　　贷：应交税费——未交增值税

【例 2-113】A 公司（一般纳税人）纳税期限为 15 日。5 月 16 日，A 公司预缴增值税 200 000 元，通过银行付讫；5 月末，经计算，A 公司当月增值税进项税额为 520 000 元，销项税额为 980 000 元，结转 5 月未交增值税。6 月 7 日，A 公司通过银行缴纳上月未缴增值税。请进行 A 公司增值税的账务处理。

分析：

5 月 16 日，预缴增值税的账务处理为：

借：应交税费——应交增值税（已交税金）　　200 000

　　贷：银行存款　　200 000

5 月 31 日，结转未交增值税：

未交增值税＝（980 000－520 000）－200 000＝260 000（元）

借：应交税费——应交增值税（转出未交税金）　　260 000

　　贷：应交税费——未交增值税　　260 000

6 月 7 日，上缴增值税的账务处理为：

借：应交税费——未交增值税　　260 000

　　贷：银行存款　　260 000

（2）若“应交税费——应交增值税”科目为借方差额，一般有以下三种情况：

1）当“应交税费——应交增值税”科目借方差额大于“应交税费——应交增值税（已交增值税）”科目合计数时，表明当月已交税金全部为多交，同时，两者差额为本月尚未抵扣的进项税额。将多交税金结转至“应交税费——未交增值税”科目，尚未抵扣的进项税额保留在“应交税费——应交增值税”科目。账务处理为：

借：应交税费——未交增值税

　　贷：应交税费——应交增值税（转出多交增值税）

【例 2-114】2019 年 6 月，A 公司（一般纳税人）“应交税费——应交增值税”科目贷方“销项税额”为 200 000 元，借方“进项税额”为 280 000 元，“应交税费——应交增值税（已交增值税）”科目借方为 50 000 元。“应交税费——应交增值税”科目结构如图 2-13 所示。请进行 A 公司增值税的账务处理。

应交税费——应交增值税

进项税额	280 000	销项税额	200 000
已交增值税	50 000		
余额	130 000		

图 2-13

分析：

借：应交税费——未交增值税　　50 000

　　贷：应交税费——应交增值税（转出多交增值税）　　50 000

2）当“应交税费——应交增值税”科目借方差额等于“应交税费——应交增值税（已交增值税）”科目合计数时，表明当月已交税金全部为多交，同时，本月无尚未抵扣的进项税额。将“应交税费——应交增值税”科目借方差额全部结转至“应交税费——未交增值税”科目。账务处理为：

借：应交税费——未交增值税

　贷：应交税费——应交增值税（转出多交增值税）

【例 2-115】 2019 年 6 月，A 公司（一般纳税人）“应交税费——应交增值税”科目贷方“销项税额”为 200 000 元，借方“进项税额”为 200 000 元，“应交税费——应交增值税（已交增值税）”科目借方为 50 000 元。“应交税费——应交增值税”科目结构如图 2-14 所示。请进行 A 公司增值税的账务处理。

应交税费——应交增值税

借方		贷方	
进项税额	200 000	销项税额	200 000
已交增值税	50 000		
余额	50 000		

图 2-14

分析：

借：应交税费——未交增值税　　50 000

　贷：应交税费——应交增值税（转出多交增值税）　　50 000

3）当“应交税费——应交增值税”科目借方差额小于“应交税费——应交增值税（已交增值税）”科目合计数时，表明当月已交税金一部分为应交税额，另一部分为多交税额，借方差额即多交税额。将“应交税费——应交增值税”科目借方差额全部转至“应交税费——未交增值税”科目。

【例 2-116】 2019 年 6 月，A 公司（一般纳税人）“应交税费——应交增值税”科目贷方“销项税额”为 200 000 元，借方“进项税额”为 180 000 元，“应交税费——应交增值税（已交增值税）”科目借方为 50 000 元。“应交税费——应交增值税”科目结构如图 2-15所示。请进行 A 公司增值税的账务处理。

应交税费——应交增值税

借方		贷方	
进项税额	180 000	销项税额	200 000
已交增值税	50 000		
余额	30 000		

图 2-15

分析：

借：应交税费——未交增值税　　30 000

　贷：应交税费——应交增值税（转出多交增值税）　　30 000

3. 下月上缴上月未缴增值税

下月上缴上月未缴增值税时，账务处理为：

借：应交税费——未交增值税

　贷：银行存款

（三）增值税纳税调整的账务处理

对增值税缴纳情况进行检查时，查处的调增或调减增值税额，应通过“应交税费——增值税检查调整”科目核算。该科目专门核算在增值税检查中查处的以前各期应补、应退的增值税额。“应交税费——增值税检查调整”科目借方登记检查调减的销项税额、检查调增的进项税额；贷方登记检查调增的销项税额、检查调减的进项税额、检查调增的进项税额转出及检查调增的小规模纳税企业应交增值税额。期末，余额可能在贷方，也可能在借方，应对其余额按如下办法进行处理：

（1）如果检查后应调减账面进项税额或调增销项税额和进项税额转出的数额，就进行如下账务处理：

借：有关账户

　贷：应交税费——增值税检查调整

（2）如果检查后应调增账面进项税额或调减销项税额和进项税额转出的数额，就进行如下账务处理：

借：应交税费——增值税检查调整

　贷：有关账户

期末，若“应交税费——增值税检查调整”科目余额在借方，则全部视同留抵进项税额，按借方余额数进行如下账务处理：

借：应交税费——应交增值税（进项税额）

　贷：应交税费——增值税检查调整

若“应交税费——增值税检查调整”科目余额在贷方，按贷方余额数进行如下账务处理：

借：应交税费——增值税检查调整

　贷：应交税费——应交增值税

【例 2-117】2020 年 2 月，北京市税务稽查局对 A 公司（一般纳税人）2019 年度增值税进行检查时发现：2019 年 12 月，A 公司存货发生非正常损失，全部记入“营业外支出”科目，其中包括增值税进项税额 2 600 元；将自产产品作为福利发放给职工，未按视同销售进行账务处理，少计算销项税额 5 200 元；A 公司 2018 年 12 月底“应交税费——应交增值税”科目借方余额为 2 500 元。据此，稽查局做出补缴增值税 5 300 元、加收滞纳金和罚款6 100元的决定。A 公司当即缴纳上述税款、滞纳金和罚款。请进行 A 公司增值税的账务处理。

分析：

转出非正常损失存货的增值税进项税额：

借：以前年度损益调整　　2 600

　贷：应交税费——增值税检查调整　　2 600

补提视同销售的增值税销项税额：

借：应付职工薪酬　　5 200

　贷：应交税费——增值税检查调整　　5 200

对“应交税费——增值税检查调整”科目余额进行处理：

借：应交税费——增值税检查调整　　7 800

贷：应交税费——应交增值税　　7 800

实际缴纳查补的税款、滞纳金和罚款：

借：应交税费——应交增值税　　5 300

营业外支出　　6 100

贷：银行存款　　11 400

三、《增值税纳税申报表（一般纳税人适用）》主表的填写

（一）栏次逻辑关系

1. 栏次内容

按栏次分，《增值税纳税申报表（一般纳税人适用）》主表分为三大部分：

（1）第一部分反映一般纳税人销售额情况，在第1栏至10栏反映。

（2）第二部分反映一般纳税人税款计算情况，在第11栏至24栏反映。

（3）第三部分反映一般纳税人税款缴纳情况，在第25栏至38栏反映

2. 栏次钩稽关系

（1）第17栏“应抵扣税额合计”。

1）本栏对应“一般项目：本月数”列＝第12栏“进项税额”＋第13栏“上期留抵税额”－第14栏“进项税额转出”－第15栏“免、抵、退应退税额”＋第16栏“按适用税率计算的纳税检查应补缴税额”。

2）本栏对应“即征即退项目：本月数”列＝第12栏“进项税额”＋第13栏“上期留抵税额”－第14栏“进项税额转出”－第15栏“免、抵、退应退税额”＋第16栏“按适用税率计算的纳税检查应补缴税额”。

（2）第18栏“实际抵扣税额”。

1）上期留抵税额按规定需挂账的纳税人，按以下要求填写本栏的“本月数”和“本年累计”：

第一，本栏对应“一般项目：本月数”列：第17栏“应抵扣税额合计”＜第11栏“销项税额”，则为第17栏“应抵扣税额合计”，否则为第11栏“销项税额”。

第二，本栏对应“一般项目：本年累计”列：填写货物和劳务挂账留抵税额本期实际抵减一般货物和劳务应纳税额的数额。将“货物和劳务挂账留抵税额本期期初余额”与“一般计税方法的一般货物及劳务应纳税额”两个数据相比较，取二者中较小的数据。

其中：货物和劳务挂账留抵税额本期期初余额＝第13栏“上期留抵税额”对应“一般项目：本年累计”列；

一般计税方法的一般货物及劳务应纳税额＝（第11栏“销项税额”对应“一般项目：本月数”列－第18栏“实际抵扣税额”对应“一般项目：本月数”列）×一般货物及劳务销项税额比例；

一般货物及劳务销项税额比例＝（《本期销售情况明细表》第10列第1、3栏之和－第10列第6行）÷第11栏“销项税额”对应“一般项目：本月数”列×100％。

第三，本栏对应“即征即退项目：本月数”列：第17栏“应抵扣税额合计”＜第11栏“销项税额”，则为第17栏“应抵扣税额合计”，否则为第11栏“销项税额”。

2）其他纳税人，按以下要求填写本栏的“本月数”和“本年累计”：

第一，本栏对应“一般项目：本月数”列：第 17 栏“应抵扣税额合计”＜第 11 栏“销项税额”，则为第 17 栏“应抵扣税额合计”，否则为第 11 栏“销项税额”。

第二，本栏对应“一般项目：本年累计”列：填写 0。

第三，本栏对应“即征即退项目：本月数”列：第 17 栏“应抵扣税额合计”＜第 11 栏“销项税额”，则为第 17 栏“应抵扣税额合计”，否则为第 11 栏“销项税额”。

（3）第 19 栏“应纳税额”。

1）本栏“一般项目：本月数”列＝第 11 栏“销项税额”－第 18 栏“实际抵扣税额”。

2）本栏“即征即退项目：本月数”列＝第 11 栏“销项税额”－第 18 栏“实际抵扣税额”。

（4）第 20 栏“期末留抵税额”。

1）本栏“一般项目：本月数”列＝第 17 栏“应抵扣税额合计”－第 18 栏“实际抵扣税额”。

2）本栏“即征即退项目：本月数”列＝第 17 栏“应抵扣税额合计”－第 18 栏“实际抵扣税额”。

（5）第 23 栏“应纳税额减征额”小于或等于第 19 栏“应纳税额”与第 21 栏“简易计税办法计算的应纳税额”之和时，按本期实际减征额填写；当本期减征额大于第 19 栏“应纳税额”与第 21 栏“简易计税办法计算的应纳税额”之和时，按本期第 19 栏与第 21 栏之和填写。本期减征额不足抵减部分结转下期继续抵减。

（6）第 24 栏“应纳税额合计”。

1）本栏“一般项目：本月数”列＝第 19 栏“应纳税额”＋第 21 栏“简易计税办法计算的应纳税额”－第 23 栏“应纳税额减征额”。

2）本栏“即征即退项目：本月数”列＝第 19 栏“应纳税额”＋第 21 栏“简易计税办法计算的应纳税额”－第 23 栏“应纳税额减征额”。

（7）第 27 栏“本期已缴税额”。

1）本栏“一般项目：本月数”列＝第 28 栏“①分次预缴税额”＋第 29 栏“②出口开具专用缴款书预缴税额”＋第 30 栏“③本期缴纳上期应纳税额”＋第 31 栏“④本期缴纳欠缴税额”。

2）本栏“即征即退项目：本月数”列＝第 28 栏“①分次预缴税额”＋第 29 栏“②出口开具专用缴款书预缴税额”＋第 30 栏“③本期缴纳上期应纳税额”＋第 31 栏“④本期缴纳欠缴税额”。

（8）第 32 栏“期末未缴税额（多缴为负数）”。

1）本栏对应“一般项目：本月数”列＝第 24 栏“应纳税额合计”＋第 25 栏“期初未缴税额（多缴为负数）”＋第 26 栏“实收出口开具专用缴款书退税额”－第 27 栏“本期已缴税额”。

2）本栏对应“即征即退项目：本月数”列＝第 24 栏“应纳税额合计”＋第 25 栏“期初未缴税额（多缴为负数）”＋第 26 栏“实收出口开具专用缴款书退税额”－第 27 栏“本期已缴税额”。

（9）第 33 栏“其中：欠缴税额（≥0）”。

1）本栏对应“一般项目：本月数”列＝第 25 栏“期初未缴税额（多缴为负数）”＋

第26栏“实收出口开具专用缴款书退税额”－第27栏“本期已缴税额”。

2）本栏对应“即征即退项目：本月数”列＝第25栏“期初未缴税额（多缴为负数）”＋第26栏“实收出口开具专用缴款书退税额”－第27栏“本期已缴税额”。

（10）第34栏“本期应补（退）税额”。

1）本栏对应“一般项目：本月数”列＝第24栏“应纳税额合计”－第28栏“①分次预缴税额”－第29栏“②出口开具专用缴款书预缴税额”。

2）本栏对应“即征即退项目：本月数”列＝第24栏“应纳税额合计”－第28栏“①分次预缴税额”－第29栏“②出口开具专用缴款书预缴税额”。

（11）第38栏“期末未缴查补税额”。

本栏“一般项目：本月数”列＝第16栏“按适用税率计算的纳税检查应补缴税额”＋第22栏“按简易计税办法计算的纳税检查应补缴税额”＋第36栏“期初未缴查补税额”－第37栏“本期入库查补税额”。

（二）列次逻辑关系

1. 列次内容

按列次分，《增值税纳税申报表（一般纳税人适用）》主表分为两大部分：

（1）第一部分反映一般项目，具体包括本月数和本年累计两部分。

（2）第二部分反映即征即退项目，具体包括本月数和本年累计两部分。

2. 列次钩稽关系

（1）第1栏“（一）按适用税率计税销售额”。

本栏对应“一般项目：本年累计”列＝本栏对应“一般项目：本月数”列＋上一纳税期本栏对应“一般项目：本年累计”列。

（2）第32栏“期末未缴税额（多缴为负数）”。

1）本栏对应“一般项目：本月数”列＝本栏对应“一般项目：本年累计”列。

2）本栏对应“即征即退项目：本月数”列＝本栏对应“即征即退项目：本年累计”列。

（三）表间关系

1. 第1栏“（一）按适用税率计税销售额”

（1）本栏对应“一般项目：本月数”列＝《本期销售情况明细表》第9列第1栏至5栏之和－第9列第6、7栏之和。

（2）本栏对应“即征即退项目：本月数”列＝《本期销售情况明细表》第9列第6、7栏之和。

2. 第4栏“纳税检查调整的销售额”

本栏对应“一般项目：本月数”列＝《本期销售情况明细表》第7列第1栏至5栏之和。

3. 第5栏“（二）按简易办法计税销售额”

（1）本栏对应“一般项目：本月数”列≥《本期销售情况明细表》第9列第8栏至13b栏之和－第9列第14、15栏之和。

（2）本栏对应“即征即退项目：本月数”列≥《本期销售情况明细表》第9列第14、15栏之和。

4. 第7栏“（三）免、抵、退办法出口销售额”

本栏对应“一般项目：本月数”列＝《本期销售情况明细表》第9列第16、17栏之和。

5. 第 8 栏“（四）免税销售额”

本栏对应“一般项目：本月数”列＝《本期销售情况明细表》第 9 列第 18、19 栏之和。

6. 第 11 栏“销项税额”

（1）本栏对应“一般项目：本月数”列＝《本期销售情况明细表》（第 10 列第 1、3 栏之和－第 10 列第 6 栏）＋（第 14 列第 2、4、5 栏之和－第 14 列第 7 栏）。

（2）本栏对应“即征即退项目：本月数”列＝《本期销售情况明细表》第 10 列第 6 栏＋第 14 列第 7 栏。

7. 第 12 栏“进项税额”

本栏对应“一般项目：本月数”列＋对应“即征即退项目：本月数”列＝《本期进项税额明细表》第 12 栏“一、申报抵扣的进项税额：当期申报抵扣进项税额合计”对应“税额”。

8. 第 14 栏“进项税额转出”

本栏对应“一般项目：本月数”列＋本栏对应“即征即退项目：本月数”列＝《本期进项税额明细表》第 13 栏“二、进项税额转出额：本期进项税额转出额”对应“税额”。

9. 第 16 栏“按适用税率计算的纳税检查应补缴税额”

本栏对应“一般项目：本月数”列≤《本期销售情况明细表》第 8 列第 1 栏至 5 栏之和＋《本期进项税额明细表》第 19 栏“二、进项税额转出额：纳税检查调减进项税额”对应“税额”。

10. 第 19 栏“应纳税额”

本栏对应“一般项目：本月数”列＝主表第 11 栏“销项税额”对应“一般项目：本月数”列－主表第 18 栏“实际抵扣税额”对应“一般项目：本月数”列－《税额抵减情况表》第 6 行“一般项目加计抵减额计算”第 5 列“本期实际抵减额”。

本栏对应“即征即退项目：本月数”列＝主表第 11 栏“销项税额”对应“即征即退项目：本月数”列－主表第 18 栏“实际抵扣税额”对应“即征即退项目：本月数”列－《税额抵减情况表》第 7 行“即征即退项目加计抵减额计算”第 5 列“本期实际抵减额”。

11. 第 21 栏“简易计税办法计算的应纳税额”

本栏对应“一般项目：本月数”列＝《本期销售情况明细表》（第 10 列第 8、9a、10、11 栏之和－第 10 列第 14 栏）＋（第 14 列第 9b、12、13a、13b 栏之和－第 14 列第 15 栏）。

本栏对应“即征即退项目：本月数”列＝《本期销售情况明细表》第 10 列第 14 栏＋第 14 列第 15 栏。

纳税人提供服务、销售不动产和无形资产按规定汇总计算缴纳增值税的分支机构，应将预征增值税额填入本栏。

预征增值税额＝应预征增值税的销售额×预征率

（四）纳税申报

根据爱之味公司【工作任务 2】业务 1 至业务 25 的资料以及《本期销售情况明细表》（如表 2－7 所示）、《本期进项税额明细表》（如表 2－12 所示）、《增值税减免税申报明细表》（如表 2－14 所示）、《增值税预缴税款表》（如表 2－22 所示）和《税额抵减情况表》（如表 2－25 所示），填写《增值税纳税申报表（一般纳税人适用）》主表（如表 2－28 所示）。

表 2－28　增值税纳税申报表

（一般纳税人适用）

根据国家税收法律法规及增值税相关规定制定本表。纳税人不论有无销售额，均应按税务机关核定的纳税期限填写本表，并向当地税务机关申报。

税款所属时间：自 2020 年 1 月 1 日至 2020 年 1 月 31 日　　填表日期：2020 年 2 月 10 日

纳税人识别号	1 1 0 1 0 8 2 2 0 5 0 7 7 1 0	所属行业：		金额单位：元至角分	
纳税人名称	北京爱之味食品加工有限责任公司（公章）	法定代表人姓名	高睿	注册地址	北京昌平区沙河地区 66 号
生产经营地址	北京昌平区沙河地区 66 号				
开户银行及账号	工商银行通州支行 6212263202018189182	登记注册类型	生产企业	电话号码	010-65181818

	项目	栏次	一般项目		即征即退项目	
			本月数	本年累计	本月数	本年累计
销售额	（一）按适用税率计税销售额	1	4 402 572.55	4 402 572.55		
	其中：应税货物销售额	2	2 678 044.25	2 678 044.25		
	应税劳务销售额	3				
	纳税检查调整的销售额	4				
	（二）按简易办法计税销售额	5	500 000.00	500 000.00		
	其中：纳税检查调整的销售额	6				
	（三）免、抵、退办法出口销售额	7			—	—
	（四）免税销售额	8			—	—
	其中：免税货物销售额	9			—	—
	免税劳务销售额	10			—	—
税款计算	销项税额	11	388 994.81	388 994.81		
	进项税额	12	238 650.00	238 650.00		
	上期留抵税额	13				—
	进项税额转出	14	5 200.00	5 200.00		
	免、抵、退应退税额	15			—	—
	按适用税率计算的纳税检查应补缴税额	16			—	—

续表

税款计算	应抵扣税额合计	17=12+13−14−15+16	233 450.00	—		—
	实际抵扣税额	18（如17<11，则为17，否则为11）	233 450.00	233 450.00		
	应纳税额	19=11−18	155 544.81	155 544.81		
	期末留抵税额	20=17−18	0.00	0.00		—
	简易计税办法计算的应纳税额	21	25 000.00	25 000.00		
	按简易计税办法计算的纳税检查应补缴税额	22			—	—
	应纳税额减征额	23	2 000.00	2 000.00		
	应纳税额合计	24=19+21−23	178 544.81	178 544.81		
税款缴纳	期初未缴税额（多缴为负数）	25	30 000.00	30 000.00		
	实收出口开具专用缴款书退税额	26			—	—
	本期已缴税额	27=28+29+30+31	55 000.00	30 000.00		
	①分次预缴税额	28	25 000.00	—		—
	②出口开具专用缴款书预缴税额	29		—	—	—
	③本期缴纳上期应纳税额	30	30 000.00	30 000.00		
	④本期缴纳欠缴税额	31				
	期末未缴税额（多缴为负数）	32=24+25+26−27	153 544.81	178 544.81		
	其中：欠缴税额（≥0）	33=25+26−27		—		—
	本期应补（退）税额	34=24−28−29	153 544.81	—		—
	即征即退实际退税额	35	—	—		
	期初未缴查补税额	36			—	—
	本期入库查补税额	37			—	—
	期末未缴查补税额	38=16+22+36−37			—	—

续表

授权声明	如果你已委托代理人申报，请填写下列资料： 为代理一切税务事宜，现授权＿＿＿＿＿＿（地址）为本纳税人的代理申报人，任何与本申报表有关的往来文件，都可寄予此人。 授权人签字：	申报人声明	本纳税申报表是根据国家税收法律法规及相关规定填报的，我确定它是真实的、可靠的、完整的。 声明人签字：

主管税务机关：　　　　接收人：　　　　接收日期：

填写要点：

爱之味公司当期申报数据全部填列在“一般项目：本月数”的对应栏次，具体如下：

1. 将《本期销售情况明细表》第 9 列第 1 至 5 栏合计数 4 402 572.55（2 478 044.25＋200 000＋1 724 528.30）元填入第 1 栏“（一）按适用税率计税销售额”。
2. 将《本期销售情况明细表》第 9 列对应第 1 栏和第 3 栏合计数 2 678 044.25（2 478 044.25＋200 000）元填入第 2 栏“其中：应税货物销售额”。
3. 将《本期销售情况明细表》第 9 列对应第 9b 栏 500 000 元填入第 5 栏“（二）按简易办法计税销售额”。
4. 将《本期销售情况明细表》第 10 列对应第 1 栏、第 10 列对应第 3 栏、第 14 列对应第 5 栏合计数 388 994.81（322 145.75＋18 000＋48 849.06）元填入第 11 栏“销项税额”。
5. 将《本期进项税额明细表》第 12 栏对应“税额”列 238 650 元转入第 12 栏“进项税额”。
6. 将《本期进项税额明细表》第 13 栏对应“税额”列 5 200 元转入第 14 栏“进项税额转出”。
7. 将 233 450（238 650－5 200）元填入第 17 栏“应抵扣税额合计”。
8. 因为第 17 栏 233 450 元＜第 11 栏 388 994.81 元，所以将第 17 栏 233 450 元填入第 18 栏“实际抵扣税额”。
9. 将 155 544.81（388 994.81－233 450）元填入第 19 栏“应纳税额”。
10. 将《本期销售情况明细表》第 9b 栏对应第 14 列 25 000 元转入第 21 栏“简易计税办法计算的应纳税额”。
11. 将支付增值税系统设备维护费 2000 元填入第 23 栏“应纳税额减征额”。
12. 将 178 544.81（155 544.81＋25 000－2 000）元填入第 24 栏“应纳税额合计”。
13. 将上期未缴增值税 30 000 元填入第 25 栏“期初未缴税额（多缴为负数）”。
14. 将业务 5 出租不动产预缴增值税 25 000 元填入第 28 栏“①分次预缴税额”。
15. 将本期缴纳上期未缴增值税 30 000 元填入第 30 栏“③本期缴纳上期应纳税额”。
16. 将 55 000 元填入第 27 栏“本期已缴税额”。
17. 将 153 544.81（178 544.81＋30 000－55 000）元填入第 32 栏“期末未缴税额（多缴为负数）”。
18. 将 153 544.81 元填入第 34 栏“本期应补（退）税额”。

第七节　汇总纳税申报

一、汇总纳税政策

汇总纳税，是指经核准由总机构统一核算增值税应纳税额，总机构和分支机构按确定的方式分别缴纳增值税。

汇总纳税企业，是指经核准纳入增值税汇总纳税范围的增值税一般纳税人企业。

（一）核准管理

（1）在省范围内跨县（市、区）设立且实行统一核算的企业总机构和分支机构，实行汇总纳税，由省国家税务局和省财政厅核准。

（2）除财政部、国家税务总局另有规定外，汇总纳税的企业应同时符合以下条件：

1）分支机构由总机构全资设立。

2）总机构和分支机构均登记为一般纳税人。

3）总机构和分支机构实行统一经营、统一采购配送商品或提供服务、统一财务核算，实行计算机联网，财务核算规范。

4）总机构能够根据合法、有效凭证进行财务核算，能够提供准确税务资料，能够准确提供总机构和分支机构的相关财务数据，能够正确划分各分支机构销售额和提供税款分配的计算依据。

（3）汇总纳税核准程序。

1）总机构和分支机构跨区、市设立的，由总机构提供规定的材料直接向省国家税务局提出申请。

2）总机构和分支机构在设区市范围内跨县（市、区）设立的，由总机构提供规定的材料，向所在设区市国家税务局提交申请，设区市国家税务局在申请报告上签署意见后，将全部材料转报省国家税务局。主管国家税务局应对资料是否齐全、是否符合法定形式、填写内容是否完整进行审核。

3）省国家税务局受理后，会同省财政厅进行核准，并通知相关主管国家税务局和财政局。

4）总机构主管国家税务局根据核准结果，下发《税务事项通知书》告知总机构。

（4）经核准实行汇总纳税企业，分支机构发生增加、变更、减少的，由总机构根据变化的分支机构填报《增值税汇总纳税企业总分支机构清册》，向省国家税务局备案，不再另行核准。

（5）经核准实行汇总纳税企业，上年度分支机构有变化的，总机构主管国家税务局应及时提醒总机构在当年 1 月 31 日前填列上年度变化后的《增值税汇总纳税企业总分支机构清册》，报送省国家税务局重新公布。

（二）税款分配

（1）汇总纳税企业的税款分配方式由核准机关根据汇总纳税企业的申请和实际情况确定。核准机关可根据实际执行情况对税款分配方式或预征率进行调整。

（2）预缴税款方式。分支机构按当期销售额和固定预征率计算应预缴的税额并向主管国家税务局申报入库。当期总机构和分支机构汇总计算的应纳税额扣除各分支机构当期预缴税额后的余额（余额为负数的，留待下期抵扣），由总机构向主管国家税务局申报入库。计算公式为：

分支机构当期预缴税额＝分支机构当期销售额×固定预征率

总机构当期应纳税额＝当期总机构和分支机构汇总应纳税额－各分支机构当期预缴税额

（3）分配税款方式。总机构和分支机构按当期销售额分配应纳税额，根据分配的税额分别向主管国家税务局申报入库。当期总机构和分支机构汇总应纳税额为负数（即有留抵税额）的，当月不分配税款，留待下期抵扣。计算公式为：

$$\begin{aligned}\text{当期应纳税额分配比例}&=\text{当期总机构和分支机构汇总应纳税额}\div\text{当期总机构和分支机构汇总销售额或当期应纳税额分配比例（销售额比例）}\\&=\text{当期总机构或分支机构销售额}\div\text{当期总机构和分支机构汇总销售额}\end{aligned}$$

$$\text{总机构或分支机构当期应纳税额}=\text{总机构或分支机构当期销售额}\times\text{当期应纳税额分配比例}$$

或

$$\text{总机构或分支机构当期应纳税额}=\text{当期总机构和分支机构汇总应纳税额}\times\text{当期应纳税额分配比例（销售额比例）}$$

二、汇总纳税申报

总机构和分支机构应在纳税申报期内，向主管国家税务局报送《增值税纳税申报表》及其附列资料进行纳税申报，缴纳税款。

（一）分支机构不就地预缴

【例2-118】A酒店（一般纳税人）为连锁酒店的总机构，已申请汇总缴纳，符合加计抵减条件。2020年1月发生如下业务：

（1）总公司与分公司共取得提供住宿服务含税收入296 800元，其中开具增值税专用发票注明的销售额合计200 000元，票面税额合计12 000元；开具增值税普通发票取得含税收入84 800元。

（2）总公司与分公司当月购进饮料食品，取得1张增值税普通发票，注明的含税销售额为34 800元；购进办公用品，取得3张增值税专用发票，注明不含税销售额73 846.16元，税额9 600元，并已经全部认证相符。

（3）缴纳上月未缴增值税5 000元。

请填报A酒店增值税纳税申报主表及附表。（分支机构不需要预缴税款的连锁机构，由总机构汇总分支机构的销售收入进行申报纳税）

报表填写：

第一步，计算A酒店应纳增值税额：

销项税额＝296 800÷（1＋6%）×6%＝16 800（元）

进项税额＝9 600（元）

加计抵减税额＝9 600×10%＝960（元）

应纳增值税额＝16 800－9 600－960＝6 240（元）

第二步，A酒店填报增值税纳税申报主表及附表：

（1）《本期销售情况明细表》（如表 2－29 所示）的填报。

表 2－29　增值税纳税申报表附列资料（一）

（本期销售情况明细）

税款所属时间：2020 年 1 月 1 日至 2020 年 1 月 31 日

纳税人名称：（公章）　A 酒店　　　　金额单位：元至角分

项目及栏次				开具增值税专用发票		开具其他发票		未开具发票		纳税检查调整		合计			服务、不动产和无形资产扣除项目本期实际扣除金额	扣除后	
				销售额	销项（应纳）税额	销售额	销项（应纳）税额	销售额	销项（应纳）税额	销售额	销项（应纳）税额	销售额	销项（应纳）税额	价税合计		含税（免税）销售额	销项（应纳）税额
				1	2	3	4	5	6	7	8	9＝1＋3＋5＋7	10＝2＋4＋6＋8	11＝9＋10	12	13＝11－12	14＝13÷（100%＋税率或征收率）×税率或征收率
一、一般计税方法计税	全部征税项目	13%税率的货物及加工修理修配劳务	1											—	—	—	—
		13%税率的服务、不动产和无形资产	2														
		9%税率的货物及加工修理修配劳务	3											—	—	—	—
		9%税率的服务、不动产和无形资产	4														
		6%税率	5	200 000	12 000	80 000	4 800					280 000	16 800	296 800	0	296 800	16 800

续表

一、一般计税方法计税	其中：即征即退项目	即征即退货物及加工修理修配劳务	6	—	—	—	—	—	—	—	—			—	—	—	—
		即征即退服务、不动产和无形资产	7	—	—	—	—	—	—	—	—						
二、简易计税方法计税	全部征税项目	6%征收率	8							—	—			—	—	—	—
		5%征收率的货物及加工修理修配劳务	9a							—	—			—	—	—	—
		5%征收率的服务、不动产和无形资产	9b							—	—						
		4%征收率	10							—	—			—	—	—	—
		3%征收率的货物及加工修理修配劳务	11							—	—			—	—	—	—
		3%征收率的服务、不动产和无形资产	12							—	—						
		预征率　%	13a							—	—						
		预征率　%	13b							—	—						
		预征率　%	13c							—	—						
	其中：即征即退项目	即征即退货物及加工修理修配劳务	14	—	—	—	—	—	—	—	—			—	—	—	—
		即征即退服务、不动产和无形资产	15	—	—	—	—	—	—	—	—						

续表

三、免抵退税	货物及加工修理修配劳务	16	—	—		—		—	—	—		—	—	—	—	—
	服务、不动产和无形资产	17	—	—		—		—	—	—		—				—
四、免税	货物及加工修理修配劳务	18				—		—	—	—		—	—	—	—	—
	服务、不动产和无形资产	19	—	—		—		—	—	—		—				—

填写要点：

1. 将业务（1）提供住宿服务开具增值税专用发票不含税收入 200 000 元填入第 5 栏“一、一般计税方法计税：全部征税项目：6%税率”对应第 1 列“开具增值税专用发票：销售额”。
2. 将 12 000（200 000×6%）元填入第 5 栏对应第 2 列“开具增值税专用发票：销项（应纳）税额”。
3. 将业务（1）提供住宿服务开具增值税普通发票不含税收入 80 000［84 800÷（1+6%）］元填入第 5 栏对应第 3 列“开具其他发票：销售额”。
4. 将 4 800（80 000×6%）元填入第 5 栏对应第 4 列“开具其他发票：销项（应纳）税额”。
5. 将 280 000（200 000+80 000）元填入第 5 栏对应第 9 列“合计：销售额”。
6. 将 16 800（12 000+4 800）元填入第 5 栏对应第 10 列“合计：销项（应纳）税额”。
7. 将 296 800（280 000+16 800）元填入第 5 栏对应第 11 列“合计：价税合计”。
8. 将 296 800 元填入第 5 栏对应第 13 列“扣除后：含税（免税）销售额”。
9. 将 16 800 元填入第 5 栏对应第 14 列“扣除后：销项（应纳）税额”。

（2）《本期进项税额明细表》（如表 2－30 所示）的填报。

表 2－30　增值税纳税申报表附列资料（二）

（本期进项税额明细）

税款所属时间：2020 年 1 月 1 日至 2020 年 1 月 31 日

纳税人名称：（公章）A 酒店　　　　金额单位：元至角分

一、申报抵扣的进项税额				
项目	栏次	份数	金额	税额
（一）认证相符的增值税专用发票	1=2+3	3	73 846.16	9 600.00
其中：本期认证相符且本期申报抵扣	2	3	73 846.16	9 600.00
前期认证相符且本期申报抵扣	3			
（二）其他扣税凭证	4=5+6+7+8a+8b			
其中：海关进口增值税专用缴款书	5			
农产品收购发票或者销售发票	6			
代扣代缴税收缴款凭证	7		—	
加计扣除农产品进项税额	8a	—	—	
其他	8b			
（三）本期用于购建不动产的扣税凭证	9			
（四）本期用于抵扣的旅客运输服务扣税凭证	10			
（五）外贸企业进项税额抵扣证明	11	—	—	
当期申报抵扣进项税额合计	12=1+4+11	3	73 846.16	9 600.00

二、进项税额转出额		
项目	栏次	税额
本期进项税额转出额	13=14 至 23 之和	
其中：免税项目用	14	
集体福利、个人消费	15	
非正常损失	16	
简易计税方法征税项目用	17	
免抵退税办法不得抵扣的进项税额	18	
纳税检查调减进项税额	19	
红字专用发票信息表注明的进项税额	20	
上期留抵税额抵减欠税	21	
上期留抵税额退税	22	
其他应做进项税额转出的情形	23	

三、待抵扣进项税额				
项目	栏次	份数	金额	税额
（一）认证相符的增值税专用发票	24	—	—	—
期初已认证相符但未申报抵扣	25			
本期认证相符且本期未申报抵扣	26			
期末已认证相符但未申报抵扣	27			
其中：按照税法规定不允许抵扣	28			
（二）其他扣税凭证	29=30 至 33 之和			
其中：海关进口增值税专用缴款书	30			
农产品收购发票或者销售发票	31			
代扣代缴税收缴款凭证	32		—	
其他	33			
	34			

续表

四、其他				
项目	栏次	份数	金额	税额
本期认证相符的增值税专用发票	35	3	73 846.16	9 600.00
代扣代缴税额	36	—	—	

填写要点：

1. 业务（2）为采购业务，取得的增值税普通发票进项税额不得抵扣，取得的增值税专用发票进项税额可以抵扣。取得3张增值税专用发票，将3张填入第2栏“一、申报抵扣的进项税额：其中：本期认证相符且本期申报抵扣”对应“份数”列。
2. 将业务（2）不含税价格73 846.16元填入第2栏对应“金额”列。
3. 将业务（2）进项税额合计9 600元填入第2栏对应“税额”列。
4. 将3张填入第1栏“一、申报抵扣的进项税额：（一）认证相符的增值税专用发票”对应“份数”列。
5. 将73 846.16元填入第1栏对应“金额”列。
6. 将9 600元填入第1栏对应“税额”列。
7. 将3张填入第12栏“一、申报抵扣的进项税额：当期申报抵扣进项税额合计”对应“份数”列。
8. 将73 846.16元填入第12栏对应“金额”列。
9. 将9 600元填入第12栏对应“税额”列。
10. 将3张填入第35栏“四、其他：本期认证相符的增值税专用发票”对应“份数”列。
11. 将73 846.16元填入第35栏对应“金额”列。
12. 将9 600元填入第35栏对应“税额”列。

（3）《税额抵减情况表》（如表2-31所示）的填报。

表2-31　增值税纳税申报表附列资料（四）

（税额抵减情况）

税款所属时间：2020年1月1日至2020年1月31日

纳税人名称：（公章）A酒店　　　　金额单位：元至角分

一、税额抵减情况						
序号	抵减项目	期初余额	本期发生额	本期应抵减税额	本期实际抵减税额	期末余额
		1	2	3=1+2	4≤3	5=3−4
1	增值税税控系统专用设备费及技术维护费					
2	分支机构预征缴纳税款					
3	建筑服务预征缴纳税款					
4	销售不动产预征缴纳税款					
5	出租不动产预征缴纳税款					

二、加计抵减情况							
序号	加计抵减项目	期初余额	本期发生额	本期调减额	本期可抵减额	本期实际抵减额	期末余额
		1	2	3	4=1+2−3	5	6=4−5
6	一般项目加计抵减额计算	0	960	0	960	960	0
7	即征即退项目加计抵减额计算						
8	合计	0	960	0	960	960	0

填写要点：

1. 将1月计提加计抵减额960元填入第6行对应第2列“本期发生额”。
2. 将1月可抵减额960元填入第6行对应第4列“本期可抵减额”。
3. 将1月实际抵减额960元填入第6行对应第5列“本期实际抵减额”。
4. 将1月期末余额0（960−960）元填入第6行对应第6列“期末余额”。

（4）《增值税纳税申报表（一般纳税人适用）》主表（如表 3－32 所示）的填报。

表 2－32 增值税纳税申报表

（一般纳税人适用）

根据国家税收法律法规及增值税相关规定制定本表。纳税人不论有无销售额，均应按税务机关核定的纳税期限填写本表，并向当地税务机关申报。

税款所属时间：自 2020 年 1 月 1 日至 2020 年 1 月 31 日　填表日期：2020 年 2 月 10 日

纳税人识别号		所属行业：		金额单位：元至角分	
纳税人名称	A 酒店 （公章）	法定代表人姓名		注册地址	
生产经营地址					
开户银行及账号		登记注册类型		电话号码	

项目		栏次	一般项目		即征即退项目	
			本月数	本年累计	本月数	本年累计
销售额	（一）按适用税率计税销售额	1	280 000	280 000		
	其中：应税货物销售额	2				
	应税劳务销售额	3				
	纳税检查调整的销售额	4				
	（二）按简易办法计税销售额	5				
	其中：纳税检查调整的销售额	6				
	（三）免、抵、退办法出口销售额	7			—	—
	（四）免税销售额	8			—	—
	其中：免税货物销售额	9			—	—
	免税劳务销售额	10			—	—
税款计算	销项税额	11	16 800	16 800		
	进项税额	12	9 600	9 600		
	上期留抵税额	13				—
	进项税额转出	14				
	免、抵、退应退税额	15			—	—
	按适用税率计算的纳税检查应补缴税额	16			—	—
	应抵扣税额合计	17＝12＋13－14－15＋16	9 600	—		—

续表

税款计算	实际抵扣税额	18（如17<11，则为17，否则为11）	9 600	9 600		
	应纳税额	19=11−18	6 240	6 240		
	期末留抵税额	20=17−18				—
	简易计税办法计算的应纳税额	21				
	按简易计税办法计算的纳税检查应补缴税额	22			—	—
	应纳税额减征额	23				
	应纳税额合计	24=19+21−23	6 240	6 240		
税款缴纳	期初未缴税额（多缴为负数）	25	5 000	5 000		
	实收出口开具专用缴款书退税额	26			—	—
	本期已缴税额	27=28+29+30+31	5 000	5 000		
	①分次预缴税额	28		—		—
	②出口开具专用缴款书预缴税额	29		—	—	—
	③本期缴纳上期应纳税额	30	5 000	5 000		
	④本期缴纳欠缴税额	31				
	期末未缴税额（多缴为负数）	32=24+25+26−27	6 240	6 240		
	其中：欠缴税额（≥0）	33=25+26−27		—		—
	本期应补（退）税额	34=24−28−29	6 240	—		—
	即征即退实际退税额	35	—	—		
	期初未缴查补税额	36			—	—
	本期入库查补税额	37			—	—
	期末未缴查补税额	38=16+22+36−37			—	—

续表

授权声明	如果你已委托代理人申报，请填写下列资料： 为代理一切税务事宜，现授权__________（地址）为本纳税人的代理申报人，任何与本申报表有关的往来文件，都可寄予此人。 授权人签字：	申报人声明	本纳税申报表是根据国家税收法律法规及相关规定填报的，我确定它是真实的、可靠的、完整的。 声明人签字：

主管税务机关：　　　　　　　　　　接收人：

填写要点：

A酒店当期申报数据全部填列在一般项目："本月数"的对应栏次，具体栏次填列如下：

1.《本期销售情况明细表》（如表2-29所示）第5栏对应第9列280 000元转填入第1栏"销售额：（一）按适用税率计税销售额"。

2.《本期销售情况明细表》（如表2-29所示）第5栏对应第14列16 800元转入第11栏"税款计算：销项税额"。

3.《本期进项税额明细表》（如表2-30所示）第12栏"当期申报抵扣进项税额合计：税额"9 600元转入第12栏"税款计算：进项税额"。

4. 将9 600元填入第17栏"税款计算：应抵扣税额合计"。

5. 将9 600元填入第18栏"税款计算：实际抵扣税额"。

6. 将6 240（16 800－9 600－960）元填入第19栏"税款计算：应纳税额"。

7. 将6 240元填入第24栏"税款计算：应纳税额合计"。

8. 将5 000元填入第25栏"税款缴纳：期初未缴税额（多缴为负数）"。

9. 将本月缴纳上月未缴增值税5 000元填入第30栏"税款缴纳：③本期缴纳上期应纳税额"。

10. 将5 000元填入第27栏"税款缴纳：本期已缴税额"。

11. 将6 240（6 240＋5 000－5 000）元填入第32栏"税款缴纳：期末未缴税额（多缴为负数）"。

12. 将6 240元填入第34栏"税款缴纳：本期应补（退）税额"。

（二）分支机构需要预缴税款

1. 按固定预征率或定额税率预缴（预征率预缴）

【例 2-119】A 电信公司为总机构（一般纳税人），已申请汇总缴纳增值税，符合加计抵减条件。2020 年 1 月发生如下业务：

（1）总公司与分公司都提供基础电信服务，总公司开具的增值税专用发票上注明不含税销售额合计 300 000 元，票面税额 27 000 元；分公司开具的增值税专用发票上注明不含税销售额合计 400 000 元，票面税额 36 000 元；总公司开具的增值税普通发票上注明含税收入合计218 000元；分公司开具的增值税普通发票上注明含税收入合计 109 000 元。

（2）总公司与分公司当月总计购进办公用品支付价款 237 300 万元。其中：取得 5 张增值税专用发票，注明不含税销售额 200 000 元，税额 26 000 元，并已经全部认证相符；取得增值税普通发票上注明含税销售额为 11 300 元。

（3）分公司所在地省级税务机关确定的增值税预征率为 5%，分公司就地预缴增值税 25 000 元，分公司预缴的税款总公司已全部抵减完毕。

（4）缴纳上月未缴增值税 30 000 元。

请填报 A 电信公司增值税纳税申报主表及附表。

分析：

第一步，A 电信公司增值税计算：

销项税额＝（27 000＋36 000）＋（218 000＋109 000）÷（1＋9%）×9%
＝90 000（元）

进项税额＝26 000（元）

加计抵减税额＝26 000×10%＝2 600（元）

期末未缴增值税额＝90 000－26 000－25 000－2 600＝36 400（元）

第二步，A 电信公司填报增值税纳税申报主表及附表：

（1）《本期销售情况明细表》（如表 2－33 所示）的填报。

表 2－33 增值税纳税申报表附列资料（一）

（本期销售情况明细）

税款所属时间：2020 年 1 月 1 日至 2020 年 1 月 31 日

纳税人名称：（公章）A 电信公司　　　　金额单位：元至角分

项目及栏次				开具增值税专用发票		开具其他发票		未开具发票		纳税检查调整		合计			服务、不动产和无形资产扣除项目本期实际扣除金额	扣除后	
				销售额	销项（应纳）税额	销售额	销项（应纳）税额	销售额	销项（应纳）税额	销售额	销项（应纳）税额	销售额	销项（应纳）税额	价税合计		含税（免税）销售额	销项（应纳）税额
				1	2	3	4	5	6	7	8	9＝1＋3＋5＋7	10＝2＋4＋6＋8	11＝9＋10	12	13＝11－12	14＝13÷（100%＋税率或征收率）×税率或征收率
一、一般计税方法计税	全部征税项目	13%税率的货物及加工修理修配劳务	1											—	—	—	—
		13%税率的服务、不动产和无形资产	2														
		9%税率的货物及加工修理修配劳务	3											—	—	—	—
		9%税率的服务、不动产和无形资产	4	700 000.00	63 000.00	300 000.00	27 000.00					1 000 000.00	90 000.00	1 090 000.00		1 090 000.00	90 000.00
		6%税率	5														

续表

一、一般计税方法计税	其中：即征即退项目	即征即退货物及加工修理修配劳务	6	—	—	—	—	—	—	—	—			—	—	—	—
		即征即退服务、不动产和无形资产	7	—	—	—	—	—	—	—	—						
二、简易计税方法计税	全部征税项目	6%征收率	8							—	—			—	—	—	—
		5%征收率的货物及加工修理修配劳务	9a							—	—			—	—	—	—
		5%征收率的服务、不动产和无形资产	9b							—	—						
		4%征收率	10							—	—			—	—	—	—
		3%征收率的货物及加工修理修配劳务	11							—	—			—	—	—	—
		3%征收率的服务、不动产和无形资产	12							—	—						
		预征率　%	13a							—	—						
		预征率　%	13b							—	—						
		预征率　%	13c							—	—						
	其中：即征即退项目	即征即退货物及加工修理修配劳务	14	—	—	—	—	—	—	—	—			—	—	—	—
		即征即退服务、不动产和无形资产	15	—	—	—	—	—	—	—	—						

续表

三、免抵退税	货物及加工修理修配劳务	16	—	—		—		—	—	—		—	—	—	—	—
	服务、不动产和无形资产	17	—	—		—		—	—	—		—				—
四、免税	货物及加工修理修配劳务	18				—		—	—	—		—	—	—	—	—
	服务、不动产和无形资产	19	—	—		—		—	—	—		—				—

填写要点：

1. 将业务（1）提供基础电信服务开具的增值税专用发票不含税收入 700 000（300 000＋400 000）元填入第 4 栏“一、一般计税方法计税：全部征税项目：9%税率的服务、不动产和无形资产”对应第 1 列“开具增值税专用发票：销售额”。

2. 将 63 000（700 000×9%）元填入第 4 栏对应第 2 列“开具增值税专用发票：销项（应纳）税额”。

3. 将业务（1）提供住宿服务开具的增值税普通发票不含税收入 300 0C0［（218 000＋109 000）÷（1＋9%）］元填入第 4 栏对应第 3 列“开具其他发票：销售额”。

4. 将 27 000（300 000×9%）元填入第 4 栏对应第 4 列“开具其他发票：销项（应纳）税额”。

5. 将 1 000 000（700 000＋300 000）元填入第 4 栏对应第 9 列“合计：销售额”。

6. 将 90 000（63 000＋27 000）元填入第 4 栏对应第 10 列“合计：销项（应纳）税额”。

7. 将 1 090 000（1 000 000＋90 000）元填入第 4 栏对应第 11 列“合计：价税合计”。

8. 1 090 000 元填入第 4 栏对应第 13 列“扣除后：含税（免税）销售额”。

9. 将 90 000 元填入第 4 栏对应第 14 列“扣除后：销项（应纳）税额”。

（2）《本期进项税额明细表》（如表 2－34 所示）的填报。

表 2－34　增值税纳税申报表附列资料（二）

（本期进项税额明细）

税款所属时间：2020 年 1 月 1 日至 2020 年 1 月 31 日

纳税人名称：（公章）A 电信公司　　　　金额单位：元至角分

一、申报抵扣的进项税额				
项目	栏次	份数	金额	税额
（一）认证相符的增值税专用发票	1＝2＋3	5	200 000	26 000
其中：本期认证相符且本期申报抵扣	2	5	200 000	26 000
前期认证相符且本期申报抵扣	3			
（二）其他扣税凭证	4＝5＋6＋7＋8a＋8b			
其中：海关进口增值税专用缴款书	5			
农产品收购发票或者销售发票	6			
代扣代缴税收缴款凭证	7		—	
加计扣除农产品进项税额	8a	—	—	
其他	8b			
（三）本期用于购建不动产的扣税凭证	9			
（四）本期用于抵扣的旅客运输服务扣税凭证	10			
（五）外贸企业进项税额抵扣证明	11	—	—	
当期申报抵扣进项税额合计	12＝1＋4＋11	5	200 000	26 000

二、进项税额转出额		
项目	栏次	税额
本期进项税额转出额	13＝14 至 23 之和	
其中：免税项目用	14	
集体福利、个人消费	15	
非正常损失	16	
简易计税方法征税项目用	17	
免抵退税办法不得抵扣的进项税额	18	
纳税检查调减进项税额	19	
红字专用发票信息表注明的进项税额	20	
上期留抵税额抵减欠税	21	
上期留抵税额退税	22	
其他应做进项税额转出的情形	23	

续表

三、待抵扣进项税额				
项目	栏次	份数	金额	税额
（一）认证相符的增值税专用发票	24	—	—	—
期初已认证相符但未申报抵扣	25			
本期认证相符且本期未申报抵扣	26			
期末已认证相符但未申报抵扣	27			
其中：按照税法规定不允许抵扣	28			
（二）其他扣税凭证	29=30 至 33 之和			
其中：海关进口增值税专用缴款书	30			
农产品收购发票或者销售发票	31			
代扣代缴税收缴款凭证	32		—	
其他	33			
	34			
四、其他				
项目	栏次	份数	金额	税额
本期认证相符的增值税专用发票	35	5	200 000	26 000
代扣代缴税额	36	—	—	

填写要点：

1. 业务（2）为采购业务，取得的增值税普通发票进项税额不得抵扣，取得的增值税专用发票进项税额可以抵扣。取得 5 张增值税专用发票，将 5 张填入第 2 栏“一、申报抵扣的进项税额：其中：本期认证相符且本期申报抵扣”对应“份数”列。

2. 将业务（2）不含税销售额 200 000 元填入第 2 栏对应“金额”列。

3. 将业务（2）进项税额合计 26 000 元填入第 2 栏对应“税额”列。

4. 将 5 张填入第 1 栏“一、申报抵扣的进项税额：（一）认证相符的增值税专用发票”对应“份数”列。

5. 将 200 000 元填入第 1 栏对应“金额”列。

6. 将 26 000 元填入第 1 栏对应“税额”列。

7. 将 5 张填入第 12 栏“当期申报抵扣进项税额合计”对应“份数”列。

8. 将 200 000 元填入第 12 栏对应“金额”列。

9. 将 26 000 元填入第 12 栏对应“税额”列。

10. 将 5 张填入第 35 栏“四、其他：本期认证相符的增值税专用发票”对应“份数”列。

11. 将 200 000 元填入第 35 栏对应“金额”列。

12. 将 26 000 元填入第 35 栏对应“税额”列。

（3）《税额抵减情况表》（如表 2－35 所示）的填报。

表 2－35　增值税纳税申报表附列资料（四）

（税额抵减情况）

税款所属时间：2020 年 1 月 1 日至 2020 年 1 月 31 日

纳税人名称：（公章）A 电信公司　　　　金额单位：元至角分

一、税额抵减情况						
序号	抵减项目	期初余额	本期发生额	本期应抵减税额	本期实际抵减税额	期末余额
		1	2	3＝1＋2	4≤3	5＝3－4
1	增值税税控系统专用设备费及技术维护费					
2	分支机构预征缴纳税款	0	25 000	25 000	25 000	0
3	建筑服务预征缴纳税款					
4	销售不动产预征缴纳税款					
5	出租不动产预征缴纳税款					

二、加计抵减情况							
序号	加计抵减项目	期初余额	本期发生额	本期调减额	本期可抵减额	本期实际抵减额	期末余额
		1	2	3	4＝1＋2－3	5	6＝4－5
6	一般项目加计抵减额计算	0	2 600	0	2 600	2 600	0
7	即征即退项目加计抵减额计算						
8	合计	0	2 600	0	2 600	2 600	0

填写要点：

1. 将 0 元填入第 2 行“分支机构预征缴纳税款”对应第 1 列“期初余额”。
2. 将分公司预缴税款 25 000 元填入第 2 行对应第 2 列“本期发生额”。
3. 将 25 000 元填入第 2 行对应第 3 列“本期应抵减税额”。
4. 将 25 000 元填入第 2 行对应第 4 列“本期实际抵减税额”。
5. 将 0 元填入第 2 行对应第 5 列“期末余额”。
6. 将 1 月计提加计抵减额 2 600 元填入第 6 行对应第 2 列“本期发生额”。
7. 将 1 月可抵减额 2 600 元填入第 6 行对应第 4 列“本期可抵减额”。
8. 将 1 月实际抵减额 2 600 元填入第 6 行对应第 5 列“本期实际抵减额”。
9. 将 1 月期末余额 0（2 600－2 600）元填入第 6 行对应第 6 列“期末余额”。
10. 将第 2 行对应第 4 列“本期实际抵减税额”25 000 元转入《增值税纳税申报表（一般纳税人适用）》主表（如表 2－36 所示）第 28 栏“税款缴纳：①分次预缴税额”对应“一般项目：本月数”。

（4）《增值税纳税申报表（一般纳税人适用）》主表（如表 2-36 所示）的填报。

表 2-36　增值税纳税申报表

（一般纳税人适用）

根据国家税收法律法规及增值税相关规定制定本表。纳税人不论有无销售额，均应按税务机关核定的纳税期限填写本表，并向当地税务机关申报。

税款所属时间：自 2020 年 1 月 1 日至 2020 年 1 月 31 日　填表日期：2020 年 2 月 10 日

所属行业：　　金额单位：元至角分

纳税人识别号						
纳税人名称	A 电信公司（公章）	法定代表人姓名		注册地址		生产经营地址	
开户银行及账号		登记注册类型				电话号码	

	项目	栏次	一般项目		即征即退项目	
			本月数	本年累计	本月数	本年累计
销售额	（一）按适用税率计税销售额	1	1 000 000.00	1 000 000.00		
	其中：应税货物销售额	2				
	应税劳务销售额	3				
	纳税检查调整的销售额	4				
	（二）按简易办法计税销售额	5				
	其中：纳税检查调整的销售额	6				
	（三）免、抵、退办法出口销售额	7			—	—
	（四）免税销售额	8			—	—
	其中：免税货物销售额	9			—	—
	免税劳务销售额	10			—	—
税款计算	销项税额	11	90 000.00	90 000.00		
	进项税额	12	26 000.00	26 000.00		
	上期留抵税额	13				—
	进项税额转出	14				
	免、抵、退应退税额	15			—	—
	按适用税率计算的纳税检查应补缴税额	16			—	—

续表

税款计算	应抵扣税额合计	17=12+13−14−15+16	26 000.00	—		—
	实际抵扣税额	18（如 17<11，则为 17，否则为 11）	26 000.00			
	应纳税额	19=11−18	61 400.00			
	期末留抵税额	20=17−18				—
	简易计税办法计算的应纳税额	21				
	按简易计税办法计算的纳税检查应补缴税额	22			—	—
	应纳税额减征额	23				
	应纳税额合计	24=19+21−23	61 400.00			
税款缴纳	期初未缴税额（多缴为负数）	25	30 000.00			
	实收出口开具专用缴款书退税额	26			—	—
	本期已缴税额	27=28+29+30+31	55 000.00			
	①分次预缴税额	28	25 000.00	—		—
	②出口开具专用缴款书预缴税额	29		—	—	—
	③本期缴纳上期应纳税额	30	30 000.00			
	④本期缴纳欠缴税额	31				
	期末未缴税额（多缴为负数）	32=24+25+26−27	36 400.00			
	其中：欠缴税额（≥0）	33=25+26−27		—		—
	本期应补（退）税额	34=24−28−29	364 000.00	—		—
	即征即退实际退税额	35	—	—		
	期初未缴查补税额	36			—	—
	本期入库查补税额	37			—	—
	期末未缴查补税额	38=16+22+36−37			—	—

续表

授权声明	如果你已委托代理人申报，请填写下列资料： 为代理一切税务事宜，现授权__________（地址）为本纳税人的代理申报人，任何与本申报表有关的往来文件，都可寄予此人。 授权人签字：	申报人声明	本纳税申报表是根据国家税收法律法规及相关规定填报的，我确定它是真实的、可靠的、完整的。 声明人签字：

主管税务机关： 接收人： 接收日期：

填写要点：

A电信公司当期申报数据全部填列在“一般项目：本月数”的对应栏次，具体栏次填列如下：

1.《本期销售情况明细表》（如表2-33所示）第4栏对应第9列1 000 000元转填入第1栏“销售额：（一）按适用税率计税销售额”。

2.《本期销售情况明细表》（如表2-33所示）第4栏对应第14列90 000元转入第11栏“税款计算：销项税额”。

3.《本期进项税额明细表》（如表2-34所示）第12栏对应“税额”列26 000元转入第12栏“税款计算：进项税额”。

4. 将26 000元填入第17栏“税款计算：应抵扣税额合计”。

5. 将26 000元填入第18栏“税款计算：实际抵扣税额”。

6. 将61 400（90 000－26 000－2 600）元填入第19栏“税款计算：应纳税额”。

7. 将61 400元填入第24栏“税款计算：应纳税额合计”。

8. 将30 000元填入第25栏“税款缴纳：期初未缴税额（多缴为负数）”。

9. 将《税额抵减情况表》（如表2-35所示）第2行对应第4列“本期实际抵减税额”25 000元填入第28栏“税款缴纳：①分次预缴税额”。

10. 将本月缴纳上月未缴增值税30 000元填入第30栏“税款缴纳：③本期缴纳上期应纳税额”。

11. 将55 000元填入第27栏“税款缴纳：本期已缴税额”。

12. 将36 400（61 400＋30 000－55 000）元填入第32栏“税款缴纳：期末未缴税额（多缴为负数）”。

13. 将36 400（61 400－25 000）元填入第34栏“税款缴纳：本期应补（退）税额”。

2. 总分支机构按销售收入比例分配应纳税额（分摊预缴）

【例 2-120】 A 公司（一般纳税人）现为汇总缴纳增值税的总机构，主要从事金融业务，下设 B、C 两个分支机构，B 分支机构注册经营地为石景山区，C 分支机构注册经营地为通州区。

2020 年 1 月发生如下业务：

（1）A 公司取得应税利息收入 31 800 元，开具的增值税专用发票上注明销售额为 30 000 元，税额为 1 800 元；购买各类银行信息系统硬件设备，取得 2 张符合抵扣条件的增值税专用发票，注明销售额为 6 000 元，税额为 780 元。

（2）B 公司取得收入 9 540 元，开具增值税普通发票。

（3）C 公司取得收入 3 180 元，未开具发票。

2020 年 2 月发生如下业务：

（1）A 公司取得应税收入 21 200 元，开具的增值税专用发票上注明销售额为 20 000 元，税额为 1 200 元；购进货物支付价款 2 260 元，取得 2 张符合抵扣条件的增值税专用发票，注明销售额为 2 000 元，税额为 260 元。

（2）B 公司取得收入 6 360 元，开具增值税普通发票。

（3）C 公司取得收入 7 420 元，未开具发票。

2020 年 3 月发生如下业务：

（1）A 公司取得应税收入 10 600 元，开具的增值税专用发票上注明销售额为 10 000 元，税额为 600 元；接受咨询服务支付价款 5 300 元，取得 2 张符合抵扣条件的增值税专用发票，注明销售额为 4 000 元，税额为 520 元。

（2）B 公司取得收入 2 120 元，开具增值税普通发票。

（3）C 公司取得收入 4 240 元，未开具发票。

另外，A 公司 4 月 10 日缴纳第一季度未缴增值税 2 000 元。

请填报 A 公司增值税纳税申报主表及附表。

分析：

第一步，A 公司增值税计算：

（1）A 公司汇总全部分支机构的收入计算销项税额：

1）A 公司开具增值税专用发票：

不含税销售额＝30 000＋20 000＋10 000＝60 000（元）

销项税额＝60 000×6％＝3 600（元）

2）B 公司开具增值税普通发票：

不含税销售额＝（9 540＋6 360＋2 120）÷（1＋6％）＝17 000（元）

销项税额＝17 000×6％＝1 020（元）

3）C 公司未开具发票：

不含税销售额＝（3 180＋7 420＋4 240）÷（1＋6％）＝14 000（元）

销项税额＝14 000×6％＝840（元）

（2）A 公司汇总全部分支机构取得的进项税额：

符合抵扣条件的销售额＝6 000＋2 000＋4 000＝12 000（元）

进项税额＝780＋260＋520＝1 560（元）

（3）A公司汇总计算应纳税额：

应纳税额＝3 600＋1 020＋840－1 560＝3 900（元）

（4）按收入占比分别计算A、B、C分支机构的入库税额：

A、B、C分支机构收入总额＝60 000＋17 000＋14 000＝91 000（元）

A公司应纳税额＝3 900×（60 000÷91 000）＝2 571.43（元）

B公司应纳税额＝3 900×（17 000÷91 000）＝728.57（元）

C公司应纳税额＝3 900×（14 000÷91 000）＝600（元）

（5）A公司在机构所在地主管税务机关汇总填报申报表并缴纳税款。

第二步，A公司填报增值税纳税申报主表及附表：

（1）《本期销售情况明细表》（如表 2－37 所示）的填报。

表 2－37　增值税纳税申报表附列资料（一）

（本期销售情况明细）

税款所属时间：2020 年 1 月 1 日至 2020 年 3 月 31 日

纳税人名称：（公章）A 公司　　金额单位：元至角分

项目及栏次				开具增值税专用发票		开具其他发票		未开具发票		纳税检查调整		合计			服务、不动产和无形资产扣除项目本期实际扣除金额	扣除后	
				销售额	销项（应纳）税额	销售额	销项（应纳）税额	销售额	销项（应纳）税额	销售额	销项（应纳）税额	销售额	销项（应纳）税额	价税合计		含税（免税）销售额	销项（应纳）税额
				1	2	3	4	5	6	7	8	9＝1＋3＋5＋7	10＝2＋4＋6＋8	11＝9＋10	12	13＝11－12	14＝13÷（100%＋税率或征收率）×税率或征收率
一、一般计税方法计税	全部征税项目	13%税率的货物及加工修理修配劳务	1											—	—	—	—
		13%税率的服务、不动产和无形资产	2														
		9%税率的货物及加工修理修配劳务	3											—	—	—	—
		9%税率的服务、不动产和无形资产	4														
		6%税率	5	60 000	3 600	17 000	1 020	14 000	840			91 000	5 460	96 460		96 460	5 460

续表

一、一般计税方法计税	其中：即征即退项目	即征即退货物及加工修理修配劳务	6	—	—	—	—	—	—	—	—			—	—	—	—
		即征即退服务、不动产和无形资产	7	—	—	—	—	—	—	—	—						
二、简易计税方法计税	全部征税项目	6%征收率	8							—	—			—	—	—	—
		5%征收率的货物及加工修理修配劳务	9a							—	—			—	—	—	—
		5%征收率的服务、不动产和无形资产	9b							—	—						
		4%征收率	10							—	—			—	—	—	—
		3%征收率的货物及加工修理修配劳务	11							—	—			—	—	—	—
		3%征收率的服务、不动产和无形资产	12							—	—						
		预征率 %	13a							—	—						
		预征率 %	13b							—	—						
		预征率 %	13c							—	—						
	其中：即征即退项目	即征即退货物及加工修理修配劳务	14	—	—	—	—	—	—	—	—			—	—	—	—
		即征即退服务、不动产和无形资产	15	—	—	—	—	—	—	—	—						

续表

三、免抵退税	货物及加工修理修配劳务	16	—	—		—		—	—	—		—	—	—	—	—
	服务、不动产和无形资产	17	—	—		—		—	—	—		—				—
四、免税	货物及加工修理修配劳务	18				—		—	—	—		—	—	—	—	—
	服务、不动产和无形资产	19	—	—		—		—	—	—		—				—

填写要点：

1. 将第一季度开具增值税专用发票汇总不含税收入60 000元填入第5栏“一、一般计税方法计税：全部征税项目：6%税率”对应第1列“开具增值税专用发票：销售额”。
2. 将3 600（60 000×6%）元填入第5栏对应第2列“开具增值税专用发票：销项（应纳）税额”。
3. 将开具增值税普通发票汇总不含税收入（6%税率）17 000元填入第5栏对应第3列“开具其他发票：销售额”。
4. 将1 020（17 000×6%）元填入第5栏对应第4列“开具其他发票：销项（应纳）税额”。
5. 将未开具发票汇总不含税收入（6%税率）14 000元填入第5栏对应第5列“未开具发票：销售额”。
6. 将840（14 000×6%）元填入第5栏对应第6列“未开具发票：销项（应纳）税额”。
7. 将91 000（60 000+17 000+14 000）元填入第5栏对应第9列“合计：销售额”。
8. 将5 460（3 600+1 020+840）元填入第5栏对应第10列“合计：销项（应纳）税额”。
9. 将96 460（91 000+5 460）元填入第5栏对应第11列“合计：价税合计”。
10. 将96 460元填入第5栏对应第13列“扣除后：含税（免税）销售额”。
11. 将5 460（96 460÷1.06×6%）元填入第5栏对应第14列“扣除后：销项（应纳）税额”。

（2）《本期进项税额明细表》（如表 2－38 所示）的填报。

表 2－38　增值税纳税申报表附列资料（二）

（本期进项税额明细）

税款所属时间：2020 年 1 月 1 日至 2020 年 3 月 31 日

纳税人名称：（公章）A 公司　　　　金额单位：元至角分

一、申报抵扣的进项税额				
项目	栏次	份数	金额	税额
（一）认证相符的增值税专用发票	1=2+3	6	12 000.00	1 560.00
其中：本期认证相符且本期申报抵扣	2	6	12 000.00	1 560.00
前期认证相符且本期申报抵扣	3			
（二）其他扣税凭证	4=5+6+7+8a+8b			
其中：海关进口增值税专用缴款书	5			
农产品收购发票或者销售发票	6			
代扣代缴税收缴款凭证	7		—	
加计扣除农产品进项税额	8a	—	—	
其他	8b			
（三）本期用于购建不动产的扣税凭证	9			
（四）本期用于抵扣的旅客运输服务扣税凭证	10			
（五）外贸企业进项税额抵扣证明	11	—	—	
当期申报抵扣进项税额合计	12=1+4+11	6	12 000.00	1 560.00

二、进项税额转出额		
项目	栏次	税额
本期进项税额转出额	13=14 至 23 之和	
其中：免税项目用	14	
集体福利、个人消费	15	
非正常损失	16	
简易计税方法征税项目用	17	
免抵退税办法不得抵扣的进项税额	18	
纳税检查调减进项税额	19	
红字专用发票信息表注明的进项税额	20	
上期留抵税额抵减欠税	21	
上期留抵税额退税	22	
其他应做进项税额转出的情形	23	

续表

三、待抵扣进项税额				
项目	栏次	份数	金额	税额
（一）认证相符的增值税专用发票	24	—	—	—
期初已认证相符但未申报抵扣	25			
本期认证相符且本期未申报抵扣	26			
期末已认证相符但未申报抵扣	27			
其中：按照税法规定不允许抵扣	28			
（二）其他扣税凭证	29=30至33之和			
其中：海关进口增值税专用缴款书	30			
农产品收购发票或者销售发票	31			
代扣代缴税收缴款凭证	32		—	
其他	33			
	34			
四、其他				
项目	栏次	份数	金额	税额
本期认证相符的增值税专用发票	35	6	12 000.00	1 560.00
代扣代缴税额	36	—	—	

填写要点：

1. 将6（2+2+2）张填入第2栏"一、申报抵扣的进项税额：其中：本期认证相符且本期申报抵扣"对应"份数"列。
2. 将12 000（6 000+2 000+4 000）元填入第2栏对应"金额"列。
3. 将进项税额合计1 560（780+260+520）元填入第2栏对应"税额"列。
4. 将6张填入第1栏"一、申报抵扣的进项税额：（一）认证相符的增值税专用发票"对应"份数"列。
5. 将12 000元填入第1栏对应"金额"列。
6. 将1 560元填入第1栏对应"税额"列。
7. 将6张填入第12栏"一、申报抵扣的进项税额：当期申报抵扣进项税额合计"对应"份数"列。
8. 将12 000元填入第12栏对应"金额"列。
9. 将1 560元填入第12栏对应"税额"列。
10. 将6张填入第35栏"四、其他：本期认证相符的增值税专用发票"对应"份数"列。
11. 将12 000元填入第35栏对应"金额"列。
12. 将1 560元填入第35栏对应"税额"列。

(3)《税额抵减情况表》(如表 2-39 所示) 的填报。

表 2-39　增值税纳税申报表附列资料 (四)

(税额抵减情况)

税款所属时间：2020 年 1 月 1 日至 2020 年 3 月 31 日

纳税人名称：(公章) A 公司　　　　金额单位：元至角分

一、税额抵减情况

序号	抵减项目	期初余额	本期发生额	本期应抵减税额	本期实际抵减税额	期末余额
		1	2	3=1+2	4≤3	5=3-4
1	增值税税控系统专用设备费及技术维护费					
2	分支机构预征缴纳税款	0	1 328.57	1 328.57	1 328.57	0
3	建筑服务预征缴纳税款					
4	销售不动产预征缴纳税款					
5	出租不动产预征缴纳税款					

二、加计抵减情况

序号	加计抵减项目	期初余额	本期发生额	本期调减额	本期可抵减额	本期实际抵减额	期末余额
		1	2	3	4－1＋2－3	5	6━4 5
6	一般项目加计抵减额计算						
7	即征即退项目加计抵减额计算						
8	合计						

填写要点：

1. 将 0 元填入第 2 行“分支机构预征缴纳税款”对应第 1 列“期初余额”。

2. 将 B 公司预缴税款 728.57 元与 C 公司预缴税额 600 元合计数 1 328.57 元填入第 2 行对应第 2 列“本期发生额”。

3. 将 1 328.57 元填入第 2 行对应第 3 列“本期应抵减税额”。

4. 将 1 328.57 元填入第 2 行对应第 4 列“本期实际抵减税额”。

5. 将 0 元填入第 2 行对应第 5 列“期末余额”。

6. 将第 2 行对应第 4 列“本期实际抵减税额”1 328.57 元转入《增值税纳税申报表（一般纳税人适用）》主表（如表 2-40 所示）第 28 栏“税款缴纳：①分次预缴税额”对应“一般项目：本月数”列。

（4）《增值税纳税申报表（一般纳税人适用）》主表（如表 2－40 所示）的填报。

表 2－40　增值税纳税申报表

（一般纳税人适用）

根据国家税收法律法规及增值税相关规定制定本表。纳税人不论有无销售额，均应按税务机关核定的纳税期限填写本表，并向当地税务机关申报。

税款所属时间：自 2020 年 1 月 1 日至 2020 年 3 月 31 日　填表日期：2020 年 4 月 10 日

所属行业：　　金额单位：元至角分

纳税人识别号						
纳税人名称	A 公司（公章）	法定代表人姓名		注册地址	生产经营地址	
开户银行及账号		登记注册类型			电话号码	

	项目	栏次	一般项目		即征即退项目	
			本月数	本年累计	本月数	本年累计
销售额	（一）按适用税率计税销售额	1	91 000.00	91 000.00		
	其中：应税货物销售额	2				
	应税劳务销售额	3				
	纳税检查调整的销售额	4				
	（二）按简易办法计税销售额	5				
	其中：纳税检查调整的销售额	6				
	（三）免、抵、退办法出口销售额	7			—	—
	（四）免税销售额	8			—	—
	其中：免税货物销售额	9			—	—
	免税劳务销售额	10			—	—
税款计算	销项税额	11	5 460.00	5 460.00		
	进项税额	12	1 560.00	1 560.00		
	上期留抵税额	13				—
	进项税额转出	14				
	免、抵、退应退税额	15			—	—
	按适用税率计算的纳税检查应补缴税额	16			—	—

续表

税款计算	应抵扣税额合计	17＝12＋13－14－15＋16	1 560.00	—		—
	实际抵扣税额	18（如17＜11，则为17，否则为11）	1 560.00	1 560.00		
	应纳税额	19＝11－18	3 900.00	3 900.00		
	期末留抵税额	20＝17－18				—
	简易计税办法计算的应纳税额	21				
	按简易计税办法计算的纳税检查应补缴税额	22			—	—
	应纳税额减征额	23				
	应纳税额合计	24＝19＋21－23	3 900.00	3 900.00		
税款缴纳	期初未缴税额（多缴为负数）	25	2 000.00	2 000.00		
	实收出口开具专用缴款书退税额	26			—	—
	本期已缴税额	27＝28＋29＋30＋31	3 328.57	3 328.57		
	①分次预缴税额	28	1 328.57	—		—
	②出口开具专用缴款书预缴税额	29		—	—	—
	③本期缴纳上期应纳税额	30	2 000.00	2 000.00		
	④本期缴纳欠缴税额	31				
	期末未缴税额（多缴为负数）	32＝24＋25＋26－27	2 571.43			
	其中：欠缴税额（≥0）	33＝25＋26－27		—		—
	本期应补（退）税额	34＝24－28－29	2 571.43	—		—
	即征即退实际退税额	35	—	—		
	期初未缴查补税额	36			—	—
	本期入库查补税额	37			—	—
	期末未缴查补税额	38＝16＋22＋36－37			—	—

续表

授权声明	如果你已委托代理人申报，请填写下列资料： 为代理一切税务事宜，现授权__________（地址）为本纳税人的代理申报人，任何与本申报表有关的往来文件，都可寄予此人。 授权人签字：	申报人声明	本纳税申报表是根据国家税收法律法规及相关规定填报的，我确定它是真实的、可靠的、完整的。 声明人签字：

主管税务机关： 接收人： 接收日期：

填写要点：

A 公司当期申报数据全部填列在“一般项目：本月数”的对应栏次，具体栏次填列如下：

1. 《本期销售情况明细表》（如表 2-37 所示）第 5 栏对应第 9 列 91 000 元转填入第 1 栏“销售额：（一）按适用税率计税销售额”。
2. 《本期销售情况明细表》（如表 2-37 所示）第 5 栏对应第 14 列 5 460 元转入第 11 栏“税款计算：销项税额”。
3. 《本期进项税额明细表》（如表 2-38 所示）第 12 栏“当期申报抵扣进项税额合计：税额”1 560 元转入第 12 栏“税款计算：进项税额”。
4. 将 1 560 元填入第 17 栏“税款计算：应抵扣税额合计”。
5. 将 1 560 元填入第 18 栏“税款计算：实际抵扣税额”。
6. 将 3 900（5 460－1 560）元填入第 19 栏“税款计算：应纳税额”。
7. 将 3 900 元填入第 24 栏“税款计算：应纳税额合计”。
8. 将 2 000 元填入第 25 栏“税款缴纳：期初未缴税额（多缴为负数）”。
9. 将《税额抵减情况表》（如表 2-39 所示）第 2 行对应第 4 列“本期实际抵减税额”1 328.57 元填入第 28 栏“税款缴纳：①分次预缴税额”。
10. 将本月缴纳上月未缴增值税 2 000 元填入第 30 栏“税款缴纳：③本期缴纳上期应纳税额”。
11. 将 3 328.57 元填入第 27 栏“税款缴纳：本期已缴税额”。
12. 将 2 571.43（3 900＋2 000－3 328.57）元填入第 32 栏“税款缴纳：期末未缴税额（多缴为负数）”。
13. 将 2 571.43（3 900－1 328.57）元填入第 34 栏“税款缴纳：本期应补（退）税额”。

第三章
小规模纳税人纳税申报

【学习目标】

1. 会计算小规模纳税人应纳增值税额。
2. 会进行小规模纳税人增值税的账务处理。
3. 会进行小规模纳税人的纳税申报。
4. 会进行小规模纳税人的税收筹划。

【工作任务3】

北京天海有限责任公司为增值税小规模纳税人，按季度申报缴纳增值税，2020年第一季度发生如下业务：

业务1：提供劳务派遣服务，取得收入250 000元，自行开具增值税普通发票，选择差额纳税。代用工单位支付给劳务派遣员工的工资、福利和为其缴纳的社会保险及住房公积金共计145 000元。

业务2：为个人提供咨询服务，取得含税收入60 215.39元，未开具发票。

业务3：购进办公设备，共付款130 000元。

业务4：销售办公设备，到税务机关代开增值税专用发票，注明不含税金额为150 000元，预缴增值税4 500元。

业务5：提供会议服务，取得含税收入60 000元，自行开具增值税普通发票。

业务6：销售蔬菜，取得收入50 000元。

要求：

1. 请计算北京天海有限责任公司2020年第一季度的增值税。
2. 请进行北京天海有限责任公司2020年第一季度增值税的纳税申报。

第一节 小规模纳税人增值税的计算

一、一般规定

小规模纳税人采用简易计税方法计算应纳增值税额。按照税法的有关规定，小规模纳税人销售货物只能开具增值税普通发票，不能使用增值税专用发票，其购进货物不论是否取得增值税专用发票，都不能抵扣进项税额。所以，小规模纳税人的应纳税额通过下列公式直接计算：

应纳税额＝销售额×征收率

公式中的销售额应为不含税销售额。如果是含税销售额，应换算为不含税销售额，计算公式为：

不含税销售额＝含税销售额÷（1＋增值税税率）

【例 3－1】 B 商店为增值税小规模纳税人，2019 年 8 月销售商品取得含税销售额 61 800元，购入商品取得的普通发票上注明的金额为 10 000 元。请计算 B 商店 8 月应纳增值税。

分析：

B 商店应纳增值税＝61 800÷（1＋3％）×3％＝1 800（元）

二、特殊规定

（一）销售使用过的固定资产

小规模纳税人（除其他个人外，下同）销售自己使用过的固定资产和旧货，减按 2％征收率计算缴纳增值税，按下列公式确定销售额和应纳税额：

不含税销售额＝含税销售额÷（1＋3％）

应纳税额＝不含税销售额×2％

小规模纳税人销售自己使用过的除固定资产以外的物品，应开具普通发票，不得由税务机关代开增值税专用发票。

小规模纳税人销售自己使用过的除固定资产以外的物品，应按 3％的征收率计算缴纳增值税。

【例 3－2】 B 汽修厂为增值税小规模纳税人，2019 年 12 月取得修理收入 60 000 元；处置使用过的举升机一台，取得收入 5 000 元。请计算 B 汽修厂 12 月应缴纳的增值税。

分析：

应纳增值税＝60 000÷（1＋3％）×3％＋5 000÷（1＋3％）×2％＝1 844.66（元）

（二）跨县（市、区）提供建筑服务

小规模纳税人跨县（市、区）提供建筑服务，以取得的全部价款和价外费用扣除支付的分包款后的余额，按照 3％的征收率计算应预缴税款。

【例 3－3】 北京市 B 装潢公司为增值税小规模纳税人，2019 年 10 月为河北省某宾馆提供装修服务，取得收入 309 000 元，该公司将宾馆的水电安装业务分包给专业的水电安装公司，支付分包款 103 000 元。请计算 B 装潢公司应纳增值税额。

分析：

装潢公司应纳增值税＝（309 000－103 000）÷（1＋3％）×3％＝6 000（元）

（三）销售不动产

小规模纳税人销售不动产适用的具体政策如表 3－1 所示。

表 3-1　小规模纳税人销售不动产适用的具体政策

纳税人	不动产性质	计税依据
非房地产开发企业	销售取得的不动产（不含自建）	全部价款和价外费用减去该项不动产购置原价或取得时作价后的余额
	销售自建的不动产	全部价款和价外费用
房地产开发企业	销售开发项目	全部价款和价外费用
其他个人	销售取得的不动产（不含购买住房）	全部价款和价外费用减去该项不动产购置原价或取得时作价后的余额

【例 3-4】 B公司属于增值税小规模纳税人，2019 年 6 月销售房屋，取得含增值税收入 9 000 000 元，该房屋系购进，购进价为 6 100 000 元。请计算 B 公司 6 月应纳增值税额。

分析：

应纳增值税＝（9 000 000－6 100 000）÷（1＋5%）×5%＝138 095.24（元）

【例 3-5】 B公司属于增值税小规模纳税人，2019 年 7 月销售房屋，取得含增值税收入 9 000 000 元，该房屋系自建，建造成本为 6 100 000 元。请计算 B 公司销售房屋应纳增值税额。

分析：

应纳增值税＝9 000 000÷（1＋5%）×5%＝428 571.43（元）

（四） 出租不动产

小规模纳税人出租不动产适用的具体政策如表 3-2 所示。

表 3-2　小规模纳税人出租不动产适用的具体政策

纳税人	税务处理	计税公式
小规模出租取得的不动产	按 5%的征收率计算税额	税额＝租金收入÷（1＋5%）×5%
其他个人出租其取得的不动产（非住房）		
个人出租住房	按 5%的征收率减按 1.5%计算税额	税额＝租金收入÷（1＋5%）×1.5%

【例 3-6】 B快餐店是小规模纳税人，2019 年 10 月将一间门面房出租，取得租金收入 10 500 元。请计算 B 快餐店出租房屋应纳增值税额。

分析：

应纳增值税＝10 500÷（1＋5%）×5%＝500（元）

【例 3-7】 张先生 2019 年 10 月取得出租住房租金收入 8 000 元。请计算张先生出租住房应纳增值税额。

分析：

应纳增值税＝8 000÷（1＋5%）×1.5%＝114.29（元）

（五） 提供劳务派遣服务

小规模纳税人提供劳务派遣服务，可以按照规定，以取得的全部价款和价外费用为销售额，按照简易计税方法依 3%的征收率计算缴纳增值税；也可以选择差额纳税，以取得的全部价款和价外费用，扣除代用工单位支付给劳务派遣员工的工资、福利和为其缴纳的社会保险及住房公积金后的余额为销售额，按照简易计税方法依5%的征收率计算缴纳增值税。

【工作任务3】分析1：

业务1：提供劳务派遣服务，取得收入250 000元，自行开具增值税普通发票，选择差额纳税。代用工单位支付给劳务派遣员工的工资、福利和为其缴纳的社会保险及住房公积金共计145 000元。

不含税销售额＝（250 000－145 000）÷（1＋5%）＝100 000（元）

应纳税额＝100 000×5%＝5 000（元）

业务2：为个人提供咨询服务，取得含税收入60 215.39元，未开具发票。

不含税销售额＝60 215.39÷（1＋3%）＝58 461.54（元）

应纳税额＝58 461.54×3%＝1 753.85（元）

业务3：购进办公设备，共付款130 000元。

小规模纳税人不存在进项税额抵扣的情形，因此北京天海有限责任公司购进办公设备不得抵扣进项税额。

业务4：销售办公设备，到税务机关代开增值税专用发票，注明不含税金额为150 000元，预缴增值税4 500元。

应纳税额＝150 000×3%＝4 500（元）

预缴增值税＝4 500（元）

业务5：提供会议服务，取得收入60 000元，自行开具增值税普通发票。

不含税销售额＝60 000÷（1＋3%）＝58 252.43（元）

应纳税额＝58 252.43×3%＝1 747.57（元）

业务6：销售蔬菜。

现行增值税制度规定：免征蔬菜流通环节增值税。

第一季度应纳增值税合计＝5 000＋1 753.85＋4 500＋1 747.57－4 500＝8 501.42（元）

三、税收优惠

（一）税额抵免

（1）增值税纳税人购置税控收款机，经主管税务机关审核批准后，可凭购进税控收款机取得的增值税专用发票，按照发票上注明的增值税额，抵免当期应纳增值税，或者按照购进税控收款机取得的普通发票上注明的价款，依下列公式计算可抵免税额：

可抵免税额＝价款÷（1＋13%）×13%

当期应纳税额不足抵免的，未抵免部分可在下期继续抵免。

【例3-8】B超市为增值税小规模纳税人，按月申报缴纳增值税。2019年8月，购进货物（商品）取得普通发票，共支付150 000元；购进税控收款机一台，取得普通发票，支付5 650元；本月内销售货物取得零售收入共计206 000元。请计算B超市8月应缴纳的增值税。

分析：

$$\text{B超市8月应缴纳的增值税}=206\ 000\div(1+3\%)\times3\%-5\ 650\div(1+13\%)\times13\%=5\ 350\text{（元）}$$

（2）增值税纳税人2011年12月1日（含，下同）以后初次购买增值税税控系统专用设备（包括分开票机）支付的费用，可凭购买增值税税控系统专用设备取得的增值税专用发票，在增值税应纳税额中全额抵减（抵减额为价税合计金额），不足抵减的，可结转下期继续抵减。增值税纳税人非初次购买增值税税控系统专用设备支付的费用，由其自行负担，不得在增值税应纳税额中抵减。

（3）增值税纳税人2011年12月1日以后缴纳的技术维护费，可凭技术维护服务单位开具的技术维护费发票，在增值税应纳税额中全额抵减。

（二）小微企业免征增值税

《财政部 税务总局关于实施小微企业普惠性税收减免政策的通知》（财税〔2019〕13号）规定，自2019年1月1日起至2021年12月31日，小规模纳税人的月销售额为10万元以下（含本数）的，免征增值税。具体规定如下：

（1）小规模纳税人发生增值税应税销售行为，合计月销售额未超过10万元（以1个季度为1个纳税期的，季度销售额未超过30万元，下同）的，免征增值税。

【例3-9】B公司为增值税小规模纳税人，按月申报缴纳增值税。2019年9月，销售货物取得收入3万元，提供服务取得收入4万元，销售不动产取得收入2万元。请计算B公司9月应缴纳的增值税。

分析：

9月销售额合计＝3＋4＋2＝9（万元），未超过10万元免税标准，因此，B公司可享受小规模纳税人免税政策。

小规模纳税人发生增值税应税销售行为，合计月销售额超过10万元，但扣除本期发生的销售不动产的销售额后未超过10万元的，其销售货物、劳务、服务、无形资产取得的销售额免征增值税。

【例3-10】B公司为增值税小规模纳税人，按月申报缴纳增值税。2019年9月，销售货物取得收入3万元，提供服务取得收入4万元，销售不动产取得收入11万元。请计算B公司9月应缴纳的增值税。

分析：

9月销售额合计＝3＋4＋11＝18（万元），剔除销售不动产后的销售额为7（18－11）万元，未超过10万元免税标准，因此，B公司销售货物和服务相对应的销售额7万元可以享受小规模纳税人免税政策，销售不动产11万元应照章纳税。

（2）适用增值税差额计税政策的小规模纳税人，以差额确定是否可以享受免征增值税政策。

【例3-11】B建筑公司为增值税小规模纳税人，按月纳税。2019年8月，取得建筑服务收入21万元，同时向其他建筑企业支付分包款12万元。请计算B建筑公司8月应缴纳的增值税。

分析：

B建筑公司8月扣除分包款后的销售额为9（21－12）万元，未超过10万元免税标准，因此，当月可享受小规模纳税人免税政策。

（3）按固定期限纳税的小规模纳税人可以选择以1个月或1个季度为纳税期限，一经选择，一个会计年度内不得变更。

【税收筹划】 B公司为增值税小规模纳税人，2019年1—3月的销售额分别是4万元、13万元和12万元。请筹划B公司的增值税纳税期限。

分析：

方案一：按月纳税。

只有1月的4万元能够享受免税政策。

方案二：按季度纳税。

第一季度销售额＝4＋13＋12＝29（万元），未超过30万元免税标准，因此，29万元能够全部享受免税政策。

结论：

B公司选择方案二，即按季度纳税可以少缴纳增值税。

【税收筹划】 B公司为增值税小规模纳税人，2019年1—3月的销售额分别是5万元、13万元和16万元。请筹划B公司的增值税纳税期限。

分析：

方案一：按月纳税。

只有1月的5万元能够享受免税政策。

方案二：按季度纳税。

第一季度销售额＝5＋13＋16＝34（万元），超过30万元免税标准，因此，34万元均无法享受免税政策。

结论：

B公司选择方案一，即按月纳税可以少缴纳增值税。

（4）《中华人民共和国增值税暂行条例实施细则》第9条所称的个人，采取一次性收取租金形式出租不动产取得的租金收入，可在对应的租赁期内平均分摊，分摊后的月租金收入未超过10万元的，免征增值税。

（5）按照现行规定应当预缴增值税的小规模纳税人，凡在预缴地实现的月销售额未超过10万元的，当期无须预缴税款。

（6）小规模纳税人月销售额未超过10万元的，当期因开具增值税专用发票已经缴纳的税款，在增值税专用发票全部联次追回或者按规定开具红字专用发票后，可以向主管税务机关申请退还。

（7）小规模纳税人2019年1月销售额未超过10万元（以1个季度为1个纳税期的，2019年第一季度销售额未超过30万元），但当期因代开普通发票已经缴纳的税款，可以在办理纳税申报时向主管税务机关申请退还。

（8）小规模纳税人月销售额超过10万元的，使用增值税发票管理系统开具增值税普通发票、机动车销售统一发票、增值税电子普通发票。

已经使用增值税发票管理系统的小规模纳税人，月销售额未超过10万元的，可以继续使用现有税控设备开具发票；已经自行开具增值税专用发票的，可以继续自行开具增值税专用发票，并就开具增值税专用发票的销售额计算缴纳增值税。

【例 3－12】 B 公司为增值税小规模纳税人，按月申报缴纳增值税。2019 年 6 月取得销售货物含税收入 103 000 元，给购买方开具增值税普通发票。请计算 B 公司应缴纳的增值税。

分析：

现行增值税制度的规定，月销售额小于等于 10 万元的，免征增值税。这里的月销售额为不含税销售额。

B 公司不含税销售额＝103 000÷1.03＝100 000（元），可以享受免征增值税的优惠政策。

第二节　小规模纳税人增值税的账务处理

一、会计科目设置

小规模纳税人只需在“应交税费”科目下设置“应交增值税”“转让金融商品应交增值税”“代扣代交增值税”明细科目。

二、账务处理

（一）取得资产或接受劳务等业务的账务处理

1. 小规模纳税人采购等业务的账务处理

小规模纳税人购买物资、服务、无形资产或不动产，取得的增值税专用发票上注明的增值税应计入相关成本费用或资产，不通过“应交税费——应交增值税”科目核算。其账务处理如下：

借：原材料（固定资产、无形资产、生产成本、管理费用等）

　贷：银行存款（应付账款）

【例 3－13】 B 公司为小规模纳税人，2019 年 8 月购进货物 8 000 元，货款已经支付。请进行 B 公司增值税的账务处理。

分析：

借：原材料　　8 000

　贷：银行存款　　8 000

2. 购买方作为扣缴义务人的账务处理

按照现行增值税制度的规定，境外单位或个人在境内发生应税行为，在境内未设有经营机构的，以购买方为增值税扣缴义务人。境内小规模纳税人购进服务、无形资产或不动产支付的增值税记入“生产成本”“无形资产”“固定资产”“管理费用”等科目的借方。其账务处理如下：

（1）购进业务：

借：原材料（固定资产、无形资产、生产成本、管理费用等）

贷：银行存款（应付账款）

应交税费——代扣代交增值税

（2）缴纳代扣代缴增值税：

借：应交税费——代扣代交增值税

贷：银行存款

【例 3－14】B 公司为小规模纳税人，2019 年 8 月支付给美国 W 公司一笔境外服务费，金额为 21 200 元。美国 W 公司在中国境内未设有经营机构。请进行 B 公司增值税的账务处理。

分析：

（1）购进业务：

借：管理费用　21 200（20 000＋1 200）

贷：银行存款　20 000（21 200÷1.06）

应交税费——代扣代交增值税　1 200（20 000×6%）

（2）缴纳代扣代缴增值税：

借：应交税费——代扣代交增值税　1 200

贷：银行存款　1 200

（二）销售等业务的账务处理

1. 销售业务的账务处理

企业销售货物、加工及修理修配劳务，销售服务、无形资产或不动产，应当按应收或已收的金额，借记"银行存款""应收账款""应收票据"等科目，按取得的收入金额，贷记"主营业务收入""其他业务收入""固定资产清理""工程结算"等科目，根据按现行增值税制度的规定计算的税额，贷记"应交税费——应交增值税"科目。发生销售退回的，应根据按规定开具的红字增值税专用发票做相反的会计分录。其账务处理如下：

借：银行存款（应收账款、应收票据）

贷：主营业务收入（其他业务收入、固定资产清理、工程结算）

应交税费——应交增值税

【例 3－15】B 劳务派遣公司为小规模纳税人，未采用差额征税政策，按月申报缴纳增值税。2019 年 6 月，取得含税销售额 1 000 000 元，向用工单位收取用于支付给劳务派遣员工工资、福利费和为其办理社会保险及住房公积金的费用 700 000 元。请进行 B 公司增值税的账务处理。

分析：

小规模纳税人选择适用 3%的征收率，需要全额确认收入，全额缴纳增值税。其账务处理如下：

不含税收入＝1 000 000÷（1＋3%）＝970 873.79（元）

需要缴纳的增值税＝970 873.79×3%＝29 126.21（元）

（1）收到劳务派遣费时：

借：银行存款　1 000 000

贷：主营业务收入　970 873.79

应交税费——应交增值税　29 126.21

（2）支付给劳务派遣员工工资、福利费和为其缴纳社会保险、住房公积金时：

借：主营业务成本　　700 000

　贷：银行存款　　700 000

（3）缴纳税款时：

借：应交税费——应交增值税　　29 126.21

　贷：银行存款　　29 126.21

2. 视同销售的账务处理

企业发生税法上视同销售的行为，应当按照《企业会计准则》的相关规定进行相应的账务处理，并按照现行增值税制度的规定计算的税额，借记“应付职工薪酬”“利润分配”“营业外支出”等科目，贷记“应交税费——应交增值税”科目。其账务处理如下：

借：应付职工薪酬（利润分配、营业外支出、销售费用）

　贷：应交税费——应交增值税

【例 3-16】B公司为小规模纳税人，本月将自产的5个手机作为福利发给职工，同类手机不含税价格为2 000元/个。请进行B公司增值税的账务处理。

分析：

借：应付职工薪酬　　10 300

　贷：主营业务收入　　10 000

　　　应交税费——应交增值税　　300（10 000×3%）

（三）差额征税的账务处理

1. 企业发生相关成本费用允许扣减销售额的账务处理

按现行增值税制度的规定，企业发生相关成本费用允许扣减销售额的，发生成本费用时，按应付或实际支付的金额，借记“主营业务成本”“工程施工”等科目，贷记“银行存款”“应付账款”“应付票据”等科目。待取得合规增值税扣税凭证且纳税义务发生时，按照允许抵扣的税额，借记“应交税费——应交增值税”科目，贷记“主营业务成本”“工程施工”等科目。其账务处理如下：

（1）发生成本费用时：

借：主营业务成本（工程施工）

　贷：银行存款（应付账款、应付票据）

（2）取得合规增值税扣税凭证时：

借：应交税费——应交增值税

　贷：主营业务成本（工程施工）

【例 3-17】B劳务派遣公司为小规模纳税人，适用差额征税政策，按月申报缴纳增值税。2019年6月，取得含税销售额1 000 000元，向用工单位收取用于支付给劳务派遣员工工资、福利和为其办理社会保险及住房公积金的费用700 000元，选择5%的差额计税税率。请进行B公司增值税的账务处理。

分析：

应纳税额＝（全部价款和价外费用－代用工单位支付给劳务派遣员工的工资、福利和为其办理社会保险及住房公积金的费用）÷（1＋5%）×5%

＝（1 000 000－700 000）÷（1＋5%）×5%

=14 285.71（元）

（1）收到劳务派遣费时：

借：银行存款　1 000 000

　贷：主营业务收入　952 380.95（1 000 000÷1.05）

　　　应交税费——应交增值税　47 619.05（952 380.95×5%）

（2）支付给劳务派遣员工工资、福利费和为其缴纳社会保险、住房公积金时：

借：主营业务成本　666 666.67（700 000÷1.05）

　　应交税费——应交增值税　33 333.33（666 666.67×5%）

　贷：银行存款　700 000

（3）缴纳税款时：

借：应交税费——应交增值税　14 285.72

　贷：银行存款　14 285.72（47 619.05−33 333.33）

2. 转让金融商品，按规定以盈亏相抵后的余额作为销售额的账务处理

金融商品实际转让的月末，如产生转让收益，则按应纳税额借记“投资收益”等科目，贷记“应交税费——转让金融商品应交增值税”科目；如产生转让损失，则按可结转下月的抵扣税额，借记“应交税费——转让金融商品应交增值税”科目，贷记“投资收益”等科目。缴纳增值税时，借记“应交税费——转让金融商品应交增值税”科目，贷记“银行存款”科目。年末，“应交税费——转让金融商品应交增值税”科目如有借方余额，则借记“投资收益”等科目，贷记“应交税费——转让金融商品应交增值税”科目。其账务处理如下：

（1）转让金融商品产生转让收益：

借：投资收益

　贷：应交税费——转让金融商品应交增值税

（2）转让金融商品产生转让损失：

借：应交税费——转让金融商品应交增值税

　贷：投资收益

（3）缴纳增值税：

借：应交税费——转让金融商品应交增值税

　贷：银行存款

（4）年末，“应交税费——转让金融商品应交增值税”科目如有借方余额，则：

借：投资收益

　贷：应交税费——转让金融商品应交增值税

【例3-18】B公司为小规模纳税人，按季度申报缴纳增值税。2019年6月1日，以含税价10元/股的价格购入A公司普通股股票2 000股。2019年7月15日，以9元/股的价格转让500股，2019年8月10日，以11.50元/股的价格转让1 000股，2019年12月20日，以8.80元/股的价格转让500股。假设B公司除该股票外，未购入其他金融商品，不考虑相关费用及股票的公允价值变动损益。请进行B公司增值税账务处理。

分析：

（1）2019年6月1日，购入A公司股票：

借：交易性金融资产　　20 000（10×2 000）
　贷：银行存款　　20 000

（2）2019 年 7 月 15 日，转让股票 500 股：

500×9＝4 500（元）

借：银行存款　　4 500
　　投资收益　　500
　贷：交易性金融资产　　5 000

（3）7 月末，计算转让损失所对应的增值税：

（4 500－5 000）÷1.03×3%＝－14.56（元）

借：应交税费——转让金融商品应交增值税　　14.56
　贷：投资收益　　14.56

（4）2019 年 8 月 10 日，转让股票 1 000 股：

1 000×11.50＝11 500（元）

借：银行存款　　11 500
　贷：交易性金融资产　　10 000
　　　投资收益　　1 500

（5）8 月末，根据产生的转让收益计提增值税：

（11 500－10 000）÷1.03×3%＝43.69（元）

借：投资收益　　43.69
　贷：应交税费——转让金融商品应交增值税　　43.69

（6）第三季度实际缴纳增值税：

第三季度实际缴纳增值税＝43.69－14.56＝29.13（元）

借：应交税费——转让金融商品应交增值税　　29.13
　贷：银行存款　　29.13

（7）2019 年 12 月 20 日，转让股票 500 股：

500×8.8＝4 400（元）

借：银行存款　　4 400
　　投资收益　　600
　贷：交易性金融资产　　5 000

（8）第四季度末，计算产生的转让损失所对应的增值税：

（4 400－5 000）÷1.03×3%＝－17.48（元）

借：应交税费——转让金融商品应交增值税　　17.48
　贷：投资收益　　17.48

（9）年末，将“应交税费——转让金融商品应交增值税”科目借方余额转销：

借：投资收益　　17.48
　贷：应交税费——转让金融商品应交增值税　　17.48

（四）缴纳增值税的账务处理

企业缴纳当月应交的增值税，借记“应交税费——应交增值税”科目，贷记“银行存款”科目。其账务处理如下：

借：应交税费——应交增值税

　贷：银行存款

（五）购置税控收款机、增值税税控系统专用设备和技术维护费用抵减增值税的账务处理

根据抵减的增值税应纳税额，借记“应交税费——应交增值税”科目，贷记“管理费用”等科目。其账务处理如下：

借：应交税费——应交增值税

　贷：管理费用

【例3-19】B公司为小规模纳税人，2019年9月购买了金税盘并支付了技术维护费1 000元。请进行B公司增值税的账务处理。

分析：

（1）购买金税盘并支付技术维护费：

	借方	贷方
借：管理费用	1 000	
贷：库存现金		1 000

（2）抵减增值税额：

	借方	贷方
借：应交税费——应交增值税	1 000	
贷：管理费用		1 000

（六）小微企业免征增值的账务处理

现行小规模纳税人增值税免税政策是：按月申报不超过10万元，按季度申报不超过30万元（均扣除不动产销售收入），可以免征增值税。小微企业在取得销售收入时，应当按照税法的规定计算应交增值税，并确认为应交税费，在达到增值税制度规定的免征增值税条件时，将有关应交增值税转入当期损益。其账务处理如下：

（1）确认税费：

借：应收账款

　贷：主营业务收入

　　　应交税费——应交增值税

（2）确认税费减免为营业外收入：

借：应交税费——应交增值税

　贷：营业外收入

【例3-20】北京B餐饮公司为小规模纳税人，按季度申报缴纳增值税。2020年1月，取得提供餐饮服务含税收入82 400元，2月，取得提供餐饮服务含税收入72 100元，3月，取得提供餐饮服务含税收入92 700元。请计算北京B餐饮公司应缴纳的增值税并进行增值税账务处理。

分析：

（1）1月账务处理为：

	借方	贷方
借：银行存款	82 400	
贷：主营业务收入		80 000
应交税费——应交增值税		2 400

（2）2月账务处理为：

借：银行存款　　72 100

　贷：主营业务收入　　70 000

　　　应交税费——应交增值税　　2 100

（3）3月账务处理为：

借：银行存款　　92 700

　贷：主营业务收入　　90 000

　　　应交税费——应交增值税　　2 700

（4）第一季度账务处理为：

第一季度含税收入＝82 400＋72 100＋92 700＝247 200（元）

第一季度不含税收入＝247 200÷1.03＝240 000（元）

因为B餐饮公司第一季度含税营业收入240 000元小于300 000元，所以B餐饮公司第一季度免征增值税。季末，需将分离出来的增值税转入“营业外收入”科目。

借：应交税费——应交增值税　　7 200（2 400＋2 100＋2 700）

　贷：营业外收入　　7 200

【工作任务3】分析2：

业务1的账务处理为：

（1）收到劳务派遣费时：

借：银行存款　　250 000

　贷：主营业务收入　　238 095.24（250 000÷1.05）

　　　应交税费——应交增值税　　11 904.76（238 095.24×5%）

（2）支付给劳务派遣员工工资、福利费和为其缴纳社会保险、住房公积金时：

借：主营业务成本　　138 095.24（145 000÷1.05）

　　应交税费——应交增值税　　6 904.76（138 095.24×5%）

　贷：银行存款　　145 000

业务2的账务处理为：

不含税销售额＝60 215.39÷（1＋3%）＝58 461.54（元）

应纳税额＝58 461.54×3%＝1 753.85（元）

借：银行存款　　60 215.39

　贷：主营业务收入　　58 461.54

　　　应交税费——应交增值税　　1 753.85

业务3的账务处理为：

借：库存商品　　130 000

　贷：银行存款　　130 000

业务4的账务处理为：

应纳税额＝150 000×3%＝4 500（元）

预缴增值税＝4 500（元）

（1）销售货物时：

借：银行存款　　154 500

贷：主营业务收入　　150 00

　　应交税费——应交增值税　　4 500

（2）预缴增值税时：

借：应交税费——应交增值税　　4 500

　贷：银行存款　　4 500

业务 5 的账务处理为：

不含税销售额＝60 000÷（1＋3%）＝58 252.43（元）

应纳税额＝58 252.43×3%＝1 747.57（元）

借：银行存款　　60 000

　贷：主营业务收入　　58 252.43

　　应交税费——应交增值税　　1 747.57

业务 6 的账务处理为：

借：银行存款　　50 000

　贷：主营业务收入　　50 000

根据业务 1 到业务 5，“应交税费——应交增值税”科目的结构如图 3－1 所示。

应交税费——应交增值税

借方		贷方	
业务1：	6 904.76	业务1：	11 904.76
		业务2：	1 753.85
业务4：	4 500.00	业务4：	4 500.00
		业务5：	1 747.57
		期末余额：	8 501.42

图 3－1

4 月 10 日，缴纳第一季度增值税的账务处理为：

借：应交税费——应交增值税　　8 501.42

　贷：银行存款　　8 501.42

第三节　小规模纳税人增值税的纳税申报

小规模纳税人进行增值税纳税申报主要填制的是《增值税纳税申报表（小规模纳税人适用）》《增值税纳税申报表（小规模纳税人适用）附列资料》《增值税减免税申报明细表》。

一、《增值税纳税申报表（小规模纳税人适用）附列资料》的填写

《增值税纳税申报表（小规模纳税人适用）附列资料》（如表 3－3 所示）由发生应税

行为且有扣除项目的纳税人填写，各栏次均不包含免征增值税项目的金额。

（一）行次逻辑关系

按行次分，本表分为四大部分：

（1）第一部分为应税行为（3%征收率）扣除额计算，在第1～4行反映。

（2）第二部分为应税行为（3%征收率）计税销售额计算，在第5～8行反映。

（3）第三部分为应税行为（5%征收率）扣除额计算，在第9～12行反映。

（4）第四部分为应税行为（5%征收率）计税销售额计算，在第13～16行反映。

（二）列次逻辑关系

（1）第一部分：第4列“期末余额”＝第1列“期初余额”＋第2列“本期发生额”－第3列“本期扣除额”。

（2）第二部分：第7列“含税销售额”＝第5列“全部含税收入（适用3%征收率）”－第6列“本期扣除额”。

（3）第二部分：第8列“不含税销售额”＝第7列“含税销售额”÷（1＋3%）。

（4）第三部分：第11列“本期扣除额”≤第9列“期初余额”＋第10列“本期发生额”之和，且第11列“本期扣除额”≤第13列“全部含税收入（适用5%征收率）”。

（5）第三部分：第12列“期末余额”＝第9列“期初余额”＋第10列“本期发生额”－第11列“本期扣除额”。

（6）第四部分：第14列“本期扣除额”＝第11列“本期扣除额”。

（7）第四部分：第15列“含税销售额”＝第13列“全部含税收入（适用5%征收率）”－第14列“本期扣除额”。

（8）第四部分：第16列“不含税销售额”＝第15列“含税销售额”÷（1＋5%）。

（三）表间关系

（1）《增值税纳税申报表（小规模纳税人适用）附列资料》第8列“不含税销售额”＝《增值税纳税申报表（小规模纳税人适用）》第1栏“（一）应征增值税不含税销售额（3%征收率）”对应“本期数：服务、不动产和无形资产”列。

（2）《增值税纳税申报表（小规模纳税人适用）附列资料》第16列“不含税销售额”＝《增值税纳税申报表（小规模纳税人适用）》第4栏“（四）应征增值税不含税销售额（5%征收率）”对应“本期数：服务、不动产和无形资产”列。

（四）纳税申报

根据【工作任务3】北京天海有限责任公司2020年第一季度发生的业务，填写《增值税纳税申报表（小规模纳税人适用）附列资料》（如表3-3所示）。

表3-3　增值税纳税申报表（小规模纳税人适用）附列资料

税款所属期：2020年1月1日至2020年3月31日　　　　填表日期：2020年4月10日

纳税人名称（公章）：北京天海有限责任公司　　　　金额单位：元至角分

应税行为（3%征收率）扣除额计算			
期初余额	本期发生额	本期扣除额	期末余额
1	2	3（3≤1＋2之和，且3≤5）	4＝1＋2－3

续表

应税行为（3%征收率）计税销售额计算			
全部含税收入（适用3%征收率）	本期扣除额	含税销售额	不含税销售额
5	6=3	7=5－6	8=7÷1.03
应税行为（5%征收率）扣除额计算			
期初余额	本期发生额	本期扣除额	期末余额
9	10	11（11≤9＋10之和，且11≤13）	12=9＋10－11
0.00	145 000.00	145 000.00	0.00
应税行为（5%征收率）计税销售额计算			
全部含税收入（适用5%征收率）	本期扣除额	含税销售额	不含税销售额
13	14=11	15=13－14	16=15÷1.05
250 000.00	145 000.00	105 000.00	100 000.00

填写要点：

1. “应税行为（5%征收率）扣除额计算”填写要点：

（1）将0元填入第9列“期初余额”；

（2）将支付给劳务派遣员工的工资、福利和为其缴纳的社会保险及住房公积金共计145 000元填入第10列“本期发生额”；

（3）将145 000元填入第11列“本期扣除额”；

（4）将0（145 000－145 000）元填入第12列“期末余额”。

2. “应税行为（5%征收率）计税销售额计算”填写要点：

（1）将劳务派遣服务收入250 000元填入第13列“全部含税收入（适用5%征收率）”；

（2）将145 000元填入第14列“本期扣除额”；

（3）将105 000（250 000－145 000）元填入第15列“含税销售额”；

（4）将100 000（105 000÷1.05）元填入第16列“不含税销售额”；

（5）将第16列“不含税销售额”100 000元转入《增值税纳税申报表（小规模纳税人适用）》（如表3－5所示）第4栏“（二）应征增值税不含税销售额（5%征收率）”对应“本期数：服务、不动产和无形资产”列。

二、《增值税减免税申报明细表》的填写

《增值税减免税申报明细表》的填报方法已经在第二章“一般纳税人纳税申报”介绍，该表的行次逻辑关系和列次逻辑关系详见第二章第三节的内容。

（一）表间关系

（1）将《增值税减免税申报明细表》（如表3－4所示）第1栏“一、减税项目：合计”对应第4列“本期实际抵减税额”转入《增值税纳税申报表（小规模纳税人适用）》（如表3－5所示）第16栏“本期应纳税额减征额”对应“本期数”列。

（2）将《增值税减免税申报明细表》第7栏“二、免税项目：合计”对应第1列“免征增值税项目销售额”转入《增值税纳税申报表（小规模纳税人适用）》第12行“其他免税销售额”对应“本期数”列。

（3）将《增值税减免税申报明细表》第1栏“一、减税项目：合计”对应第4列“本期实际抵减税额”转入《增值税纳税申报表（小规模纳税人适用）》第16栏“本期应纳税额减征额”对应“本期数”列。

（4）将《增值税减免税申报明细表》第7栏“二、免税项目：合计”对应第5列“免税额”转入《增值税纳税申报表（小规模纳税人适用）》第17栏“本期免税额”对应“本期数”列。

（二）纳税申报

根据【工作任务3】北京天海有限责任公司2020年第一季度发生的业务，填写《增值税减免税申报明细表》（如表3-4所示）。

表3-4　增值税减免税申报明细表

税款所属期：2020年1月1日至2020年3月31日　　　　填表日期：2020年4月10日

纳税人名称（公章）：北京天海有限责任公司　　　　金额单位：元至角分

一、减税项目						
减税性质代码及名称	栏次	期初余额	本期发生额	本期应抵减税额	本期实际抵减税额	期末余额
		1	2	3=1+2	4≤3	5=3−4
合计	1					
	2					
	3					
	4					
	5					
	6					
二、免税项目						
免税性质代码及名称	栏次	免征增值税项目销售额	免税销售额扣除项目本期实际扣除金额	扣除后免税销售额	免税销售额对应的进项税额	免税额
		1	2	3=1−2	4	5
合计	7	50 000				1 500
出口免税	8		—	—	—	—
其中：跨境服务	9		—	—	—	—
01010504 蔬菜免征增值税优惠	10	50 000				1 500

填写要点：

北京天海有限责任公司销售蔬菜属于免税项目，因此在《增值税减免税申报明细表》第二部分“免税项目”中填报。

1. 根据《减免税政策代码目录》，在“免税性质代码及名称”列第10栏选择对应免税性质代码及名称“01010504 蔬菜免征增值税优惠”。
2. 将销售免税农产品收入50 000元填入第10栏对应第1列“二、免税项目：免征增值税项目销售额”。
3. 将销售免税农产品税金1 500（50 000×3%）元填入第10栏对应第5列“二、免税项目：免税额”。
4. 将销售免税农产品收入50 000元填入第7行“二、免税项目：合计”对应第1列“免征增值税项目销售额”。
5. 将销售免税农产品税金1 500元填入第7栏对应第5列“免税额”。
6. 将第7栏对应第1列“免征增值税项目销售额”50 000元转入《增值税纳税申报表（小规模纳税人适用）》（如表3-5所示）第12栏“其他免税销售额”对应“本期数：货物及劳务”列。
7. 将第7栏对应第5列“二、免税项目：免税额”1 500元转入《增值税纳税申报表（小规模纳税人适用）》第17栏“本期免税额”对应“本期数：货物及劳务”列。

三、《增值税纳税申报表（小规模纳税人适用）》的填写

《增值税纳税申报表（小规模纳税人适用）》“货物及劳务”与“服务、不动产和无形资产”各项目应分别填写。

（一）栏次逻辑关系

按栏次分，本表分为两大部分：

（1）第一部分反映计税依据，在第 1 栏到第 14 栏反映。

（2）第二部分反映税款计算，在第 15 栏到第 22 栏反映。

（二）表间关系

（1）《增值税纳税申报表（小规模纳税人适用）附列资料》第 8 列“不含税销售额”＝《增值税纳税申报表（小规模纳税人适用）》第 1 栏“（一）应征增值税不含税销售额（3%征收率）”对应“本期数：服务、不动产和无形资产”列。

（2）《增值税纳税申报表（小规模纳税人适用）附列资料》第 16 列“不含税销售额”＝《增值税纳税申报表（小规模纳税人适用）》第 4 栏“（二）应征增值税不含税销售额（5%征收率）”对应“本期数：服务、不动产和无形资产”列。

（三）纳税申报

（1）根据【工作任务 3】北京天海有限责任公司 2020 年第一季度发生的业务，填写《增值税纳税申报表（小规模纳税人适用）》（如表 3－5 所示）。

表 3－5　增值税纳税申报表

（小规模纳税人适用）

纳税人识别号：□□□□□□□□□□□□□□□□□□□□

纳税人名称（公章）：北京天海有限责任公司　　　　金额单位：元至角分

税款所属期：2020 年 1 月 1 日至 2020 年 3 月 31 日　　　　填表日期：2020 年 4 月 10 日

	项目	栏次	本期数		本年累计	
			货物及劳务	服务、不动产和无形资产	货物及劳务	服务、不动产和无形资产
一、计税依据	（一）应征增值税不含税销售额（3%征收率）	1	150 000.00	116 713.97	150 000.00	116 713.97
	税务机关代开的增值税专用发票不含税销售额	2	150 000.00		150 000.00	
	税控器具开具的普通发票不含税销售额	3		58 252.43		58 252.43
	（二）应征增值税不含税销售额（5%征收率）	4	—	100 000.00	—	100 000.00
	税务机关代开的增值税专用发票不含税销售额	5	—		—	
	税控器具开具的普通发票不含税销售额	6	—	100 000.00	—	100 000.00
	（三）销售使用过的固定资产不含税销售额	7（7≥8）		—		—
	其中：税控器具开具的普通发票不含税销售额	8		—		—
	（四）免税销售额	9＝10＋11＋12	50 000.00		50 000.00	
	其中：小微企业免税销售额	10				
	未达起征点销售额	11				
	其他免税销售额	12	50 000.00		50 000.00	

续表

	项目	栏次	本期数		本年累计	
			货物及劳务	服务、不动产和无形资产	货物及劳务	服务、不动产和无形资产
一、计税依据	（五）出口免税销售额	13（13≥14）				
	其中：税控器具开具的普通发票销售额	14				
二、税款计算	本期应纳税额	15	4 500.00	8 501.42	4 500.00	8 501.42
	本期应纳税额减征额	16				
	本期免税额	17	1 500.00			1 500.00
	其中：小微企业免税额	18				
	未达起征点免税额	19				
	应纳税额合计	20＝15－16	4 500.00	8 501.42	4 500.00	8 501.42
	本期预缴税额	21	4 500.00		—	—
	本期应补（退）税额	22＝20－21	0	8 501.42	—	—
纳税人或代理人声明：		如纳税人填报，由纳税人填写以下各栏：				
本纳税申报表是根据国家税收法律法规及相关规定填报的，我确定它是真实的、可靠的、完整的。		办税人员：　财务负责人：　法定代表人：　联系电话：				
		如委托代理人填报，由代理人填写以下各栏：				
		代理人名称（公章）：　经办人：　联系电话：				

主管税务机关：　　　　　　　　接收人：　　　　　　　　接收日期：

填写要点：

1. 将业务 4 不含税销售额 150 000 元填入第 2 栏“税务机关代开的增值税专用发票不含税销售额”对应“本期数：货物及劳务”列。

2. 将 150 000 元填入第 1 栏“应征增值税不含税销售额（3%征收率）”对应“本期数：货物及劳务”列。

3. 将业务 5 不含税销售额 58 252.43（60 000÷1.03）元，填入第 3 栏“税控器具开具的普通发票不含税销售额”对应“本期数：服务、不动产和无形资产”列。

4. 将业务 2 和业务 5 不含税合计数 116 713.97（60 215.39÷1.03＋60 000÷1.03）元填入第 1 栏对应“本期数：服务、不动产和无形资产”列。

5. 将业务 1 中提供劳务派遣服务收入取得不含税销售额 100 000 元填入第 6 栏“税控器具开具的普通发票不含税销售额”对应“本期数：服务、不动产和无形资产”列。

6. 将《增值税纳税申报表（小规模纳税人适用）附列资料》（如表 3－3 所示）第 16 列“不含税销售额”100 000 元转入第 4 栏“（二）应征增值税不含税销售额（5%征收率）”对应“本期数：服务、不动产和无形资产”列。

7. 将《增值税减免税申报明细表》（如表 3－4 所示）第 7 栏对应第 1 列“免征增值税项目销售额”50 000 元转入第 12 栏“其他免税销售额”对应“本期数：货物及劳务”列。

8. 将销售货物及劳务应纳税额 4 500（150 000×3%）元填入第 15 栏“本期应纳税额”对应“本期数：货物及劳务”列。

9. 将《增值税减免税申报明细表》第 7 栏对应第 5 列“免税额”1 500 元转入第 17 栏“本期免税额”对应“本期数：货物及劳务”列。

10. 将服务、不动产和无形资产应纳税额 8 501.42（116 713.97×3%＋100 000×5%）元填入第 15 栏对应“本期数：服务、不动产和无形资产”列。

11. 将 4 500 元填入第 20 栏“应纳税额合计”对应“本期数：货物及劳务”列。

12. 将 8 501.42 元填入第 20 栏对应“本期数：服务、不动产和无形资产”列。

13. 将业务 4 中本期预缴增值税 4 500 元填入第 21 栏“本期预缴税额”对应“本期数：货物及劳务”列。

14. 将应补缴增值税 0 元填入第 22 栏“本期应补（退）税额”对应“本期数：货物及劳务”列。

15. 将应补缴增值税 8 501.42 元填入第 22 栏对应“本期数：服务、不动产和无形资产”列。

（2）根据【例 3－20】北京 B 餐饮公司 2020 年 1 月至 3 月发生的业务，填写《增值税纳税申报表（小规模纳税人适用）》（如表 3－6 所示）。

表 3－6　增值税纳税申报表

（小规模纳税人适用）

纳税人识别号：□□□□□□□□□□□□□□□□□□□□

纳税人名称（公章）：北京 B 餐饮公司　　　　金额单位：元至角分

税款所属期：2020 年 1 月 1 日至 2020 年 3 月 31 日　　　　填表日期：2020 年 4 月 10 日

	项目	栏次	本期数		本年累计	
			货物及劳务	服务、不动产和无形资产	货物及劳务	服务、不动产和无形资产
一、计税依据	（一）应征增值税不含税销售额（3%征收率）	1				
	税务机关代开的增值税专用发票不含税销售额	2				
	税控器具开具的普通发票不含税销售额	3				
	（二）应征增值税不含税销售额（5%征收率）	4	—		—	
	税务机关代开的增值税专用发票不含税销售额	5	—		—	
	税控器具开具的普通发票不含税销售额	6	—		—	
	（三）销售使用过的固定资产不含税销售额	7（7≥8）		—		—
	其中：税控器具开具的普通发票不含税销售额	8		—		—
	（四）免税销售额	9＝10＋11＋12		240 000.00		240 000.00
	其中：小微企业免税销售额	10		240 000.00		240 000.00
	未达起征点销售额	11				
	其他免税销售额	12				
	（五）出口免税销售额	13（13≥14）				
	其中：税控器具开具的普通发票销售额	14				
	本期应纳税额	15				

续表

<table>
<tr><td rowspan="2" colspan="2">项目</td><td rowspan="2">栏次</td><td colspan="2">本期数</td><td colspan="2">本年累计</td></tr>
<tr><td>货物及劳务</td><td>服务、不动产和无形资产</td><td>货物及劳务</td><td>服务、不动产和无形资产</td></tr>
<tr><td rowspan="7">二、税款计算</td><td>本期应纳税额减征额</td><td>16</td><td></td><td></td><td></td><td></td></tr>
<tr><td>本期免税额</td><td>17</td><td></td><td>7 200.00</td><td></td><td>7 200.00</td></tr>
<tr><td>其中：小微企业免税额</td><td>18</td><td></td><td>7 200.00</td><td></td><td>7 200.00</td></tr>
<tr><td>未达起征点免税额</td><td>19</td><td></td><td></td><td></td><td></td></tr>
<tr><td>应纳税额合计</td><td>20＝15－16</td><td></td><td></td><td></td><td></td></tr>
<tr><td>本期预缴税额</td><td>21</td><td></td><td></td><td>—</td><td>—</td></tr>
<tr><td>本期应补（退）税额</td><td>22＝20－21</td><td>0</td><td></td><td>—</td><td>—</td></tr>
<tr><td colspan="2">纳税人或代理人声明：</td><td colspan="5">如纳税人填报，由纳税人填写以下各栏：</td></tr>
<tr><td colspan="2" rowspan="3">本纳税申报表是根据国家税收法律法规及相关规定填报的，我确定它是真实的、可靠的、完整的。</td><td colspan="5">办税人员：　财务负责人：　法定代表人：　联系电话：</td></tr>
<tr><td colspan="5">如委托代理人填报，由代理人填写以下各栏：</td></tr>
<tr><td colspan="5">代理人名称（公章）：　经办人：　联系电话：</td></tr>
</table>

填写要点：

1. 将第一季度不含税收入 240 000 元填入第 10 栏“其中：小微企业免税销售额”对应“本期数：服务、不动产和无形资产”列。

2. 将 240 000 元填入第 9 栏“（四）免税销售额”对应“本期数：服务、不动产和无形资产”列。

3. 将 7 200 元填入第 18 栏“其中：小微企业免税额”对应“本期数：服务、不动产和无形资产”列。

4. 将 7 200 元填入第 17 栏“本期免税额”对应“本期数：服务、不动产和无形资产”列。

第四节 增值税纳税人身份的税收筹划

增值税纳税人可以借助纳税平衡点对纳税人身份进行筹划。

一、主营业务为邮政、电信、现代服务和生活服务业的纳税人

自 2019 年 4 月 1 日起到 2021 年 12 月 31 日，主营业务为邮政、电信、现代服务和生活服务业的纳税人，按进项税额加计 10%抵减应纳税额。下面通过建立增值税应纳税额模型对加计抵减应纳税额的企业进行纳税人身份筹划。

假设 S 为不含税销售额，T_1 为一般纳税人销售业务适用的增值税税率，P 为不含税可抵扣购进金额，T_2 为购进业务适用的增值税税率，3%为小规模纳税人适用的增值税征收率。

在加计抵减应纳税额的纳税人中，邮政业的纳税人适用的增值税税率为9%，基础电信业的纳税人适用的增值税税率为9%，增值电信业和有形动产租赁的纳税人适用的增值税税率为13%，现代服务业（除有形动产租赁）和生活服务业的纳税人适用的增值税税率为6%。

（一）计算“不含税购销金额比”

计算公式为：

不含税购销金额比＝不含税可抵扣购进金额÷不含税销售额＝$P \div S$

（二）计算“应纳税额”

计算公式为：

$$\text{一般纳税人应纳增值税} = \text{不含税销售额} \times \text{销售业务适用的增值税税率} - \text{不含税可抵扣购进金额} \times \text{购进业务适用的增值税税率} - \text{加计抵减额}$$

$$= S \cdot T_1 - P \cdot T_2 - P \cdot T_2 \cdot 10\%$$

小规模纳税人应纳增值税＝不含税销售额×3%＝$S \cdot 3\%$

（三）计算平衡点下的“不含税购销金额比”

令：一般纳税人应缴纳增值税＝小规模纳税人应纳税额，即：

$$S \cdot T_1 - P \cdot T_2 - P \cdot T_2 \cdot 10\% = S \cdot 3\%$$

不含税购销金额比＝$P \div S = (T_1 - 3\%) \div (T_2 \cdot 1.1)$

将增值税税率13%、9%、6%，增值税征收率3%分别代入上式，计算出增值税一般纳税人和小规模纳税人纳税平衡点下的不含税购销金额比，如表3-7所示。

表3-7 纳税平衡点下的不含税购销金额比

单位：%

类型		一般纳税人销货税率（T_1）	一般纳税人购货税率（T_2）	小规模纳税人征收率	纳税平衡点下的不含税购销金额比（$P \div S$）
增值电信业和有形动产租赁	1	13	13	3	69.93
	2	13	9	3	101.01
	3	13	6	3	151.52
邮政业和基础电信业	4	9	13	3	41.96
	5	9	9	3	60.61
	6	9	6	3	90.91
现代服务业（除有形动产租赁）和生活服务业	7	6	13	3	20.98
	8	6	9	3	30.30
	9	6	6	3	45.45

（四）结论

1. 当纳税平衡点下的不含税购销金额比＜1时[①]

（1）当纳税人实际不含税购销金额比＝纳税平衡点下的不含税购销金额比时，一般

① 表3-7中的类型1、类型4、类型5、类型6、类型7、类型8、类型9。

纳税人和小规模纳税人税负相同，既可以选择一般纳税人也可以选择小规模纳税人。

(2) 当纳税人实际不含税购销金额比＞纳税平衡点下的不含税购销金额比时，一般纳税人税负轻于小规模纳税人税负，选择一般纳税人对企业有利。

(3) 当纳税人实际不含税购销金额比＜纳税平衡点下的不含税购销金额比时，小规模纳税人税负轻于一般纳税人税负，选择小规模纳税人对企业有利。

2. 当纳税平衡点下的不含税购销金额比＞1时[①]

通常情况下，不含税可抵扣购进金额＜不含税销售额，可以得出：

不含税可抵扣购进金额÷不含税销售额＜1

进而得出：

不含税可抵扣购进金额÷不含税销售额＝纳税人实际不含税购销金额比＜1

当纳税平衡点下的不含税购销金额比＞1时，可以得出：

实际不含税购销金额比＜纳税平衡点下的不含税购销金额比

进而得出选择小规模纳税人对纳税人有利。

【税收筹划】 2020年1月，甲公司准备投资一家从事广告服务的B公司，预计年不含税销售额为400万元，会计核算健全，预计可以抵扣的购进金额为210万元，增值税税率为6%。请对B公司增值税纳税人身份进行税收筹划。

分析：

不含税购销金额比＝210÷400×100%＝52.5%＞45.45%，选择一般纳税人对B公司有利。

验算：

方案一：B公司年销售额没有超过500万元，按照小规模纳税人标准进行简易计税，征收率为3%。

B公司应纳增值税＝400×3%＝12（万元）

方案二：年应税销售额未超过规定标准的纳税人，会计核算健全，能够提供准确税务资料的，可以向主管税务机关办理一般纳税人登记。B公司会计核算健全，可以向税务机关办理一般纳税人登记。

B公司属于现代服务业，按进项税额加计10%抵减应纳税额。

B公司增值税的加计抵减额＝210×6%×10%＝1.26（万元）

B公司应纳增值税＝400×6%－210×6%－1.26＝10.14（万元）

结论：

与方案一相比，采用方案二B公司少缴纳增值税1.86（12－10.14）万元，所以B公司选择方案二，按照一般纳税人申报纳税可以降低增值税税负。

二、主营业务不是邮政、电信、现代服务和生活服务业的纳税人

下面通过建立增值税应纳税额模型对纳税人身份进行筹划。

---

① 表3-7中的类型2、类型3。

假设 S 为不含税销售额，T_1 为一般纳税人销售业务适用的增值税税率，P 为不含税购进金额，T_2 为购进业务适用的增值税税率，3%为小规模纳税人适用的增值税征收率。

（一）计算“不含税购销金额比”

计算公式为：

不含税购销金额比＝不含税可抵扣购进金额÷不含税销售额＝$P \div S$

（二）计算“应纳税额”

计算公式为：

一般纳税人应纳增值税＝不含税销售额×销售业务适用的增值税税率－不含税可抵扣购进金额×购进业务适用的增值税税率

$$=S \cdot T_1 - P \cdot T_2$$

小规模纳税人应纳增值税＝不含税销售额·3%＝$S \cdot 3\%$

（三）计算平衡点下的“不含税购销金额比”

令：一般纳税人应缴纳增值税＝小规模纳税人应纳税额，即：

$$S \cdot T_1 - P \cdot T_2 = S \cdot 3\%$$

不含税购销金额比＝$P \div S$＝（$T_1 - 3\%$）÷T_2

将增值税税率13%、9%、6%，增值税征收率3%分别代入上式，计算出增值税一般纳税人和小规模纳税人纳税平衡点下的不含税购销金额比，如表3-8所示。

表3-8 纳税平衡点下的不含税购销金额比

单位：%

类型	一般纳税人销货税率（T_1）	一般纳税人购货税率（T_2）	小规模纳税人征收率	纳税平衡点下的不含税购销金额比（$P \div S$）
1	13	13	3	76.92
2	13	9	3	111.11
3	13	6	3	166.67
4	9	13	3	46.15
5	9	9	3	66.67
6	9	6	3	100.00
7	6	13	3	23.08
8	6	9	3	33.33
9	6	6	3	50.00

（四）结论

1. 当纳税平衡点下的不含税购销金额比＜1时①

（1）当纳税人实际不含税购销金额比＝纳税平衡点下的不含税购销金额比时，一般纳税人和小规模纳税人税负相同，既可以选择一般纳税人也可以选择小规模纳税人。

（2）当纳税人实际不含税购销金额比＞纳税平衡点下的不含税购销金额比时，一般

① 表3-8中的类型1、类型4、类型5、类型7、类型8、类型9。

纳税人税负轻于小规模纳税人税负，选择一般纳税人对企业有利。

(3) 当纳税人实际不含税购销金额比<纳税平衡点下的不含税购销金额比时，小规模纳税人税负轻于一般纳税人税负，选择小规模纳税人对企业有利。

2. 当纳税平衡点下的不含税购销金额比>1 时①

通常情况下，不含税可抵扣购进金额<不含税销售额，可以得出：

不含税可抵扣购进金额÷不含税销售额<1

进而得出：

不含税可抵扣购进金额÷不含税销售额＝纳税人实际不含税购销金额比<1

当纳税平衡点不含税购销金额比>1 时，可以得出：

实际不含税购销金额比<纳税平衡点下的不含税购销金额比

进而得出选择小规模纳税人对纳税人有利。

【税收筹划】 A 公司 2020 年准备筹建一家手机生产企业，预计年销售额为 800 万元，该手机生产企业购进原材料，全部取得增值税专用发票，预计购进不含税金额为 300 万元，适用税率为 13%。请对 A 公司增值税纳税人身份进行税收筹划。

分析：

不含税购销金额比＝300÷800×100%＝37.5%<76.92%，选择小规模纳税人对 A 公司有利。

验算：

方案一：按照一般纳税人经营。

应纳税额＝800×13%－300×13%＝65（万元）

方案二：将业务拆分，从事手机生产销售业务的部门设立为 B 公司，从事半成品生产销售业务的部门设立为 C 公司，并将 B 公司和 C 公司销售额都控制在 500 万元以下。

预计 B 公司年不含税销售额为 450 万元，C 公司年不含税销售为 350 万元。

B 公司应纳税额＝450×3%＝13.5（万元）

C 公司应纳税额＝350×3%＝10.5（万元）

B 公司和 C 公司应纳税额合计＝13.5＋10.5＝24（万元）

结论：

方案二比方案一少缴纳增值税 41（65－24）万元，所以应当选择方案二。A 公司将公司业务拆分，成立两家年销售额低于 500 万元的小规模纳税人企业，增值税税负降低。

① 表 3-8 中的类型 2、类型 3。

第四章
进口业务增值税纳税申报

【学习目标】

1. 会计算进口业务的增值税。
2. 会进行进口业务增值税的账务处理。
3. 会填报进口业务的《增值税纳税申报表》主表和附表。
4. 会进行进口业务税收筹划。

【工作任务 4】

北京金利商贸有限公司（以下简称金利公司）是有进出口经营权的增值税一般纳税人。2020 年 1 月发生如下业务：

业务 1：进口一台设备。该设备在国外的买价为 600 000 元，运抵我国海关前发生的包装费、运输费、保险费等共计 400 000 元。货物报关后，公司按规定缴纳了进口环节的增值税并取得了海关开具的 1 份海关进口增值税专用缴款书。款项已经通过银行存款支付。

业务 2：进口一批高档化妆品，关税的组成计税价格为 500 000 元，公司按规定缴纳了进口环节的增值税并取得了海关开具的 2 份海关进口增值税专用缴款书。款项已经通过银行存款支付。

业务 3：在国内销售进口设备，取得不含税销售额 2 000 000 元，并开具增值税专用发票。货款已经收到。

业务 4：在国内销售进口高档化妆品，取得含税销售额 1 130 000 元，并开具增值税普通发票。货款没有收到。

其他资料：公司所属纳税期 2019 年 12 月的《增值税纳税申报表（一般纳税人适用）》主表的第 32 栏“期末未缴税额”数据是 250 000 元，2020 年 1 月 10 日缴纳了 2019 年 12 月的增值税额 250 000 元，2020 年 1 月进项税额均认证抵扣。进口设备适用的关税税率为 15%；进口高档化妆品适用的关税税率为 20%，消费税税率为 15%；设备和高档化妆品适用的增值税税率为 13%。

要求：

1. 请计算金利公司 2020 年 1 月进口环节的增值税。

2. 请计算金利公司 2020 年 1 月应纳增值税。

3. 请进行金利公司 2020 年 1 月增值税的账务处理。

4. 请进行金利公司 2020 年 1 月增值税的纳税申报。

第一节　进口业务增值税额的计算

一、进口环节增值税的征税范围和纳税人

（一）进口环节增值税的征税范围

1. 基本规定

根据《中华人民共和国增值税暂行条例》（以下简称《增值税暂行条例》）的规定，申报进入中华人民共和国海关境内的货物，均应缴纳增值税。

2. 特殊规定

从其他国家或地区进口《跨境电子商务零售进口商品清单》范围内的以下商品，适用跨境电子商务零售进口增值税税收政策：

（1）所有通过与海关联网的电子商务交易平台交易，能够实现交易、支付、物流电子信息“三单”比对的跨境电子商务零售进口商品。

（2）未通过与海关联网的电子商务交易平台交易，但快递、邮政企业能够统一提供交易、支付、物流等电子信息，并承诺承担相应法律责任进境的跨境电子商务零售进口商品。

不属于跨境电子商务零售进口的个人物品以及无法提供交易、支付、物流等电子信息的跨境电子商务零售进口商品，按现行规定执行。

（二）进口环节增值税的纳税人

进口货物增值税的纳税人是进口货物的收货人或办理报关手续的单位和个人。跨境电子商务零售进口商品按照货物征收关税和进口环节增值税、消费税，购买跨境电子商务零售进口商品的个人为纳税义务人。电子商务企业、电子商务交易平台企业或物流企业可作为代收代缴义务人。

【工作任务 4】分析 1：

金利公司是进口设备和高档化妆品的收货人，因此金利公司是进口环节增值税的纳税人。

【例 4-1】 A 进出口公司接受委托代 B 工业企业进口设备，同时委托 C 货运代理公司办理托运手续，海关进口增值税专用缴款书上的缴款单位是 A 进出口公司。请问该进口设备的增值税纳税人是谁？

分析：

对于代理进口货物，以海关开具的完税凭证上的纳税人为增值税纳税人。本例中，海关进口增值税专用缴款书上的缴款单位是 A 进出口公司，因而该进口设备的增值税纳税人是 A 进出口公司。

二、进口环节适用的增值税税率

不管是一般纳税人还是小规模纳税人进口货物，适用的增值税税率与境内商品（例如13%、9%）相同。

跨境电子商务零售进口商品的单次交易限值为人民币2 000元，个人年度交易限值为人民币20 000元以内进口的跨境电子商务零售进口商品，关税税率暂设为0%。

【工作任务4】分析2：

因为设备和高档化妆品境内适用的增值税税率是13%，因此金利公司进口设备和高档化妆品适用的进口环节增值税税率为13%。

三、进口环节增值税应纳税额的计算

根据《增值税暂行条例》的规定，纳税人进口货物，按照组成计税价格和适用税率计算应纳税额。

（1）若进口货物不属于消费税应税消费品，则：

组成计税价格＝关税完税价格＋关税

（2）若进口货物属于消费税应税消费品，则：

组成计税价格＝关税完税价格＋关税＋消费税

＝（关税完税价格＋关税）÷（1－消费税税率）

应纳增值税额＝组成计税价格×增值税税率

应纳消费税额＝组成计税价格×消费税税率

【工作任务4】分析3：

（1）进口设备：

进口设备关税的组成计税价格＝600 000＋400 000＝1 000 000（元）

进口设备应纳进口关税＝1 000 000×15%＝150 000（元）

进口设备增值税组成计税价格＝1 000 000＋150 000＝1 150 000（元）

进口设备应纳增值税＝1 150 000×13%＝149 500（元）

（2）进口高档化妆品：

进口高档化妆品关税的组成计税价格＝500 000（元）

进口高档化妆品应纳进口关税＝500 000×20%＝100 000（元）

进口高档化妆品增值税组成计税价格＝（500 000＋100 000）÷（1－15%）＝705 882.35（元）

进口高档化妆品应纳增值税＝705 882.35×13%＝91 764.71（元）

（3）进口环节可以抵扣的进项税额＝149 500＋91 764.71＝241 264.71（元）。

（4）国内销售货物的销项税额＝（2 000 000＋1 130 000÷1.13）×13%＝390 000（元）。

（5）1月应纳增值税＝390 000－241 264.71＝148 735.29（元）。

纳税人在计算进口货物的增值税时应该注意以下问题：

（1）在计算进口环节的应纳增值税时不得抵扣任何税额，即在计算进口环节的应纳增值税时，不得抵扣发生在我国境外的各种税金。

(2) 一般贸易下，进口货物以海关审定的成交价格为基础的到岸价格作为完税价格。到岸价格，包括货价，加上货物运抵我国关境内输入地点起卸前的包装费、运费、保险费和其他劳务费等费用。

(3) 纳税人进口货物取得的合法海关完税凭证是计算增值税进项税额的唯一依据，其价格差额部分以及从境外供应商取得的退还或返还的资金，不做进项税额转出处理。

(4) 跨境电子商务零售进口商品按照货物征收关税和进口环节增值税、消费税，以实际交易价格（包括货物零售价格、运费和保险费）作为完税价格。

(5) 跨境电子商务零售进口商品的进口环节增值税、消费税取消免征税额，暂按法定应纳税额的70%征收。超过单次限值、累加后超过个人年度限值的单次交易，以及完税价格超过2 000元限值的单个不可分割商品，均按照一般贸易方式全额征税。

【例4-2】 2019年10月，中国公民刘女士通过跨境电商购买一个皮包，税法规定其实际交易价格是1 980元。请问：刘女士应缴纳的增值税是多少元？

分析：

由于刘女士所购皮包未超过单次2 000元的限值，故免征关税，但需要缴纳增值税，按应纳税额的70%征收。

刘女士应纳增值税=1 980×13%×70%=180.18（元）

【税收筹划】 2019年10月，中国甲公司（一般纳税人）从德国ABC摩托车生产企业进口100辆摩托车，每辆摩托车的完税价格为20 000元。进口环节摩托车适用的关税税率为60%，消费税税率为10%，增值税税率为13%。请问：甲公司进口环节应缴纳的增值税是多少元？甲公司如何进行税收筹划可以在进口环节少缴税？

分析：

方案一：进口摩托车。

进口环节摩托车关税的组成计税价格=20 000×100=2 000 000（元）

进口环节摩托车应纳进口关税=2 000 000×60%=1 200 000（元）

进口环节摩托车增值税组成计税价格=（2 000 000+1 200 000）÷（1-10%）=3 555 555.56（元）

进口环节摩托车应纳增值税=3 555 555.56×13%=462 222.22（元）

进口环节摩托车应纳消费税=3 555 555.56×10%=355 555.56（元）

进口环节摩托车应纳税额合计=1 200 000+462 222.22+355 555.56=2 017 777.78（元）

方案二：进口摩托车零部件。

甲公司将原来进口整装摩托车的方式改为进口散装摩托车零部件的方式，甲公司进口摩托车零部件后组装成整装摩托车再销售，每辆进口摩托车零部件完税价格为15 000元，进口100辆散装摩托车零部件。散装摩托车零部件进口环节适用的关税税率为40%，进口环节不需要缴纳消费税。

进口环节应纳税额情况如下：

进口环节摩托车零部件关税的组成计税价格=15 000×100=1 500 000（元）

进口环节摩托车零部件应纳进口关税=1 500 000×40%=600 000（元）

进口环节摩托车零部件增值税组成计税价格=1 500 000+600 000=2 100 000（元）

进口环节摩托车零部件应纳增值税=2 100 000×13%=273 000（元）

进口环节摩托车零部件应纳税额合计=600 000+273 000=873 000（元）

结论：

经过税收筹划，甲公司在进口环节少缴税额 1 144 777.78（2 017 777.78－873 000）元。

四、进口环节增值税的管理

（1）进口货物的增值税由海关代征。

（2）纳税义务发生时间为报关进口的当天。

（3）纳税地点为进口人或其代理人的报关地。

（4）纳税期限为自海关填发海关进口增值税专用缴款书之日起 15 日内。跨境电子商务零售进口商品自海关放行之日起 30 日内退货的，可申请退税，并相应调整个人年度交易总额。跨境电子商务零售进口商品购买人（订购人）的身份信息应进行认证；未进行认证的，购买人（订购人）的身份信息应与付款人一致。

第二节 进口业务增值税的账务处理

企业进口货物，按照海关提供的完税凭证上注明的增值税额，借记“应交税费——应交增值税（进项税额）”科目，按照进口货物应计入采购成本的金额，借记“材料采购”“商品采购”“原材料”等科目，按照应付或实际支付的金额，贷记“应付账款”“银行存款”等科目。其具体会计处理方法与国内购进货物相同，只是扣税依据不同。进口业务增值税的账务处理如下：

借：材料采购（商品采购、原材料、固定资产等）

　　应交税费——应交增值税（进项税额）

　贷：银行存款（应付账款）

【工作任务 4】分析 4：

业务 1 的账务处理如下：

借：固定资产	1 150 000	
应交税费——应交增值税（进项税额）	149 500	
贷：银行存款		1 299 500

业务 2 的账务处理如下：

借：库存商品	705 882.35	
应交税费——应交增值税（进项税额）	91 764.71	
贷：银行存款		797 647.06

业务 3 的账务处理如下：

借：银行存款　　2 260 000

　贷：主营业务收入　　2 000 000

　　　应交税费——应交增值税（销项税额）　　260 000

业务 4 的账务处理如下：

借：应收账款　　1 130 000

　贷：主营业务收入　　1 000 000

　　　应交税费——应交增值税（销项税额）　　130 000

销项税额合计＝260 000＋130 000＝390 000（元）

进项税额合计＝149 500＋91 764.71＝241 264.71（元）

应纳增值税＝390 000－241 264.71＝148 735.29（元）

1 月末的账务处理为：

借：应交税费——应交增值税（转出未交增值税）　　148 735.29

　贷：应交税费——未交增值税　　148 735.29

第三节　进口业务增值税的纳税申报

根据【工作任务 4】中的资料，进行进口业务增值税纳税申报。

一、《本期销售情况明细表》的填报

根据【工作任务 4】金利公司的销售业务，填写《本期销售情况明细表》（如表 4－1 所示）。

表 4-1　增值税纳税申报表附列资料（一）

（本期销售情况明细）

税款所属时间：2020 年 1 月 1 日至 2020 年 1 月 31 日

纳税人名称：（公章）北京金利商贸有限公司　　　　金额单位：元至角分

项目及栏次				开具增值税专用发票		开具其他发票		未开具发票		纳税检查调整		合计			服务、不动产和无形资产扣除项目本期实际扣除金额	扣除后	
				销售额	销项（应纳）税额	销售额	销项（应纳）税额	销售额	销项（应纳）税额	销售额	销项（应纳）税额	销售额	销项（应纳）税额	价税合计		含税（免税）销售额	销项（应纳）税额
				1	2	3	4	5	6	7	8	9=1+3+5+7	10=2+4+6+8	11=9+10	12	13=11−12	14=13÷（100%+税率或征收率）×税率或征收率
一、一般计税方法计税	全部征税项目	13%税率的货物及加工修理修配劳务	1	2 000 000.00	260 000.00	1 000 000.00	130 000.00					3 000 000.00	390 000.00	—	—	—	—
		13%税率的服务、不动产和无形资产	2														
		9%税率的货物及加工修理修配劳务	3											—	—	—	—
		9%税率的服务、不动产和无形资产	4														
		6%税率	5														

续表

一、一般计税方法计税	其中：即征即退项目	即征即退货物及加工修理修配劳务	6	—	—	—	—	—	—	—	—			—	—	—	—
		即征即退服务、不动产和无形资产	7	—	—	—	—	—	—	—	—						
二、简易计税方法计税	全部征税项目	6%征收率	8							—	—			—	—	—	—
		5%征收率的货物及加工修理修配劳务	9a							—	—			—	—	—	—
		5%征收率的服务、不动产和无形资产	9b							—	—						
		4%征收率	10							—	—			—	—	—	—
		3%征收率的货物及加工修理修配劳务	11							—	—			—	—	—	—
		3%征收率的服务、不动产和无形资产	12							—	—						
		预征率 %	13a							—	—						
		预征率 %	13b							—	—						
		预征率 %	13c							—	—						
	其中：即征即退项目	即征即退货物及加工修理修配劳务	14	—	—	—	—	—	—	—	—			—	—	—	—
		即征即退服务、不动产和无形资产	15	—	—	—	—	—	—	—	—						

续表

三、免抵退税	货物及加工修理修配劳务	16	—	—		—		—	—	—		—	—	—	—	—
	服务、不动产和无形资产	17	—	—		—		—	—	—		—				—
四、免税	货物及加工修理修配劳务	18				—		—	—	—		—	—	—	—	—
	服务、不动产和无形资产	19	—	—		—		—	—	—		—				—

填写要点：

1. 将在国内销售设备取得的不含税销售额 2 000 000 元填入第 1 栏“一、一般计税方法计税：全部征税项目：13%税率的货物及加工修理修配劳务”对应第 1 列“开具增值税专用发票：销售额”。

2. 将在国内销售设备取得的增值税额 260 000 元填入第 1 栏对应第 2 列“开具增值税专用发票：销项（应纳）税额”。

3. 将在国内销售高档化妆品取得的含税销售额 1 000 000 元填入第 1 栏对应第 3 列“开具其他发票：销售额”。

4. 将在国内销售高档化妆品取得的增值税额 130 000 元填入第 1 栏对应第 4 列“开具其他发票：销项（应纳）税额”。

5. 将 3 000 000（2 000 000+1 000 000）元填入第 1 栏对应第 9 列“合计：销售额”。

6. 将 390 000（260 000+130 000）元填入第 1 栏对应第 10 列“合计：销项（应纳）税额”。

7. 将第 1 栏对应第 9 列“合计：销售额”3 000 000 元转入《增值税纳税申报表（一般纳税人适用）》（如表 4－3 所示）第 2 栏“销售额：其中：应税货物销售额”对应“一般项目：本月数”列。

8. 将第 1 栏对应第 10 列“合计：销项（应纳）税额”390 000 元转入《增值税纳税申报表（一般纳税人适用）》第 11 栏“税款计算：销项税额”对应“一般项目：本月数”列。

二、《本期进项税额明细表》的填报

根据【工作任务 4】金利公司的进口业务，填写《本期进项税额明细表》（如表 4－2 所示）。

表 4－2　增值税纳税申报表附列资料（二）

（本期进项税额明细）

税款所属时间：2020 年 1 月 1 日至 2020 年 1 月 31 日

纳税人名称：（公章）北京金利商贸有限公司　　金额单位：元至角分

一、申报抵扣的进项税额				
项目	栏次	份数	金额	税额
（一）认证相符的增值税专用发票	1＝2＋3			
其中：本期认证相符且本期申报抵扣	2			
前期认证相符且本期申报抵扣	3			
（二）其他扣税凭证	4＝5＋6＋7＋8a＋8b	3	1 855 882.35	241 264.71
其中：海关进口增值税专用缴款书	5	3	1 855 882.35	241 264.71
农产品收购发票或者销售发票	6			
代扣代缴税收缴款凭证	7		—	
加计扣除农产品进项税额	8a	—	—	
其他	8b			
（三）本期用于购建不动产的扣税凭证	9			
（四）本期用于抵扣的旅客运输服务扣税凭证	10			
（五）外贸企业进项税额抵扣证明	11	—	—	
当期申报抵扣进项税额合计	12＝1＋4＋11	3	1 855 882.35	241 264.71

二、进项税额转出额		
项目	栏次	税额
本期进项税额转出额	13＝14 至 23 之和	
其中：免税项目用	14	
集体福利、个人消费	15	
非正常损失	16	
简易计税方法征税项目用	17	
免抵退税办法不得抵扣的进项税额	18	
纳税检查调减进项税额	19	
红字专用发票信息表注明的进项税额	20	
上期留抵税额抵减欠税	21	
上期留抵税额退税	22	
其他应做进项税额转出的情形	23	

续表

三、待抵扣进项税额				
项目	栏次	份数	金额	税额
（一）认证相符的增值税专用发票	24	—	—	—
期初已认证相符但未申报抵扣	25			
本期认证相符且本期未申报抵扣	26			
期末已认证相符但未申报抵扣	27			
其中：按照税法规定不允许抵扣	28			
（二）其他扣税凭证	29＝30 至 33 之和			
其中：海关进口增值税专用缴款书	30			
农产品收购发票或者销售发票	31			
代扣代缴税收缴款凭证	32		—	
其他	33			
	34			
四、其他				
项目	栏次	份数	金额	税额
本期认证相符的增值税专用发票	35			
代扣代缴税额	36	—	—	

填写要点：

1. 将 3 份填入第 5 栏“一、申报抵扣的进项税额：其中：海关进口增值税专用缴款书”对应“份数”列。

2. 将进口设备和高档化妆品关税的组成计税价格合计 1 855 882.35（1 150 000＋705 882.35）元填入第 5 栏对应“金额”列。

3. 将进口设备和高档化妆品可以抵扣的进项税额合计 241 264.71（149 500＋91 764.71）元填入第 5 栏对应“税额”列。

4. 将 3 份填入第 4 栏“一、申报抵扣的进项税额：（二）其他扣税凭证”对应“份数”列。

5. 将 1 855 882.35 元填入第 4 栏对应“金额”列。

6. 将 241 264.71 元填入第 4 栏对应“税额”列。

7. 将 3 份填入第 12 行“一、申报抵扣的进项税额：当期申报抵扣进项税额合计”对应“份数”列。

8. 将 1 855 882.35 元填入第 12 栏对应“金额”列。

9. 将 241 264.71 元填入第 12 栏对应“税额”列。

10. 将第 3 栏对应“税额”列 241 264.71 元转入《增值税纳税申报表（一般纳税人适用）》（如表 4－3 所示）第 12 栏“税款计算：进项税额”对应“一般项目：本月数”列。

三、《增值税纳税申报表(一般纳税人适用)》的填报

根据【工作任务 4】金利公司的进口业务，填写《增值税纳税申报表(一般纳税人适用)》(如表 4－3 所示)。

表 4－3　增值税纳税申报表

(一般纳税人适用)

根据国家税收法律法规及增值税相关规定制定本表。纳税人不论有无销售额，均应按税务机关核定的纳税期限填写本表，并向当地税务机关申报。

税款所属时间：自 2020 年 1 月 1 日至 2020 年 1 月 31 日

填表日期：2020 年 2 月 10 日

纳税人识别号			所属行业：		金额单位：元至角分	
纳税人名称	北京金利商贸有限公司(公章)	法定代表人姓名		注册地址	生产经营地址	
开户银行及账号		登记注册类型			电话号码	
项目		栏次	一般项目		即征即退项目	
			本月数	本年累计	本月数	本年累计
销售额	(一)按适用税率计税销售额	1	3 000 000.00	3 000 000.00		
	其中：应税货物销售额	2	3 000 000.00	3 000 000.00		
	应税劳务销售额	3				
	纳税检查调整的销售额	4				
	(二)按简易办法计税销售额	5				
	其中：纳税检查调整的销售额	6				
	(三)免、抵、退办法出口销售额	7			—	—
	(四)免税销售额	8			—	—
	其中：免税货物销售额	9			—	—
	免税劳务销售额	10			—	—
税款计算	销项税额	11	390 000.00	390 000.00		
	进项税额	12	241 264.71	241 264.71		
	上期留抵税额	13				—
	进项税额转出	14				
	免、抵、退应退税额	15			—	—
	按适用税率计算的纳税检查应补缴税额	16			—	—

续表

税款计算	应抵扣税额合计	17=12+13−14−15+16	241 264.71	—		—
	实际抵扣税额	18(如17<11,则为17,否则为11)	241 264.71	241 264.71		
	应纳税额	19=11−18	148 735.29	148 735.29		
	期末留抵税额	20=17−18				—
	简易计税办法计算的应纳税额	21				
	按简易计税办法计算的纳税检查应补缴税额	22			—	—
	应纳税额减征额	23				
	应纳税额合计	24=19+21−23	148 735.29			
税款缴纳	期初未缴税额(多缴为负数)	25	250 000.00			
	实收出口开具专用缴款书退税额	26			—	—
	本期已缴税额	27=28+29+30+31	250 000.00			
	①分次预缴税额	28		—		—
	②出口开具专用缴款书预缴税额	29		—	—	—
	③本期缴纳上期应纳税额	30	250 000.00			
	④本期缴纳欠缴税额	31				
	期末未缴税额(多缴为负数)	32=24+25+26−27	148 735.29			
	其中:欠缴税额(≥0)	33=25+26−27		—		—
	本期应补(退)税额	34=24−28−29	148 735.29	—		—
	即征即退实际退税额	35	—	—		
	期初未缴查补税额	36			—	—
	本期入库查补税额	37			—	—
	期末未缴查补税额	38=16+22+36−37			—	—

续表

授权声明	如果你已委托代理人申报，请填写下列资料： 为代理一切税务事宜，现授权________（地址）为本纳税人的代理申报人，任何与本申报表有关的往来文件，都可寄予此人。 授权人签字：	申报人声明	本纳税申报表是根据国家税收法律法规及相关规定填报的，我确定它是真实的、可靠的、完整的。 声明人签字：

主管税务机关：　　　　接收人：　　　　接收日期：

填写要点：

北京金利商贸有限公司当期申报数据全部填列在“一般项目”列下“本月数”的对应栏次，具体栏次填列如下：

1.《本期销售情况明细表》(如表 4-1 所示)第 1 栏第 9 列 3 000 000 元转入第 2 栏“销售额：其中：应税货物销售额”。

2. 将 3 000 000 元填入第 1 栏“销售额：(一)按适用税率计税销售额”。

3.《本期销售情况明细表》第 1 栏第 10 列 390 000 元转入第 11 栏“税款计算：销项税额”。

4.《本期进项税额明细表》(如表 4-2 所示)第 12 栏对应“税额”列 241 264.71 元转入第 12 栏“税款计算：进项税额”。

5. 将 241 264.71 元填入第 17 栏“税款计算：应抵扣税额合计”。

6. 因为 241 264.71<390 000，将 241 264.71 元填入第 18 栏“税款计算：实际抵扣税额”。

7. 将 148 735.29(390 000－241 264.71)元填入第 19 栏“税款计算：应纳税额”。

8. 将 148 735.29 元填入第 24 栏“税款计算：应纳税额合计”。

9. 将 2019 年 12 月增值税纳税申报表第 32 栏“税款缴纳：期末未缴税额(多缴为负数)”250 000 元转入第 25 栏“税款缴纳：期初未缴税额(多缴为负数)”。

10. 将 2020 年 1 月 10 日缴纳 2019 年 12 月的增值税 250 000 元填入第 30 栏“税款缴纳：③本期缴纳上期应纳税额”。

11. 将 250 000 元填入第 27 栏“税款缴纳：本期已缴税额”。

12. 将 148 735.29 元填入第 32 栏“税款缴纳：期末未缴税额(多缴为负数)”。

13. 将 148 735.29 元填入第 34 栏“税款缴纳：本期应补(退)税额”。

第五章 出口业务增值税纳税申报

【学习目标】

1. 会计算出口退税。
2. 会进行出口业务增值税的账务处理。
3. 会进行出口业务增值税的纳税申报。
4. 会进行出口业务税收筹划。

【工作任务5】

浙江恒威玩具制造有限公司（以下简称恒威公司）是自营出口的生产企业，为增值税一般纳税人，适用税率为13%。2020年1月发生经济业务如下：

业务1：1月2日内销毛绒玩具，开具增值税专用发票，收取不含税款600 000元。

业务2：1月3日发给职工毛绒玩具，同类毛绒玩具的不含税销售额为20 000元，销项税额为2 600元。

业务3：1月外购原材料1 200 000元，已经验收入库，取得增值税专用发票8张，共发生进项税额156 000元，2019年12月留抵税额为5 000元。

业务4：1月5日出口100 000个宠物玩具球，货物离岸价为218 750美元，汇率为1∶6.4，本期出口货物均收齐单证。出口发票号码是03996529-576，出口货物报关单号是576534520130456082001，代理出口货物证明号是85340010，出口商品代码和申报商品代码都是3926909090，出口产品适用的退税率为10%。

要求：

1. 请计算恒威公司2020年1月出口退税金额。
2. 请进行恒威公司2020年1月出口业务纳税申报。

第一节 出口业务增值税的计算

出口货物或者劳务、服务退（免）税是指在国际贸易中，对报关出口的货物或者劳务和服务退还在国内各生产环节和流转环节按税法规定已缴纳的增值税，或免征应缴纳的增值税。它是国际贸易中被经常采用并为世界各国普遍接受的、目的在于鼓励各国出口货物或者劳务和服务公平竞争的一种税收措施。各国的出口货物或者劳务、服务退（免）税制度是基于国际贸易规则体系和本国税收法律、法规的框架建立的。《中华人民共和国增值税暂行条例》第二条第四款规定："纳税人出口货物，税率为零；但是，国务院另有规定的除外。"

一、出口货物或者劳务、服务的基本政策

（一）出口货物或者劳务、服务的类型

根据出口企业的不同形式和出口货物或者劳务、服务的不同种类，我国出口货物或者劳务、服务的基本政策分为三类。

1. 出口免税并退税

出口免税是指对货物或者劳务、服务在出口环节不征收增值税；出口退税是指对出口货物、应税劳务以及应税服务已承担或应承担的增值税实行退还，如以生产企业为主的免抵退方法和以外贸企业为主的免退方法。

2. 出口免税但不退税

出口免税但不退税是指对出口货物、应税劳务以及应税服务在出口销售环节不征收增值税，同时相应的进项税额（如有）也不予退还，如外贸企业直接购进国家规定的免税货物出口、出口适用免税政策的应税服务、出口企业或其他单位未按规定申报或未补齐增值税退（免）税凭证的出口货物或劳务。

3. 出口不免税也不退税

出口不免税也不退税是指对出口的某些货物、应税劳务以及应税服务在出口环节视同内销环节，照常征税。我国出口不免税也不退税的情形为：税法列举限制或禁止出口的货物，如天然牛黄、麝香、白银等。

（二）适用增值税退（免）政策的范围

1. 出口企业出口货物

出口企业，是指依法办理工商登记、税务登记、对外贸易经营者备案登记，自营或委托出口货物的单位或个体工商户，以及依法办理工商登记、税务登记但未办理对外贸易经营者备案登记，委托出口货物的生产企业。

出口货物，是指向海关报关后实际离境并销售给境外单位或个人的货物，分为自营出口货物和委托出口货物两类。

2. 出口企业或其他单位视同出口货物

（1）出口企业对外援助、对外承包、境外投资的出口货物。

（2）出口企业经海关报关进入国家批准的出口加工区、保税物流园区、保税港区、综合保税区等特殊区域并销售给特殊区域内单位或境外单位、个人的货物。

（3）免税品经营企业（如中国免税品集团）销售的货物。

（4）出口企业或其他单位销售给用于国际金融组织或外国政府贷款国际招标建设项目的中标机电产品。

（5）生产企业向海上石油天然气开采企业销售的自产的海洋工程结构物。

（6）出口企业或其他单位销售给国际运输企业用于国际运输工具上的货物。

（7）出口企业或其他单位销售给特殊区域内生产企业生产耗用且不向海关报关而输入特殊区域的水（包括蒸汽）、电力、燃气。

（8）融资租赁货物出口退税。

3. 出口企业对外提供加工、修理修配劳务

对外提供加工、修理修配劳务，是指对进境复出口货物或从事国际运输的运输工具进行的加工修理修配。

4. 境内单位和个人提供适用增值税零税率的服务和无形资产

中华人民共和国境内（以下简称境内）的单位和个人销售的下列服务和无形资产，适用增值税零税率：

（1）国际运输服务。国际运输服务是指：

1）在境内载运旅客或者货物出境。

2）在境外载运旅客或者货物入境。

3）在境外载运旅客或者货物。

（2）航天运输服务。

（3）向境外单位提供的完全在境外消费的下列服务：

1）研发服务。

2）合同能源管理服务。

3）设计服务。

4）广播影视节目（作品）的制作和发行服务。

5）软件服务。

6）电路设计及测试服务。

7）信息系统服务。

8）业务流程管理服务。

9）离岸服务外包业务。包括信息技术外包服务（ITO）、技术性业务流程外包服务（BPO）、技术性知识流程外包服务（KPO），其所涉及的具体业务活动按照《销售服务、无形资产、不动产注释》相对应的业务活动执行。

10）转让技术。

（三）出口货物、劳务、服务增值税免税政策的适用范围

增值税免税是指出口免税但不退税。

1. 出口企业或其他单位出口规定的货物

（1）增值税小规模纳税人出口的货物。

（2）避孕药品和用具、古旧图书。

（3）软件产品。其具体范围是指海关税则号前四位为“9803”的货物。

（4）含黄金、铂金成分的货物，钻石及其饰品。

（5）国家计划内出口的卷烟。

（6）已使用过的设备。其具体范围是指购进时未取得增值税专用发票、海关进口增值税专用缴款书，但其他相关单证齐全的、已使用过的设备。

（7）非出口企业委托出口的货物。

（8）非列名生产企业出口的非视同自产货物。

（9）农业生产者自产农产品。

（10）油画、花生果仁、黑大豆等财政部和国家税务总局规定的出口免税货物。

（11）外贸企业取得普通发票、废旧物资收购凭证、农产品收购发票、政府非税收入票据的货物。

（12）来料加工复出口的货物。

（13）特殊区域内的企业出口的特殊区域内的货物。

（14）以人民币现金作为结算方式的边境地区出口企业从所在省（自治区）的边境口岸出口到接壤国家的一般贸易和边境小额贸易出口货物。

（15）以旅游购物贸易方式报关出口的货物。

2. 出口企业或其他单位视同出口的货物、劳务

（1）国家批准设立的免税店销售的免税货物。

（2）特殊区域内的企业为境外的单位或个人提供加工、修理修配劳务。

（3）同一特殊区域、不同特殊区域内的企业之间销售特殊区域内的货物。

3. 出口企业或其他单位未按规定申报或未补齐增值税退(免)税凭证的出口货物、劳务

（1）未在国家税务总局规定的期限内申报增值税退（免）税的出口货物、劳务。

（2）未在规定期限内申报开具《代理出口货物证明》的出口货物、劳务。

（3）已申报增值税退（免）税，但未在国家税务总局规定的期限内向税务机关补齐增值税退（免）税凭证的出口货物、劳务。

4. 跨境应税行为适用增值税免税政策的规定

境内的单位和个人销售的下列服务和无形资产免征增值税，但财政部和国家税务总局规定适用增值税零税率的除外：

（1）下列服务：

1）工程项目在境外的建筑服务。

2）工程项目在境外的工程监理服务。

3）工程、矿产资源在境外的工程勘察、勘探服务。

4）会议展览地点在境外的会议展览服务。

5）存储地点在境外的仓储服务。

6）标的物在境外使用的有形动产租赁服务。

7）在境外提供的广播影视节目（作品）的播映服务。

8）在境外提供的文化体育服务、教育医疗服务、旅游服务。

（2）为出口货物提供的邮政服务、收派服务、保险服务。为出口货物提供的保险服务，包括出口货物保险和出口信用保险。

（3）向境外单位提供的完全在境外消费的下列服务和无形资产：

1）电信服务。

2）知识产权服务。

3）物流辅助服务（仓储服务、收派服务除外）。

4）鉴证咨询服务。

5）专业技术服务。

6）商务辅助服务。

7）广告投放地在境外的广告服务。

8）无形资产。

（4）以无运输工具承运方式提供的国际运输服务。

（5）为境外单位之间的货币资金融通及其他金融业务提供的直接收费金融服务，且该服务与境内的货物、无形资产和不动产无关。

（6）财政部和国家税务总局规定的其他服务。

（四）出口货物或者劳务、服务退（免）税办法的种类

1. 免抵退税方法

免抵退税是指免征出口环节增值税，相应的进项税额抵减应纳增值税额（不包括适用增值税即征即退、先征后退政策的应纳增值税额），未抵减完的部分予以退还。免抵退税方法适用的情形包括：

（1）生产企业出口自产货物和视同自产货物及对外提供加工、修理修配劳务。

（2）《财政部 国家税务总局关于出口货物劳务增值税和消费税政策的通知》（财税〔2012〕39号）附件5列明的生产企业出口非自产货物。

（3）适用一般计税方法的生产企业提供适用零税率的应税服务和无形资产。

（4）适用一般计税方法的外贸企业直接将服务或自行研发的无形资产出口。

（5）特殊行业企业提供的服务。包括：

1）境内单位和个人提供的国际运输服务。

2）境内单位和个人向境外单位提供的完全在境外消费的规定服务。

3）航天运输服务参照国际运输服务，适用零税率。

2. 免退税方法

免退税方法是指免征出口环节增值税，相应的进项税额予以退还。免退税方法适用的情形包括：

（1）不具有生产能力的出口企业（以下简称外贸企业）或其他单位出口货物、劳务。

（2）适用一般计税方法的外贸企业外购服务或无形资产出口。

（五）出口退税率

增值税出口货物、劳务退税在具体计算时分不同情况采用规定的退税率、适用税率、征收率。

适用不同退税率的货物、劳务应分开报关、核算并申报退（免）税，未分开报关、核算或划分不清的，从低适用退税率。

1. 增值税出口退税率的一般规定

除财政部和国家税务总局根据国务院决定而明确的增值税出口退税率（以下简称退税率）外，出口货物、劳务的退税率为其适用税率。国家税务总局根据上述规定将退税率通过出口货物、劳务退税率文库予以发布，供征纳双方执行。退税率有调整的，除另有规定外，其执行时间以货物（包括被加工修理修配的货物）出口报关单（出口退税专用）上注明的出口日期为准。上述出口货物取得增值税专用发票的，退税率按照增值税

专用发票上注明的税率和出口货物退税率孰低的原则确定。

零税率应税服务的增值税退税率为其在境内提供对应服务适用的增值税税率。

2. 增值税出口退税率的特殊规定

(1) 外贸企业购进按简易计税方法征税的出口货物、从小规模纳税人购进的出口货物，其退税率分别为简易计税方法实际执行的征收率、小规模纳税人征收率。

(2) 出口企业委托加工、修理修配货物，其加工、修理修配费用的退税率为出口货物的退税率。

（六）出口货物或者劳务、服务退（免）税的计税依据

1. 出口货物或者劳务退（免）税的计税依据

出口货物或者劳务的计税依据，按出口货物或者劳务的出口发票（外销发票）、其他普通发票或购进出口货物或者劳务的增值税专用发票、海关进口增值税专用缴款书确定。

(1) 生产企业出口货物或者劳务（进料加工复出口货物除外）增值税退（免）税的计税依据，为出口货物或者劳务的实际离岸价（FOB）。实际离岸价应以出口发票上的离岸价为准，但如果出口发票不能反映实际离岸价，主管税务机关则有权予以核定。

(2) 生产企业进料加工复出口货物增值税退（免）税的计税依据，按出口货物的离岸价（FOB）扣除出口货物所含的海关保税进口料件的金额后确定。海关保税进口料件，是指海关以进料加工贸易方式监管的出口企业从境外和特殊区域等进口的料件。包括出口企业从境外单位或个人购买并从海关保税仓库提取且办理海关进料加工手续的料件，以及保税区外的出口企业从保税区内的企业购进并办理海关进料加工手续的进口料件。

(3) 生产企业国内购进无进项税额且不计提进项税额的免税原材料加工后出口的货物的计税依据，按出口货物的离岸价（FOB）扣除出口货物所含的国内购进免税原材料的金额后确定。

(4) 外贸企业出口货物（委托加工、修理修配货物除外）增值税退（免）税的计税依据，为购进出口货物的增值税专用发票上注明的金额或海关进口增值税专用缴款书注明的完税价格。

(5) 外贸企业出口委托加工、修理修配货物增值税退（免）税的计税依据，为加工、修理修配费用增值税专用发票上注明的金额。外贸企业应将加工、修理修配使用的原材料（进料加工海关保税进口料件除外）作价销售给受托加工修理修配的生产企业，受托加工修理修配的生产企业应将原材料成本并入加工、修理修配费用开具发票。

(6) 出口进项税额未计算抵扣的已使用过的设备增值税退（免）税的计税依据，按下列公式确定：

$$\text{退（免）税计税依据}=\text{增值税专用发票上的金额或海关进口增值税专用缴款书上注明的完税价格}\times\text{已使用过的设备净值}\div\text{已使用过的设备原值}$$

$$\text{已使用过的设备净值}=\text{已使用过的设备原值}-\text{已使用过的设备已提累计折旧}$$

已使用过的设备，是指出口企业根据财务会计制度的规定已经计提折旧的固定资产。

(7) 免税品经营企业销售的货物增值税退（免）税的计税依据，为购进货物的增值税专用发票上注明的金额或海关进口增值税专用缴款书注明的完税价格。

(8) 中标机电产品增值税退(免)税的计税依据，生产企业为销售机电产品的普通发票上注明的金额，外贸企业为购进货物的增值税专用发票上注明的金额或海关进口增值税专用缴款书上注明的完税价格。

(9) 生产企业向海上石油天然气开采企业销售的自产的海洋工程结构物增值税退(免)税的计税依据，为销售海洋工程结构物的普通发票上注明的金额。

(10) 输入特殊区域的水电气增值税退(免)税的计税依据，为作为购买方的特殊区域内生产企业购进水(包括蒸汽)、电力、燃气的增值税专用发票上注明的金额。

2. 出口零税率服务或者无形资产退(免)税的计税依据

(1) 实行免抵退税办法的零税率服务或者无形资产免抵退说的计税依据，具体如下：

1) 以铁路运输方式载运旅客的，为按照铁路合作组织清算规则清算后的实际运输收入。

2) 以铁路运输方式载运货物的，为按照铁路运输进款清算办法，对“发站”或“到站(局)”名称包含“境”字的货票上注明的运输费用以及直接相关的国际联运杂费清算后的实际运输收入。

3) 以航空运输方式载运货物或旅客的，如果国际运输或港澳台运输各航段由多个承运人承运，为中国航空结算有限责任公司清算后的实际收入；如果国际运输或港澳台运输各航段由一个承运人承运，为提供航空运输服务取得的收入。

4) 其他实行免抵退税办法的增值税零税率应税服务，为提供增值税零税率应税服务取得的收入。

(2) 外贸企业兼营的零税率服务或者无形资产退(免)税的计税依据，具体如下：

1) 从境内单位或者个人购进出口零税率应税服务的，为取得提供方开具的增值税专用发票上注明的金额。

2) 从境外单位或者个人购进出口零税率应税服务的，为取得的解缴税款的中华人民共和国税收缴款凭证上注明的金额。

3) 核定的出口价格作为计税依据计算退(免)税的情况。如果主管税务机关认定出口价格偏高，有权按照核定的出口价格计算退(免)税，核定的出口价格低于外贸企业购进价格的，低于部分对应的进项税额不予退税，转入成本。

二、出口货物或者劳务、服务或者无形资产退(免)税的计算

(一) 免抵退税的计算

生产企业出口货物、劳务和零税率应税行为，采用增值税免抵退税的计算方法。

1. 出口货物或者劳务增值税免抵退税的计算

(1) 生产企业一般出口的计算。

生产企业自营或者委托外贸企业代理出口的自产货物，除另有规定外，一律实行增值税免抵退税办法。在计算免抵退税时，因为退税率低于征税率，需要计算不予免抵退税的金额，从进项税额中剔除出去，转入出口产品的销售成本中，所以，免抵退税计算实际上涉及免、剔、抵、退四个步骤。“免”是指生产企业出口自产货物，免征生产销售环节的增值税；“剔”是指生产企业把退税率低于征税率而需要剔除的增值税转入外销成

本；“抵”是指以本企业本期出口产品所耗用的原材料、零部件、燃料、动力等所含应予退还的进项税额抵顶内销货物应纳税额；“退”是指当生产企业出口的自产货物在当月内应抵顶的进项税额大于应纳税额时，对未抵顶完的部分予以退税。

生产企业一般出口的计算步骤如下：

第一步：免。

出口环节免征增值税销项税额。

第二步：剔。

$$\text{免抵退税不得免征和抵扣税额}=\text{当期出口货物离岸价}\times\text{外汇人民币折合率}\times(\text{出口货物适用税率}-\text{出口货物退税率})$$

第三步，抵。

$$\text{当期应纳税额}=\text{当期销项税额}-(\text{当期进项税额}-\text{当期不得免征和抵扣税额})-\text{上期留抵税额}$$

本步计算结果如果是正数，就需要缴纳增值税，没有退税，但是会涉及抵免税额；如果是负数，就需要退税，具体退多少税需要通过下一步计算并比较大小确定。

第四步，退。

首先，计算当期免抵退税额：

当期免抵退税额＝当期出口货物离岸价×外汇人民币折合率×出口货物退税率

其次，计算当期应退税额和免抵税额。

1）当期期末留抵税额≤当期免抵退税额，则：

当期应退税额＝当期期末留抵税额

当期免抵税额＝当期免抵退税额－当期应退税额

当期期末退税后的留抵税额＝0

2）当期期末留抵税额＞当期免抵退税额，则：

当期应退税额＝当期免抵退税额

当期免抵税额＝0

当期期末退税后的留抵税额＝当期期末退税前的留抵税额－当期应退税额

【例 5－1】某自营出口生产企业是增值税一般纳税人，出口货物的征税率为 13%，退税率为 10%。2020 年 1 月购进原材料一批，取得的增值税专用发票上注明的价款为 2 000 000 元，增值税为 260 000 元，货已入库。上期期末留抵税额为 30 000 元。当月内销货物不含税销售额为 1 000 000 元，销项税额为 130 000 元。本月出口货物销售额折合人民币 2 000 000 元。请计算应退税额。

分析：

第一步：免。

出口环节免征增值税销项税额。

第二步：剔。

免抵退税不得免征和抵扣税额＝2 000 000×（13%－10%）＝60 000（元）

第三步，抵。

$$\text{当期应纳税额}=1\,000\,000\times13\%-(260\,000-60\,000)-30\,000=-100\,000\text{（元）}$$

第四步，退。

首先，计算当期免抵退税额：

当期免抵退税额=2 000 000×10%=200 000（元）

其次，计算当期应退税额和免抵税额。

当期期末留抵税额 100 000 元<当期免抵退税额 200 000 元，则：

当期应退税额=100 000（元）

当期免抵税额=200 000−100 000=100 000（元）

【例 5－2】某自营出口生产企业是增值税一般纳税人，出口货物的征税率为 13%，退税率为 10%。2020 年 1 月购进原材料一批，取得的增值税专用发票上注明的价款为 2 000 000 元，增值税为 260 000 元，货已入库。上期期末留抵税额为 30 000 元。当月内销货物不含税销售额为 5 000 000 元，销项税额为 650 000 元。本月出口货物销售额折合人民币 2 000 000 元。请计算应退税额。

分析：

第一步：免。

出口环节免征增值税销项税额。

第二步：剔。

免抵退税不得免征和抵扣税额=2 000 000×（13%−10%）=60 000（元）

第三步，抵。

当期应纳税额=5 000 000×13%−（260 000 −60 000）−30 000=420 000（元）

第四步，计算当期免抵税额。

当期免抵税额=2 000 000×10%=200 000（元）

该生产企业不涉及退税。

【工作任务 5】分析 1：

第一步：免。

出口环节免征增值税销项税额。

第二步：剔。

免抵退税不得免征和抵扣税额=218 750×6.4×（13%−10%）=1 400 000×3%=42 000（元）

第三步，抵。

当期应纳税额=（600 000×13%+2 600）−（156 000−42 000）−5 000=−38 400（元）

由于−38 400<0，因此需要退税。

第四步，退。

首先，计算当期免抵退税额。

当期免抵退税额=218 750×6.4×10%=140 000（元）

其次，计算当期应退税额和免抵税额。

当期期末留抵税额 38 400 元<当期免抵退税额 140 000 元，则：

当期应退税额=38 400（元）

当期免抵税额=140 000−38 400=101 600（元）

当期期末退税后的留抵税额=0

(2) 生产企业进料加工的计算。

进料加工贸易是指从国外进口原料、零部件，加工成产品再出口的一种贸易方式。要确定进料加工免抵退税额的抵减额，因为进口料件是免税的，出口货物按整体税负计算免抵退税额时，已将其按已征税对待了，所以要冲销进口料件免征的增值税。

生产企业进料加工的计算步骤如下：

第一步：免。

出口环节免征增值税销项税额。

第二步：剔。

$$\text{免抵退税不得免征和抵扣税额}=\text{当期出口货物离岸价格}\times\text{外汇人民币折合率}\times\left(\text{出口货物适用税率}-\text{出口货物退税率}\right)-\text{当期不得免征和抵扣税额抵减额}$$

$$\text{当期不得免征和抵扣税额抵减额}=\text{当期免税购进原材料价格}\times\left(\text{出口货物适用税率}-\text{出口货物退税率}\right)$$

第三步，抵。

$$\text{当期应纳税额}=\text{当期销项税额}-\left(\text{当期进项税额}-\text{当期不得免征和抵扣税额}\right)-\text{上期留抵税额}$$

本步计算结果如果是正数，就需要缴纳增值税，没有退税，但是会涉及抵免税额；如果是负数，就需要退税，具体退多少税需要通过下一步计算并比较大小确定。

第四步，退。

首先，计算当期免抵退税额。

当期免抵退税额抵减额＝当期免税购进原材料价格×出口货物退税率

$$\text{当期免抵退税额}=\text{当期出口货物离岸价}\times\text{外汇人民币折合率}\times\text{出口货物退税率}-\text{当期免抵退税额抵减额}$$

$$=\left(\text{当期出口货物离岸价}\times\text{外汇人民币折合率}-\text{当期免税购进原材料价格}\right)\times\text{出口货物退税率}$$

其次，计算当期应退税额和免抵税额。

1）当期期末留抵税额≤当期免抵退税额，则：

当期应退税额＝当期期末留抵税额

当期免抵税额＝当期免抵退税额－当期应退税额

当期期末退税后的留抵税额＝0

2）当期期末留抵税额＞当期免抵退税额，则：

当期应退税额＝当期免抵退税额

当期免抵税额＝0

当期期末退税后的留抵税额＝当期期末退税前的留抵税额－当期应退税额

【例 5-3】某自营出口生产企业是增值税一般纳税人，出口货物的征税率为13%，退税率为10%。2020年1月，有关经营业务为：购入原材料一批，取得的增值税专用发票上注明的价款为5 000 000元，外购货物准予抵扣的进项税额650 000元已通过认证。当月进料加工出口货物耗用的保税进口料件金额为1000 000元。上期末留抵税款60 000元。本月内销货物不含税销售额为2 000 000元，收款2260 000元存入银行。本月出口货物销售额折合人民币4 000 000元。请计算该企业当期的免抵退税额。

分析：

第一步：免。

出口环节免征增值税销项税额。

第二步：剔。

免抵退税不得免征和抵扣税额的抵减额＝1 000 000×（13％－10％）＝30 000（元）

免抵退税不得免征和抵扣税额＝4 000 000×（13％－10％）－30 000＝90 000（元）

第三步，抵。

当期应纳税额＝2 000 000×13％－（650 000－90 000）－60 000＝－360 000（元）

由于－360 000＜0，因此需要退税。

第四步，退。

首先，计算当期免抵退税额。

当期免抵退税额抵减额＝1000 000×10％＝100 000（元）

当期免抵退税额＝4 000 000×10％－100 000＝300 000（元）

其次，计算当期应退税额和免抵税额。

360 000＞300 000，则：

当期应退税额＝300 000（元）

当期免抵税额＝0

当期期末退税后的留抵税额＝360 000－300 000＝60 000（元）

2. 零税率应税行为增值税免抵退税的计算

零税率应税服务提供者提供零税率应税服务，如果属于适用增值税一般计税方法的，免征增值税，相应的进项税额抵减应纳增值税额（不包括适用增值税即征即退、先征后退政策的应纳增值税额），未抵减完的部分予以退还。因为零税率应税行为退税率等于征税率，出口商可得到全部出口货物的进项税额退还，所以零税率应税行为增值税免抵退税实际上涉及免、抵、退三个步骤。

第一步：免。

出口环节免征增值税销项税额。

第二步：抵。

当期应纳税额＝当期销项税额－当期进项税额－上期留抵税额

本步计算结果如果是正数，就需要缴纳增值税，没有退税，但是会涉及抵免税额；如果是负数，就需要退税，具体退多少税需要通过下一步计算并比较大小确定。

第三步，退。

首先，计算当期免抵退税额。

当期免抵退税额＝当期零税率服务或者无形资产免抵退税计税价格×外汇人民币折合率×零税率服务或者无形资产退税率

其次，计算当期应退税额和免抵税额。

（1）当期期末留抵税额≤当期免抵退税额，则：

当期应退税额＝当期期末留抵税额

当期免抵税额＝当期免抵退税额－当期应退税额

当期期末退税后的留抵税额=0

（2）当期期末留抵税额＞当期免抵退税额，则：

当期应退税额=当期免抵退税额

当期免抵税额=0

当期期末退税后的留抵税额=当期期末退税前的留抵税额－当期应退税额

【例5-4】A公司为增值税一般纳税人，主要从事国内外的服装设计服务，已经办理出口退（免）税认定手续，实行免抵退税管理办法。该公司2019年5月发生如下业务：

（1）该公司当月承接了一项为美国某公司设计服装的业务，取得收入300 000美元，美元兑人民币的汇率为1∶6.3。

（2）该公司承接一项为上海某公司设计服装的业务，收取设计费1 060 000元。

当月购进设计耗材并取得增值税专用发票，注明增值税款为640 000元。计算A公司的应退税额。

分析：

第一步：免。

出口环节免征增值税销项税额。

第二步：抵。

当期应纳税额=1 060 000÷1.06×6%－640 000=－580 000（元）

－580 000＜0，需要退税。

第三步，退。

首先，计算当期免抵退税额。

当期免抵退税额=300 000×6.3×6%=113 400（元）

其次，计算当期应退税额和免抵税额。

当期期末留抵税额580 000元＞当期免抵退税额113 400元，则：

当期应退税额=113 400（元）

当期免抵税额=0

当期期末退税后的留抵税额=580 000－113 400=466 600（元）

（二）免退税的计算

有进出口经营权的外贸企业收购货物直接出口或者委托其他外贸企业代理出口货物的，采取免退税计算方法。“免”是指外贸企业免征出口环节增值税；“退”是指出口货物、应税行为在购进环节按规定缴纳增值税（进项税），货物、应税行为出口后由外贸企业（收购货物、应税行为后出口的外贸出口企业）向主管出口退税的税务机关申请办理出口货物的退税。该办法目前主要适用于外贸出口企业。

实行免退税办法的退（免）税计税依据为购进应税货物、应税行为的增值税专用发票及海关专用缴款凭证或解缴税款的税收缴款凭证上注明的金额。

1. 出口货物或者劳务增值税免退税的计算

（1）外贸企业出口委托加工、修理修配货物以外的货物：

增值税应退税额=增值税退（免）税计税依据×出口货物退税率

【例5-5】A进出口公司2019年5月向美国出口自行车1 000辆，进货增值税专用发票上列明单价为600元/辆，计税金额600 000元，退税率为13%。请计算A进出口公司的应退税额。

分析：

A进出口公司应退税额＝1 000×600×13%＝78 000（元）

（2）外贸企业出口委托加工、修理修配货物：

出口委托加工、修理修配货物的增值税应退税额＝委托加工、修理修配货物的增值税退（免）税计税依据×出口货物退税率

【例5-6】A外贸公司2020年1月购进原材料，委托某公司加工成电视机，取得增值税发票一张，注明计税金额为200 000元；取得服装加工费6 000元。受托方将原材料成本并入加工、修理修配费用并开具了增值税专用发票。假设退税率为13%。请计算A外贸公司的应退税额。

分析：

A外贸公司的应退税额＝（200 000＋6 000）×13%＝26 780（元）

2. 零税率应税行为增值税免退税的计算

外贸企业兼营的零税率应税服务增值税免退税额，依下列公式计算：

外贸企业兼营的零税率应税服务免退税额＝外贸企业兼营的零税率应税服务免退税计税依据×零税率应税服务增值税退税率

外贸企业兼营的零税率应税服务免征增值税，其对应的外购应税服务的进项税额予以退还。

【税收筹划】甲公司是一家从事广告设计的外贸公司。2019年9月与美国ABC公司签订总额为1 500 000美元的广告设计合同。如果委托国内广告公司设计，需要支付含税价格为7 420 000元的设计费；如果自行设计，预计发生总支出7 000 000元（其中材料耗材1 000 000元，增值税专用发票可以抵扣的进项税额160 000元，人工费5 840 000元）。已知广告设计退税率为6%，汇率为1∶6.4。请问：从实现企业利润最大的角度分析，甲公司选择委托国内广告公司设计广告还是自行设计广告？

分析：

方案一：委托国内广告公司设计广告，则甲公司属于外购广告业务，适用免退税办法。

甲公司应退增值税＝7 420 000÷1.06×6%＝420 000（元）

广告设计成本＝7 420 000－420 000＝7 000 000（元）

方案二：自行设计广告，适用零税率应税行为，适用免抵退办法。

第一步：免。

出口环节免征增值税销项税额。

第二步：抵。

当期应纳税额＝0－160 000＝－160 000（元）

因为－160 000＜0，所以需要退税。

第三步，退。

首先，计算当期免抵退税额。

当期免抵退税额＝1 500 000×6.4×6%＝576 000（元）

其次，计算当期应退税额和免抵税额。

当期期末留抵税额160 000元<当期免抵退税额576 000元，则：

当期应退税额=160 000（元）

广告设计成本=7 000 000-160 000=6 840 000（元）

结论：

自行设计广告的成本比委托国内广告公司设计广告的成本少160 000（7 000 000-6 840 000）元，因此甲公司选择自行设计广告可以实现企业利润最大化。

（三）境外旅客购物离境增值税退税的计算

《财政部关于实施境外旅客购物离境退税政策的公告》（中华人民共和国财政部公告2015年第3号）规定，境外旅客在退税商店购买的退税物品，从已实施离境退税政策的其他地区离境，符合退税申请条件的，可以申请办理离境退税。

境外旅客，是指在我国境内连续居住不超过183天的外国人和港澳台同胞。

离境口岸，是指实施离境退税政策的地区正式对外开放并设有退税代理机构的口岸，包括航空口岸、水运口岸和陆地口岸。

退税物品，是指由境外旅客本人在退税商店购买且符合退税条件的个人物品，但不包括下列物品：

（1）《中华人民共和国禁止、限制进出境物品表》所列的禁止、限制出境物品。

（2）退税商店销售的适用增值税免税政策的物品。

（3）财政部、海关总署、国家税务总局规定的其他物品。

1. 境外旅客申请退税应当符合的条件

境外旅客申请退税应当同时符合以下条件：

（1）同一境外旅客同一日在同一退税商店购买的退税物品金额达到500元人民币。

（2）退税物品尚未启用或消费。

（3）离境日距退税物品购买日不超过90天。

（4）所购退税物品由境外旅客本人随身携带或随行托运出境。

2. 应退增值税额的计算公式

应退增值税额的计算公式如下：

应退增值税额=退税物品销售发票金额（含增值税）×退税率

其中，“退税物品销售发票金额（含增值税）”即增值税普通发票上的价税合计，是计算退税物品退税额的依据。自2019年4月1日起，适用13%税率的境外旅客购物离境退税物品，退税率为11%。

【例5-7】2019年8月，美国人汤姆（Tom）来我国游玩。2019年8月15日，Tom在北京某退税商店购买了一件羊绒衫，取得退税商店当天为其开具的增值税普通发票及退税申请单，发票注明金额为2 000元，税率为13%，税额为260元，价税合计2 260元。8月28日Tom离境时，海关验核、退税机关审核均无问题。在不考虑退税代理机构手续费的情况下，请计算Tom可获得的退税额。

分析：

Tom购买羊绒衫可获得的退税额=2 260×11%=248.6（元）

第二节 出口业务增值税的账务处理

“应交税费——应交增值税（出口抵减内销产品应纳税额）”科目，记录实行免抵退办法的一般纳税人按规定计算的出口货物的进项税额抵减内销产品的应纳税额；“应交税费——应交增值税（出口退税）”科目，记录一般纳税人出口货物、加工及修理修配劳务、服务、无形资产按规定退回的增值税额。

一、生产企业一般出口的账务处理

生产企业一般出口的账务处理如下：

（1）外购生产用材料并验收入库时：

借：原材料等

　　应交税费——应交增值税（进项税额）

　贷：银行存款等

（2）内销货物时：

借：银行存款

　贷：主营业务收入——内销

　　　应交税费——应交增值税（销项税额）

（3）自营出口销售货物时：

借：应收账款——应收外汇账款

　贷：主营业务收入——外销

（4）收到外销货款时：

借：银行存款

　贷：应收账款——应收外汇账款

　　　财务费用——汇兑损益

（5）计算不得抵扣进项税额时：

借：主营业务成本——外销

　贷：应交税费——应交增值税（进项税额转出）

（6）计算运保佣（运费、保险费、佣金）并冲减时：

借：主营业务收入——外销

　贷：银行存款

同时：

借：主营业务成本——外销（红字）

　贷：应交税费——应交增值税（进项税额转出）（红字）

（7）按当期《生产企业出口货物“免、抵、退”税汇总申报表》进行会计处理：

1）申报的应退税额＞0，且免抵税额＞0 时：

借：应收出口退税款

应交税费——应交增值税（出口抵减内销产品应纳税额）
贷：应交税费——应交增值税（出口退税）

2）申报的应退税额>0，且免抵税额=0时：
借：应收出口退税款
贷：应交税费——应交增值税（出口退税）

3）申报的应退税额=0，且免抵税额>0时：
借：应交税费——应交增值税（出口抵减内销产品应纳税额）
贷：应交税费——应交增值税（出口退税）

【例5-1】分析2：

该生产企业的账务处理如下：

（1）采购原材料时：
借：原材料 2 000 000
应交税费——应交增值税（进项税额） 260 000
贷：银行存款 2 260 000

（2）销售货物（内销）时：
借：银行存款 1 130 000
贷：主营业务收入——内销 1 000 000
应交税费——应交增值税（销项税额） 130 000

（3）销售货物（外销）时：

1）实现销售时：
借：应收账款——应收外汇账款 2 000 000
贷：主营业务收入——外销 2 000 000

2）不得抵扣进项税额（当期免抵退税不得免征和抵扣税额）：
借：主营业务成本——一般贸易出口 60 000
贷：应交税费——应交增值税（进项税额转出） 60 000

3）收到主管税务机关通知单后：
借：应收出口退税款 100 000
应交税费——应交增值税（出口抵减内销产品应纳税额） 100 000
贷：应交税费——应交增值税（出口退税） 200 000

4）收到出口退税款时：
借：银行存款 100 000
贷：应收出口退税款 100 000

“应交税费——应交增值税”账户结构如图5-1所示。

应交税费——应交增值税

借方		贷方	
期初留抵税额	30 000		
进项税额	260 000	销项税额	130 000
出口抵减内销产品应纳税额	100 000	进项税额转出	60 000
		出口退税	200 000

图5-1

【例 5－2】分析 2：

该生产企业的账务处理如下：

（1）采购原材料时：

借：原材料 2 000 000

应交税费——应交增值税（进项税额） 260 000

贷：银行存款 2 260 000

（2）销售货物（内销）时：

借：银行存款 5 650 000

贷：主营业务收入——内销 5 000 000

应交税费——应交增值税（销项税额） 650 000

（3）销售货物（外销）时：

1）实现销售时：

借：应收账款——应收外汇账款 2 000 000

贷：主营业务收入——外销 2 000 000

2）不得抵扣进项税额（当期免抵退税不得免征和抵扣税额）：

借：主营业务成本——一般贸易出口 60 000

贷：应交税费——应交增值税（进项税额转出） 60 000

3）收到主管税务机关通知单后：

借：应交税费——应交增值税（出口抵减内销产品应纳税额） 200 000

贷：应交税费——应交增值税（出口退税） 200 000

4）1 月底将应交增值税 420 000 元转入“应交税费——未交增值税”科目中：

借：应交税费——应交增值税（转出未交增值税） 420 000

贷：应交税费——未交增值税 420 000

5）2 月初缴纳增值税时：

借：应交税费——未交增值税 420 000

贷：银行存款 420 000

“应交税费——应交增值税”账户结构如图 5－2 所示。

应交税费——应交增值税

期初留抵税额	30 000		
进项税额	260 000	销项税额	650 000
出口抵减内销产品应纳税额	200 000	进项税额转出	60 000
转出未交增值税	420 000	出口退税	200 000

图 5－2

【工作任务 5】分析 2：

业务 1 的账务处理如下：

借：银行存款 678 000

　贷：主营业务收入　　600 000
　　　应交税费——应交增值税（销项税额）　　78 000

业务 2 的账务处理如下：

借：应付职工薪酬　　22 600
　贷：主营业务收入　　20 000
　　　应交税费——应交增值税（销项税额）　　2 600

业务 3 的账务处理如下：

借：原材料　　1 200 000
　　应交税费——应交增值税（进项税额）　　156 000
　贷：银行存款　　1 356 000

业务 4 的账务处理如下：

1）销售时：

借：应收账款——应收外汇账款　　1 400 000
　贷：主营业务收入——外销　　1 400 000

2）不得抵扣进项税额（当期免抵退税不得免征和抵扣税额）：

借：主营业务成本——一般贸易出口　　42 000
　贷：应交税费——应交增值税（进项税额转出）　　42 000

3）收到主管税务机关通知单后：

借：应收出口退税款　　38 400
　　应交税费——应交增值税（出口抵减内销产品应纳税额）　　101 600
　贷：应交税费——应交增值税（出口退税）　　140 000

4）收到出口退税款时：

借：银行存款　　38 400
　贷：应收出口退税款　　38 400

“应交税费——应交增值税”账户结构如图 5－3 所示。

应交税费——应交增值税

期初留抵税额	5 000		
进项税额	156 000	销项税额	78 000
		销项税额	2 600
		进项税额转出	42 000
出口抵减内销产品应纳税额	101 600	出口退税	140 000

图 5－3

二、生产企业进料加工的账务处理

进料加工贸易是指从国外进口原料、零部件，加工成产品再出口的一种贸易方式。生产企业进料加工与生产企业一般出口账务处理基本相同，两者区别如下：

（1）出口企业收到主管税务机关《生产企业进料加工贸易免税证明》后，依据注明的“不得免征和抵扣税额抵减额”做如下账务处理：

借：主营业务成本——进料加工贸易出口（红字）

　贷：应交税费——应交增值税（进项税额转出）（红字）

（2）出口企业收到主管税务机关《生产企业进料加工贸易免税核销证明》后，对补开部分依据注明的“不得免征和抵扣税额抵减额”做如下账务处理：

借：主营业务成本——进料加工贸易出口（红字）

　贷：应交税费——应交增值税（进项税额转出）（红字）

对于多开的部分，通过核销冲回，以蓝字编制以上会计分录。

【例 5－3】分析 2：

该生产企业的账务处理如下：

（1）采购原材料时：

借：原材料　5 000 000

　　应交税费——应交增值税（进项税额）　650 000

　贷：银行存款　5 650 000

（2）销售货物（内销）时：

借：银行存款　2 260 000

　贷：主营业务收入——内销　2 000 000

　　　应交税费——应交增值税（销项税额）　260 000

（3）销售货物（外销）时：

1）实现销售：

借：应收账款——应收外汇账款　4 000 000

　贷：主营业务收入——外销　4 000 000

2）不得抵扣进项税额（当期免抵退税不得免征和抵扣税额）：

借：主营业务成本——一般贸易出口　90 000

　贷：应交税费——应交增值税（进项税额转出）　90 000

3）收到主管税务机关通知单后：

借：应收出口退税款　300 000

　贷：应交税费——应交增值税（出口退税）　300 000

“应交税费——应交增值税”账户结构如图 5－4 所示。

应交税费——应交增值税

借方		贷方	
期初留抵税额	60 000		
进项税额	650 000	销项税额	260 000
		进项税额转出	90 000
		出口退税	300 000

图 5－4

三、外贸企业出口退税的账务处理

外贸企业出口销售货物，不论采用何种运输方式（海、陆、空、邮），均以取得运单并向银行办理交单后，作为出口销售收入的实现时间。

外贸企业出口货物必须单独设账核算购进金额和进项金额，如购进货物时不能确定出口或内销，一律记入出口库存账，内销时从出口库存账转入内销库存账。外贸企业出口退税的账务处理如下：

（1）购进出口货物时，取得增值税专用发票：

借：库存出口商品

　　应交税费——应交增值税（进项税额）

　贷：应付账款/银行存款

（2）确认外销货物的销售收入，根据外币金额和选定汇率确定销售额：

借：应收账款等

　贷：主营业务收入

（3）结转成本：

借：主营业务成本

　贷：库存商品

（4）根据征税率与退税率的差，将不可退的进项税额计入成本：

借：主营业务成本

　贷：应交税费——应交增值税（进项税额转出）

（5）货物出口后，根据退税率计算应收出口退税款：

借：应收出口退税款

　贷：应交税费——应交增值税（出口退税）

（6）收到出口退税款：

借：银行存款

　贷：应收出口退税款

【例 5-8】 A外贸公司2019年9月向国外B公司出售一批货物，FOB价格为200 000美元，增值税退税率为10%，采购成本为1 000 000元。已知该批货物的增值税征税率为13%，退税率为10%，汇率为1∶6.4，申请退税的单证齐全。请计算应退增值税并进行账务处理。

分析：

应退增值税＝1 000 000×10%＝100 000（元）

不可退的进项税额＝1 000 000×13%－100 000＝30 000（元）

（1）购进货物时：

借：库存商品	1 000 000	
应交税费——应交增值税（进项税额）	130 000	
贷：银行存款		1 130 000

(2) 出口销售时：

借：应收账款　　1 280 000

　贷：主营业务收入——出口销售收入　　1 280 000 (200 000×6.4)

(3) 结转商品销售成本：

借：主营业务成本　　1 000 000

　贷：库存商品　　1 000 000

(4) 转出进项税额：

借：主营业务成本　　30 000

　贷：应交税费——应交增值税（进项税额转出）　　30 000

(5) 计算应收增值税退税款：

借：应收出口退税款　　100 000

　贷：应交税费——应交增值税（出口退税）　　100 000

(6) 收到增值税退税款：

借：银行存款　　100 000

　贷：应收出口退税　　100 000

第三节 出口业务增值税的纳税申报

纳税人在进行免抵退税申报时，应向主管征税机关的征税部门或岗位（以下简称征税部门）办理增值税纳税和免抵税申报，并向主管征税机关的退税部门或岗位（以下简称退税部门）办理退税申报。

(1) 向征税部门办理增值税纳税及免抵税申报时，应提供以下资料：《增值税纳税申报表（一般纳税人适用）》（主表）（如表 5－3 所示）、《本期销售情况明细表》（如表 5－1 所示）、《本期进项税额明细表》（如表 5－2 所示）、退税部门确认的上期《免抵退税申报汇总表》（如表 5－5 所示）以及税务机关要求的其他资料。

(2) 向退税部门办理免抵退税申报时，应提供下列凭证资料：《免抵退税申报汇总表》《生产企业出口货物免抵退税申报明细表》（如表 5－4 所示），经征税部门审核签章的当期《增值税纳税申报表（一般纳税人适用）》及以《免抵退税申报资料情况表》（如表 5－6所示）。

下面根据【工作任务 5】的资料介绍出口业务增值税的纳税申报。

一、《本期销售情况明细表》的填报

根据【工作任务 5】恒威公司的销售业务，填写《本期销售情况明细表》（如表 5－1 所示）。

表 5-1　增值税纳税申报表附列资料（一）

（本期销售情况明细）

税款所属时间：自 2020 年 1 月 1 日至 2020 年 1 月 31 日

纳税人名称：（公章）浙江恒威玩具制造有限公司　　　　金额单位：元至角分

项目及栏次				开具增值税专用发票		开具其他发票		未开具发票		纳税检查调整		合计			服务、不动产和无形资产扣除项目本期实际扣除金额	扣除后	
				销售额	销项（应纳）税额	销售额	销项（应纳）税额	销售额	销项（应纳）税额	销售额	销项（应纳）税额	销售额	销项（应纳）税额	价税合计		含税（免税）销售额	销项（应纳）税额
				1	2	3	4	5	6	7	8	9=1+3+5+7	10=2+4+6+8	11=9+10	12	13=11－12	14=13÷（100%+税率或征收率）×税率或征收率
一、一般计税方法计税	全部征税项目	13%税率的货物及加工修理修配劳务	1	600 000.00	78 000.00			20 000.00	2 600.00			620 000.00	80 600.00	—	—	—	—
		13%税率的服务、不动产和无形资产	2														
		9%税率的货物及加工修理修配劳务	3											—	—	—	—
		9%税率的服务、不动产和无形资产	4														
		6%税率	5														

续表

一、一般计税方法计税	其中：即征即退项目	即征即退货物及加工修理修配劳务	6	—	—	—	—	—	—	—	—			—	—	—	—
		即征即退服务、不动产和无形资产	7	—	—	—	—	—	—	—	—						
二、简易计税方法计税	全部征税项目	6%征收率	8							—	—			—	—	—	—
		5%征收率的货物及加工修理修配劳务	9a							—	—			—	—	—	—
		5%征收率的服务、不动产和无形资产	9b							—	—						
		4%征收率	10							—	—			—	—	—	—
		3%征收率的货物及加工修理修配劳务	11							—	—			—	—	—	—
		3%征收率的服务、不动产和无形资产	12							—	—						
		预征率 %	13a							—	—						
		预征率 %	13b							—	—						
		预征率 %	13c							—	—						
	其中：即征即退项目	即征即退货物及加工修理修配劳务	14	—	—	—	—	—	—	—	—			—	—	—	—
		即征即退服务、不动产和无形资产	15	—	—	—	—	—	—	—	—						

续表

三、免抵退税	货物及加工修理修配劳务	16	—	—	1 400 000.00	—		—	—	—	1 400 000.00	—	—	—	—	—
	服务、不动产和无形资产	17	—	—		—		—	—	—		—				—
四、免税	货物及加工修理修配劳务	18				—		—	—	—		—	—	—	—	—
	服务、不动产和无形资产	19	—	—		—		—	—	—		—				—

填写要点：

1. 将内销毛绒玩具收取不含税款 600 000 元填入第 1 栏“一、一般计税方法计税：全部征税项目：13%税率的货物及加工修理修配劳务”对应第 1 列“开具增值税专用发票：销售额”。

2. 将内销毛绒玩具销项税额 78 000 元填入第 1 栏对应第 2 列“开具增值税专用发票：销项（应纳）税额”。

3. 将春节发给职工毛绒玩具的不含税销售额 20 000 元填入第 1 栏对应第 5 列“未开具发票：销售额”。

4. 将春节发给职工毛绒玩具的销项税额 2 600 元填入第 1 栏对应第 6 列“未开具发票：销项（应纳）税额”。

5. 将 620 000（600 000+20 000）元填入第 1 栏对应第 9 列“合计：销售额”。

6. 将 80 600（78 000 +2 600）元填入第 1 栏对应第 10 列“合计：销项（应纳）税额”。

7. 将本期出口货物离岸价 1 400 000（218 750×6.4）元填入第 16 栏“三、免抵退税：货物及加工修理修配劳务”对应第 3 列“开具其他发票：销售额”。

8. 将 1 400 000 元填入第 16 栏对应第 9 列“合计：销售额”。

9. 将第 1 栏对应第 9 列 620 000 元转入《增值税纳税申报表（一般纳税人适用）》（主表）（如表 5-3 所示）第 2 栏“销售额：其中：应税货物销售额”对应“一般项目：本月数”列。

10. 将第 16 栏对应第 9 列 1 400 000 元转入《增值税纳税申报表（一般纳税人适用）》（主表）第 7 栏“销售额：（三）免、抵、退办法出口销售额”对应“一般项目：本月数”列。

11. 将第 1 栏对应第 10 列 80 600 元转入《增值税纳税申报表（一般纳税人适用）》（主表）第 11 栏“税款计算：销项税额”对应“一般项目：本月数”列。

二、《本期进项税额明细表》的填报

根据【工作任务 5】恒威公司的销售业务，填写《本期进项税额明细表》（如表 5－2 所示）。

表 5－2　增值税纳税申报表附列资料（二）

（本期进项税额明细）

税款所属时间：2020 年 1 月 1 日至 2020 年 1 月 31 日

纳税人名称：（公章）浙江恒威玩具制造有限公司　　金额单位：元至角分

一、申报抵扣的进项税额				
项目	栏次	份数	金额	税额
（一）认证相符的增值税专用发票	1=2+3	8	1 200 000.00	156 000.00
其中：本期认证相符且本期申报抵扣	2	8	1 200 000.00	156 000.00
前期认证相符且本期申报抵扣	3			
（二）其他扣税凭证	4=5+6+7+8a+8b			
其中：海关进口增值税专用缴款书	5			
农产品收购发票或者销售发票	6			
代扣代缴税收缴款凭证	7		—	
加计扣除农产品进项税额	8a	—	—	
其他	8b			
（三）本期用于购建不动产的扣税凭证	9			
（四）本期用于抵扣的旅客运输服务扣税凭证	10			
（五）外贸企业进项税额抵扣证明	11	—	—	
当期申报抵扣进项税额合计	12=1+4+11	8	1 200 000.00	156 000.00

二、进项税额转出额		
项目	栏次	税额
本期进项税额转出额	13=14 至 23 之和	42 000.00
其中：免税项目用	14	
集体福利、个人消费	15	
非正常损失	16	
简易计税方法征税项目用	17	
免抵退税办法不得抵扣的进项税额	18	42 000.00
纳税检查调减进项税额	19	
红字专用发票信息表注明的进项税额	20	
上期留抵税额抵减欠税	21	

续表

上期留抵税额退税	22			
其他应做进项税额转出的情形	23			
三、待抵扣进项税额				
项目	栏次	份数	金额	税额
（一）认证相符的增值税专用发票	24	—	—	—
期初已认证相符但未申报抵扣	25			
本期认证相符且本期未申报抵扣	26			
期末已认证相符但未申报抵扣	27			
其中：按照税法规定不允许抵扣	28			
（二）其他扣税凭证	29=30至33之和			
其中：海关进口增值税专用缴款书	30			
农产品收购发票或者销售发票	31			
代扣代缴税收缴款凭证	32		—	
其他	33			
	34			
四、其他				
项目	栏次	份数	金额	税额
本期认证相符的增值税专用发票	35	8	1 200 000.00	156 000.00
代扣代缴税额	36	—	—	

填写要点：

1. 将增值税发票8份填入第2栏“一、申报抵扣的进项税额：其中：本期认证相符且本期申报抵扣”对应“份数”列。

2. 将外购原材料1 200 000元填入第2栏对应“金额”列。

3. 将外购原材料取得增值税专用发票的进项税额156 000元填入第2栏对应“税额”列。

4. 将增值税发票8份填入第1栏“一、申报抵扣的进项税额：（一）认证相符的增值税专用发票”对应“份数”列。

5. 将1 200 000元填入第1栏对应“金额”列。

6. 将156 000元填入第1栏对应“税额”列。

7. 将8份填入第12行“一、申报抵扣的进项税额：当期申报抵扣进项税额合计”对应“份数”列。

8. 将1 200 000元填入第12栏对应“金额”列。

9. 将156 000元填入第12栏对应“税额”列。

10. 将免抵退税不得免征和抵扣税额42 000元填入第18栏“二、进项税额转出额：免抵退税办法不得抵扣的进项税额”对应“税额”列。

11. 将42 000元填入第13栏“二、进项税额转出额：本期进项税额转出额”对应“税额”列。

12. 将第12栏对应“税额”156 000元转入《增值税纳税申报表（一般纳税人适用）》（主表）（如表5-3所示）第12栏“税款计算：进项税额”对应“一般项目：本月数”列。

13. 将第13栏对应“税额”列42 000元转入《增值税纳税申报表（一般纳税人适用）》（主表）第14栏“税款计算：进项税额转出”对应“一般项目：本月数”列。

三、《增值税纳税申报表（一般纳税人适用）》（主表）的填报

根据《本期销售情况明细表》（如表 5－1 所示）和《本期进项税额明细表》（如表 5－2 所示），填写《增值税纳税申报表（一般纳税人适用）》（主表）（如表 5－3 所示）。

表 5－3　增值税纳税申报表

（一般纳税人适用）

根据国家税收法律法规及增值税相关规定制定本表。纳税人不论有无销售额，均应按税务机关核定的纳税期限填写本表，并向当地税务机关申报。

税款所属时间：自 2020 年 1 月 1 日至 2020 年 1 月 31 日　　填表日期：2020 年 2 月 10 日　　所属行业：　　金额单位：元至角分

纳税人识别号							
纳税人名称	（公章）	法定代表人姓名		注册地址		生产经营地址	
开户银行及账号		登记注册类型				电话号码	

项目		栏次	一般项目		即征即退项目	
			本月数	本年累计	本月数	本年累计
销售额	（一）按适用税率计税销售额	1	620 000.00	620 000.00		
	其中：应税货物销售额	2	620 000.00	620 000.00		
	应税劳务销售额	3				
	纳税检查调整的销售额	4				
	（二）按简易办法计税销售额	5				
	其中：纳税检查调整的销售额	6				
	（三）免、抵、退办法出口销售额	7	1 400 000.00	1 400 000.00	—	—
	（四）免税销售额	8			—	—
	其中：免税货物销售额	9			—	—
	免税劳务销售额	10			—	—
税款计算	销项税额	11	80 600.00	80 600.00		
	进项税额	12	156 000.00	156 000.00		
	上期留抵税额	13	5 000.00	5 000.00		—
	进项税额转出	14	42 000.00	42 000.00		
	免、抵、退应退税额	15	140 000.00	140 000.00	—	—

续表

税款计算	按适用税率计算的纳税检查应补缴税额	16			—	—
	应抵扣税额合计	17＝12＋13－14－15＋16	119 000.00	—		—
	实际抵扣税额	18（如17＜11，则为17，否则为11）	80 600.00	80 600.00		
	应纳税额	19＝11－18	0.00	0.00		
	期末留抵税额	20＝17－18	38 400.00	38 400.00		—
	简易计税办法计算的应纳税额	21				
	按简易计税办法计算的纳税检查应补缴税额	22			—	—
	应纳税额减征额	23				
	应纳税额合计	24＝19＋21－23				
税款缴纳	期初未缴税额（多缴为负数）	25				
	实收出口开具专用缴款书退税额	26			—	—
	本期已缴税额	27＝28＋29＋30＋31				
	①分次预缴税额	28		—		—
	②出口开具专用缴款书预缴税额	29		—	—	—
	③本期缴纳上期应纳税额	30				
	④本期缴纳欠缴税额	31				
	期末未缴税额（多缴为负数）	32＝24＋25＋26－27				
	其中：欠缴税额（≥0）	33＝25＋26－27		—		—
	本期应补（退）税额	34＝24－28－29		—		—
	即征即退实际退税额	35	—	—		
	期初未缴查补税额	36			—	—
	本期入库查补税额	37			—	—
	期末未缴查补税额	38＝16＋22＋36－37			—	—

续表

授权声明	如果你已委托代理人申报，请填写下列资料： 为代理一切税务事宜，现授权______________（地址）为本纳税人的代理申报人，任何与本申报表有关的往来文件，都可寄予此人。 授权人签字：	申报人声明	本纳税申报表是根据国家税收法律法规及相关规定填报的，我确定它是真实的、可靠的、完整的。 声明人签字：

主管税务机关：　　　　接收人：　　　　接收日期：

填写要点：

恒威公司当期申报数据应全部填列在“一般项目”列下的对应栏次，具体填列如下：

1. 将《本期销售情况明细表》（如表 5-1 所示）第 1 栏对应第 9 列 620 000 元转入第 2 栏“销售额：其中：应税货物销售额”。
2. 将 620 000 元填入第 1 栏“销售额：（一）按适用税率计税销售额”。
3. 将《本期销售情况明细表》第 16 栏对应第 9 列 1 400 000 元转入第 7 栏“销售额：（三）免、抵、退办法出口销售额”。
4. 将《本期销售情况明细表》第 1 栏对应第 10 列 80 600 元转入第 11 栏“税款计算：销项税额”。
5. 《本期进项税额明细表》（如表 5-2 所示）第 12 栏对应“税额”列 156 000 元转入第 12 栏“税款计算：进项税额”。
6. 将 2019 年 12 月期末留抵税额 5 000 元填入第 13 栏“税款计算：上期留抵税额”。
7. 《本期进项税额明细表》第 13 栏对应“税额”42 000 元转入第 14 栏“税款计算：进项税额转出”。
8. 将 140 000（1 400 000×10%）元填入第 15 栏“税款计算：免、抵、退应退税额”。
9. 将 119 000（156 000+5 000−42 000）元填入第 17 栏“税款计算：应抵扣税额合计”。
10. 因为 80 600 元<119 000 元，所以将 80 600 元填入第 18 栏“税款计算：实际抵扣税额”。
11. 将 38 400（119 000−80 600）元填入第 20 栏“税款计算：期末留抵税额”。

四、《生产企业出口货物免抵退税申报明细表》的填报

根据【工作任务 5】恒威公司的出口业务，填写《生产企业出口货物免抵退税申报明细表》（如表 5－4 所示）。

表 5－4　生产企业出口货物免抵退税申报明细表

海关企业代码
纳税人名称：（公章）浙江恒威玩具制造有限公司
纳税人识别号
（√）当期出口　（ ）前期出口　　所属期：2020 年 1 月　　金额单位：元至角分

序号	出口发票号码	出口货物报关单号	出口日期	代理出口货物证明号	出口收汇核销单号	出口商品代码	出口商品名称	计量单位	出口数量	出口销售额		申报商品代码	征税率	退税率	出口销售额乘征退税率之差	出口销售额乘退税率	进料加工手（账）册号	原始申报年月日序号	单证不齐标志	业务类型	备注
										美元	人民币										
1	2	3	4	5	6	7	8	9	10	11	12	13	14	15	16＝12×（14－15）	17＝12×15	18	19	20	21	22
0001	03996529-576	576534520130456082001	2020-01-05	85340010		3926909090	宠物玩具球	个	100 000	218 750	1 400 000	3926909090	13%	10%	42 000.00	140 000.00					
小计									100 000	218 750	1 400 000	3926909090			42 000.00	140 000.00					

单证齐全并且信息齐全销售额：1 400 000	
出口企业	主管税务机关
兹声明以上申报无讹并愿意承担一切法律责任。 经办人： 财务负责人： 法定代表人（负责人）：　　年　月　日	经办人： 复核人：（公章） 负责人：　　年　月　日

填写要点：

1. 将 03996529-576 填到第 3 行第 2 列“出口发票号码”。
2. 将 576534520130456082001 填到第 3 行第 3 列“出口货物报关单号”。
3. 将 2020-01-05 填到第 3 行第 4 列“出口日期”。
4. 将 85340010 填到第 3 行第 5 列“代理出口货物证明号”。

5. 将 3926909090 填到第 3 行第 7 列“出口商品代码”。
6. 将宠物玩具球填到第 3 行第 8 列“出口商品名称”。
7. 将“个”填到第 3 行第 9 列“计量单位”。
8. 将 100 000 填到第 3 行第 10 列“出口数量”。
9. 将 218 750 美元填到第 3 行第 11 列“出口销售额：美元”。
10. 将 1 400 000 元填到第 3 行第 12 列“出口销售额：人民币”。
11. 将 3926909090 填到第 3 行第 13 列“申报商品代码”。
12. 将 13%填到第 3 行第 14 列“征税率”。
13. 将 10%填到第 3 行第 15 列“退税率”。
14. 将 42 000［1 400 000×（13%－10%）］元填到第 3 行第 16 列“出口销售额乘征退税率之差”。
15. 将 140 000（1 400 000×10%）元填到第 3 行第 17 列“出口销售额乘退税率”。
16. 将 100 000 填到第 5 行“小计”第 10 列“出口数量”。
17. 将 218 750 美元填到第 5 行第 11 列“出口销售额：美元”。
18. 将 1 400 000 元填到第 5 行第 12 列“出口销售额：人民币”。
19. 将 42 000 元填到第 5 行第 16 列“出口销售额乘征退税率之差”。
20. 将 140 000 元填到第 5 行第 17 列“出口销售额乘退税率”。

五、《免抵退税申报汇总表》的填报

（一）栏次内容

按栏次分，《免抵退税申报汇总表》分为三大部分：

（1）第一部分反映出口额，在第1栏至19栏反映。

（2）第二部分反映不得免征和抵扣税额，在第20栏至26栏反映。

（3）第三部分反映应退税额和免抵税额，在第27栏至37栏反映。

（二）表间关系

第34栏“增值税纳税申报表期末留抵税额”与《增值税纳税申报表》（主表）（如表5-3所示）第20栏“期末留抵税额”相等。

（三）纳税申报

根据【工作任务5】恒威公司增值税纳税申报表及其附列资料，填写《免抵退税申报汇总表》（如表5-5所示）。

表5-5　免抵退税申报汇总表

海关企业代码：

纳税人名称：浙江恒威玩具制造有限公司　所属期：自2020年1月1日至2020年1月31日

纳税人识别号：　　　　金额单位：元至角分

项目		栏次	当期	本年累计	与增值税纳税申报表差额
			(a)	(b)	(c)
一、出口额	免抵退出口货物劳务销售额（美元）	1=2+3	218 750.00	218 750.00	—
	其中：免抵退出口货物销售额（美元）	2	218 750.00	218 750.00	—
	应税服务免抵退税营业额（美元）	3			—
	免抵退出口货物劳务销售额	4	1 400 000.00	1 400 000.00	—
	支付给非试点纳税人营业价款	5			—
	免抵退出口货物劳务计税金额	6=4-5=7+8+9+10	1 400 000.00	1 400 000.00	
	其中：单证不齐或信息不齐出口货物销售额	7			—
	单证信息齐全出口货物销售额	8	1 400 000.00	1 400 000.00	—
	当期单证齐全应税服务免抵退税计税金额	9			—
	当期单证不齐应税服务免抵退税计税金额	10			—
	前期出口货物单证信息齐全销售额	11		—	—
	前期应税服务单证齐全免抵退税计税金额	12		—	—
	全部单证信息齐全出口货物销售额	13=8+11	1 400 000.00	1 400 000.00	—
	全部单证齐全应税服务免抵退税计税金额	14=9+12			—
	免税出口货物劳务销售额（美元）	15			—
	免税出口货物劳务销售额	16			—
	全部退（免）税出口货物劳务销售额（美元）	17=1+15	218 750.00	218 750.00	—
	全部退（免）税出口货物劳务销售额	18			—
	不予退（免）税出口货物劳务销售额	19			—

续表

<table>
<tr><td colspan="2" rowspan="2">项目</td><td rowspan="2">栏次</td><td>当期</td><td>本年累计</td><td>与增值税纳税申报表差额</td></tr>
<tr><td>(a)</td><td>(b)</td><td>(c)</td></tr>
<tr><td rowspan="7">二、不得免征和抵扣税额</td><td>出口销售额乘征退税率之差</td><td>20＝21＋22</td><td>42 000.00</td><td>42 000.00</td><td>—</td></tr>
<tr><td>其中：出口货物销售额乘征退税率之差</td><td>21</td><td>42 000.00</td><td>42 000.00</td><td>—</td></tr>
<tr><td>应税服务免抵退税计税金额乘征退税率之差</td><td>22</td><td></td><td></td><td>—</td></tr>
<tr><td>上期结转免抵退税不得免征和抵扣税额抵减额</td><td>23</td><td></td><td>—</td><td>—</td></tr>
<tr><td>免抵退税不得免征和抵扣税额抵减额</td><td>24</td><td></td><td></td><td>—</td></tr>
<tr><td>免抵退税不得免征和抵扣税额</td><td>25（如 20＞23＋24，则为 20－23－24；否则为 0）</td><td>42 000.00</td><td>42 000.00</td><td>0</td></tr>
<tr><td>结转下期免抵退税不得免征和抵扣税额抵减额</td><td>26＝23＋24－20＋25</td><td></td><td>—</td><td>—</td></tr>
<tr><td rowspan="11">三、应退税额和免抵税额</td><td>免抵退税计税金额乘退税率</td><td>27＝28＋29</td><td>140 000.00</td><td>140 000.00</td><td>—</td></tr>
<tr><td>其中：出口货物销售额乘退税率</td><td>28</td><td>140 000.00</td><td>140 000.00</td><td>—</td></tr>
<tr><td>应税服务免抵退税计税金额乘退税率</td><td>29</td><td></td><td></td><td>—</td></tr>
<tr><td>上期结转免抵退税额抵减额</td><td>30</td><td></td><td>—</td><td>—</td></tr>
<tr><td>免抵退税额抵减额</td><td>31</td><td></td><td></td><td>—</td></tr>
<tr><td>免抵退税额</td><td>32（如 27＞30＋31，则为 27－30－31；否则为 0）</td><td>140 000.00</td><td>140 000.00</td><td>—</td></tr>
<tr><td>结转下期免抵退税额抵减额</td><td>33＝30＋31－27＋32</td><td></td><td>—</td><td>—</td></tr>
<tr><td>增值税纳税申报表期末留抵税额</td><td>34</td><td>38 400.00</td><td>—</td><td>—</td></tr>
<tr><td>计算退税的期末留抵税额</td><td>35＝34－25c</td><td>38 400.00</td><td>—</td><td>—</td></tr>
<tr><td>当期应退税额</td><td>36＝（如 32＞35，则为 35，否则为 32）</td><td>38 400.00</td><td>38 400.00</td><td>—</td></tr>
<tr><td>当期免抵税额</td><td>37＝32－36</td><td>101 600.00</td><td>101 600.00</td><td>—</td></tr>
<tr><td colspan="3">出口企业申明</td><td colspan="2">授权人申明</td><td>主管税务机关</td></tr>
<tr><td colspan="3">此表各栏填报内容是真实、合法的，与实际出口业务情况相符。此次申报的出口业务不属于“四自三不见”等违背正常出口经营程序的出口业务。否则，本企业愿意承担由此产生的相关责任。

办税人：
财务负责人：
法定代表人（负责人）：
年　月　日</td><td colspan="2">（如果你已委托代理申报人，请填写下列资料）
为代理出口货物退税申报事宜，现授权__________为本纳税人的代理申报人，任何与本申报表有关的往来文件都可寄与此人。

授权人签字：　（盖章）
年　月　日</td><td>经办人：
复核人：

负责人：
年　月　日</td></tr>
</table>

填写要点：

恒威公司当期申报数据全部填列在“当期”“本年累计”列的对应栏次，具体填列如下：

1. 将本期出口货物离岸价 218 750 美元填入第 2 栏“一、出口额：其中：免抵退出口货物销售额（美元）”。

2. 将 218 750 美元填入第 1 栏“免抵退出口货物劳务销售额（美元）”。

3. 将 1 400 000（218 750×6.4）元填入第 4 栏“一、出口额：免抵退出口货物劳务销售额”。

4. 将 1 400 000 元填入第 6 栏“一、出口额：免抵退出口货物劳务计税金额”。

5. 将 1 400 000 元填入第 8 栏“一、出口额：单证信息齐全出口货物销售额”。

6. 将 1 400 000 元填入第 13 栏“一、出口额：全部单证信息齐全出口货物销售额”。

7. 将 218 750 美元填入第 17 栏“一、出口额：全部退（免）税出口货物劳务销售额（美元）”。

8. 将 42 000 [1 400 000×（13%－10%）] 元填入第 21 栏“二、不得免征和抵扣税额：其中：出口货物销售额乘征退税率之差”。

9. 将 42 000 元填入第 20 栏“二、不得免征和抵扣税额：出口销售额乘征退税率之差”。

10. 因为 42 000>0，所以将 42 000 元填入第 25 栏“二、不得免征和抵扣税额：免抵退税不得免征和抵扣税额”。

11. 将 140 000（1 400 000×10%）元填入第 28 栏“三、应退税额和免抵税额：其中：出口货物销售额乘退税率”。

12. 将 140 000 元填入第 27 栏“三、应退税额和免抵税额：免抵退税计税金额乘退税率”。

13. 因为 140 000>0，所以将 140 000 元填入第 32 栏“三、应退税额和免抵税额：免抵退税额”。

14. 将《增值税纳税申报表（一般纳税人适用）》（主表）（如表 5-3 所示）第 20 栏“税款计算：期末留抵税额”对应“一般项目：本月数”对应列 38 400 转入第 34 栏“三、应退税额和免抵税额：增值税纳税申报表期末留抵税额”。

15. 因为 140 000>38 400，所以将 38 400 元填入第 36 栏“三、应退税额和免抵税额：当期应退税额”。

16. 将 101 600（140 000－38 400）元填入第 37 栏“三、应退税额和免抵税额：当期免抵税额”。

六、《免抵退税申报资料情况表》的填报

（一）行次内容

按行次分，《免抵退税申报资料情况表》分为三大部分：

（1）第一部分反映免抵退税出口申报情况，具体包括申报报表和凭证资料。

（2）第二部分反映出口企业进料加工申报情况。

（3）第三部分反映实收已退税额情况。

（二）纳税申报

根据【工作任务 5】恒威公司的出口业务，填写《免抵退税申报资料情况表》（如表 5-6 所示）。

表 5-6　免抵退税申报资料情况表

纳税人识别号：

纳税人名称：（公章）浙江恒威玩具制造有限公司

海关企业代码：　　　　所属期：2020 年 1 月　　　　金额单位：元至角分

免抵退税出口申报情况
一、申报报表：
企业出口货物免、抵、退税申报明细表（当期出口 1 份，记录 1 条）
企业出口货物免、抵、退税申报明细表（前期出口　　份，记录　　条）
零税率应税服务（国际运输）免抵退税申报明细表（　　份，记录　　条）
零税率应税服务（研发、设计服务）免抵退税申报明细表（　　份，记录　　条）
向境外单位提供研发、设计服务收讫营业款明细清单（　　份，记录　　条）
免抵退税申报汇总表（1 份）

续表

二、凭证资料：		
1. 出口货物：		
出口发票：1 张，出口额 218 750 美元		
出口货物报关单 1 张		
代理出口货物证明 1 张		
出口收汇核销单 1 张，远期收汇证明 1 张		
其他凭证　　张		
2. 零税率应税服务：		
技术出口合同登记证　　张，研发（设计）合同　　份		
研发（设计）服务发票　　份，研发（设计）服务收款凭证　　份		
出口企业进料加工申报情况		
生产企业进料加工进口料件申报明细表　　份，记录　　条		
生产企业进料加工登记申报表　　份，记录　　条		
生产企业进料加工手册登记核销申请表　　份，记录　　条		
生产企业进料加工复出口货物扣除保税进口料件申请表　　份，记录　　条		
生产企业出口货物扣除国内免税原材料申请表　　份，记录　　条		
进料加工进口额　　美元		
进口货物报关单　　张		
代理进口货物报关单　　张		
实收已退税额情况		
本月实收已退税额 38 400 元，本年累计实收已退税额 38 400 元		
兹声明以上申报无讹并愿意承担一切法律责任。		
经办人：	财务负责人：	法定代表人（负责人）： 年　　月　　日

参考文献

1. 盖地．税务会计学．北京：中国人民大学出版社，2018.

2. 全国税务师职业资格考试教材编写组．2019 年全国税务师职业资格考试教材·税法（I）．北京：中国税务出版社，2019.

3. 奚卫华．国税报税实务：第 2 版．北京：北京大学出版社，2017.

4. 郝巧亮．纳税实务：第 4 版．大连：东北财经大学出版社，2018.

5. 王玉娟．增值税改革政策解析．财会通讯，2018（6）.

6. 王玉娟．关于简并增值税税率的会计核算建议．财务与会计，2018（2）.

7. 王玉娟．浅析“营改增”后增值税会计处理变化．财会通讯，2018（2）.

8. 王玉娟．营改增后劳务派遣和人力资源外包税务处理的差异．财务与会计，2017（9）.

9. 王玉娟．浅析《增值税减免税申报明细表》的填报方法．财务与会计，2016（7）.

图书在版编目（CIP）数据

从入门到精通：增值税计算与申报/王玉娟著．-- 北京：中国人民大学出版社，2020.3
（财会人员实务操作丛书）
ISBN 978-7-300-27780-6

Ⅰ．①从… Ⅱ．①王… Ⅲ．①增值税－税收管理－中国－教材 Ⅳ．①F812.424

中国版本图书馆 CIP 数据核字（2020）第 000767 号

财会人员实务操作丛书
从入门到精通：增值税计算与申报
王玉娟　著
Cong Rumen dao Jingtong：Zengzhishui Jisuan yu Shenbao

出版发行	中国人民大学出版社		
社　　址	北京中关村大街 31 号	**邮政编码**	100080
电　　话	010－62511242（总编室）		010－62511770（质管部）
	010－82501766（邮购部）		010－62514148（门市部）
	010－62515195（发行公司）		010－62515275（盗版举报）
网　　址	http://www.crup.com.cn		
经　　销	新华书店		
印　　刷	北京溢漾印刷有限公司		
规　　格	185 mm×260 mm　16 开本	**版　　次**	2020 年 3 月第 1 版
印　　张	17.75	**印　　次**	2020 年 3 月第 1 次印刷
字　　数	400 000	**定　　价**	42.00 元